中国超常儿童
发展与教育

施建农 等◎著

Development and Education of
Supernormal Children in China

科学出版社
北　京

内 容 简 介

党的二十大报告指出，"坚持为党育人、为国育才，全面提高人才自主培养质量，着力造就拔尖创新人才"，这为新时代的拔尖创新人才培养工作指明了方向。拔尖创新人才培养对于新时代加快建设教育强国、科技强国、人才强国具有重大战略意义。

本书是中国科学院心理研究所超常儿童研究中心近35年来的研究成果和教育经验心得的汇编，从超常儿童的认知发展、创造力发展、社会性发展、认知神经科学研究、教育等几大板块对超常儿童的相关研究进行了全面梳理与总结，使社会各界能比较全面地了解当前我国超常儿童的发展现状及已取得的各项成果。

本书可供心理学专业本科生、研究生，中小学、大学教师等从事超常儿童教育专业工作的实践者和研究者，中小学生家长以及对超常儿童发展与教育感兴趣的群体参阅。

图书在版编目（CIP）数据

中国超常儿童发展与教育/施建农等著. —北京：科学出版社，2023.9
ISBN 978-7-03-076471-3

Ⅰ.①中⋯ Ⅱ.①施⋯ Ⅲ.①超常儿童–儿童教育–研究–中国
Ⅳ.①G763

中国国家版本馆 CIP 数据核字（2023）第 182512 号

责任编辑：朱丽娜　冯雅萌／责任校对：何艳萍
责任印制：赵　博／封面设计：有道文化

科 学 出 版 社 出版
北京东黄城根北街 16 号
邮政编码：100717
http://www.sciencep.com

北京建宏印刷有限公司印刷
科学出版社发行　各地新华书店经销
*

2023 年 9 月第 一 版　开本：720×1000　1/16
2024 年 5 月第二次印刷　印张：16 1/2
字数：277 000

定价：99.00 元

（如有印装质量问题，我社负责调换）

编委会成员

（以姓名首字母为序）

包乃丽　陈罗康卉　陈　旭　刁雅欣
丁晓庆　黄丽娜　　黄　薇　李姝辰
李晓乐　施建农　　王　川　张兴利
张艳丽　赵　晨　　宗语飞

前　言

　　1974年，毛泽东和周恩来接见著名物理学家李政道，李政道建议："理科人才也可以像文艺、体育那样从小培养。"[①]1978年，邓小平在全国科学大会上提出，"必须打破常规去发现、选拔和培养杰出人才"[②]。同年3月，中国科技大学第一期少年班正式创办。同年5月，中国科学院李昌副院长向心理研究所提出："中国聪明儿童发展规律如何，你们可以研究研究。"（转引自：施建农，2008）由此，中国科学院心理研究所成立"中国超常儿童研究协作组"，超常儿童研究成为其重点项目，获得专项支持，由此开启了中国超常儿童发展和教育研究的开拓之路。此后，随着对超常儿童研究领域的不断探索和深耕，中国的超常教育逐渐形成了一定的规模和体系，并取得一系列引人瞩目的可喜成绩。

　　数往知来，当前正是我国全面建设社会主义现代化国家的关键时期，国家对高层次的拔尖创新人才有着十分迫切的需求。党的二十大报告明确指出，"坚持为党育人、为国育才，全面提高人才自主培养质量，着力造就拔尖创新人才，聚天下英才而用之"。超常儿童是我国拔尖创新人才的重要来源和国家战略性稀缺资源，是拔尖创新人才培养的坚实后备力量，加强和优化发展新阶段超常儿童教育是我国实现人才自主培养、建设人才强国、解决科技"卡脖子"问题的关键环节。目前我国超常儿童研究和教育已历经45年，虽然已取得了不少突破性进展，但随着时代的变迁，我国超常教育所面临的挑战和机遇更加复杂化和多样

[①] 陈鑫. 2007-01-10. 中科大少年班探秘——从29年坚守看中国超常教育. https://news.nankai.edu.cn/gjsy/system/2007/01/10/000003873.shtml.

[②] 路甬祥. 2008-03-18. 从科学的春天到建设创新型国家. 光明日报：第5版.

化，需要对其进行更加全面、深入、系统的探索和研究。

本书旨在借中国超常教育45年的契机，全面梳理和总结中国科学院心理研究所超常儿童研究中心多年来，尤其是近35年来的研究成果和教育经验心得，同时借鉴国内外相关研究的最新进展，使社会各界能够全面了解当前我国超常儿童发展已取得的各项成果，为我国超常儿童的研究和教育提供更加科学、有效、实用的指导与参考。

本书第一章主要探讨了超常儿童的认知发展。超常儿童的认知和心理特点是影响其发展与教育的重要因素之一。超常儿童在信息加工速度、注意、记忆、执行功能、心理折叠能力等方面表现出较常态儿童更为敏锐和独特的特点，因此本章主要从以上几个方面探讨了超常儿童和常态儿童的认知差异，识别这些差异对于有效鉴别、筛选、培养超常儿童有着重要的意义。

第二章着重介绍了超常儿童的创造力发展。本章主要从技术创造性思维的比较研究，兴趣、动机与创造性思维的比较研究，创造力和智力关系的理论模型等三个方面，依次介绍了中国科学院心理研究所超常儿童研究中心过去40多年在创造力相关领域取得的研究成果。

第三章比较了同龄常态儿童和超常儿童在自我概念、情绪、成就动机等社会性发展方面的差异，探讨了超常儿童所接受的特殊加速教育对他们的社会性发展所产生的影响，并且介绍了流体智力和特质情绪智力与学业表现的关系。

第四章介绍了超常儿童的认知神经科学研究。我们从本章中可以了解到超常儿童和常态儿童在注意资源分配效率方面存在的差异，比如，在高级认知活动中，超常个体的注意资源分配策略更灵活，可以依据难度和任务类型进行相应调整，确保注意资源的充分利用等，还可以了解到超常儿童抑制功能的电生理相关因素等。

第五章探讨了除超常儿童外，其他几种类型的超常儿童，如处境不利的超常儿童、音乐超常儿童等，以期使读者对超常儿童含义有更全面的了解。

第六章重点介绍了超常儿童研究和教育。本章回顾了超常儿童研究的历程，介绍了其研究方向和研究成果，探讨了其中存在的问题，并且介绍了我国的超常教育理论模型。超常教育的生物–心理–社会模型为中国的超常教育实践提供了指导方针和理论框架，并在40多年的超常教育发展中得到了进一步验证。同时，本章对超常教育模式和超常教育评估进行了深入探讨，分析了不同教育模式对超常儿童成长的利弊。

参与本书修订工作的主要是我和课题组的同学与同事们。他们大多从事发展心理学、超常儿童教育、创造力培养的研究和教学工作。具体分工如下：包乃丽（第一章第一节）、丁晓庆（第一章第二、四节）、张艳丽（第一章第三节）、陈旭（第一章第五节）；李姝辰、陈罗康卉（第二章）；宗语飞（第三章第一至三节）、习雅欣（第三章第四节）；陈旭（第四章）；李晓乐（第五章）；王川（第六章第一节）、黄薇（第六章第二至四节）。全书由我和赵晨负责统筹，我、张艳丽、黄丽娜、黄薇负责统稿和审校工作。可以说，本书凝结了我们课题组的智慧和心血。

需要特别说明的两点是：第一，国内外对"超常儿童"的称呼略有不同。国外称他们为"天才儿童"或"英才"，我国港台地区称他们为"资优儿童"，大陆地区则统一称他们为"超常儿童"。为便于同行相互学习交流，本书对以上称呼均予以保留。第二，本书中所有实证研究中的被试或其监护人均签署了实验《知情同意书》，并通过了伦理道德审核要求。

本书在出版过程中得到了很多人的支持和帮助。感谢科学出版社严谨用心的老师们以及北京中科心翔教育科技有限公司提供的帮助，感谢亲如一家的课题组同学和同事的热情付出与投入。由于能力有限且时间仓促，本书尚存不足之处，但是仍然衷心希望本书能为社会各界了解中国超常儿童发展和教育现状提供一些力所能及的帮助，同时也希望本书能起到抛砖引玉的作用，让更多的人关注、关心、支持中国超常儿童的发展和教育事业。

张兴利

2023 年 7 月 11 日

缩 略 语 表

ACC	accuracy	正确率
ADHD	attention deficit hyperactivity disorder	注意缺陷多动障碍
AM	abstract matching	抽象匹配
ARC	adjusted ratio of clustering	调整聚类比率
BFLPE	big-fish-little-pond effect	大鱼小池塘效应
BSI	bio-socio-intellectual	生物–社会–心理
CCFT	Cattell's Culture Fair Test	卡特尔文化公平测验
CDI	Children's Depression Inventory	儿童抑郁问卷
CE	rate of commission error	虚报率
CFA	confirmative factor analysis	验证性因子分析
CFI	comparative fit index	比较拟合指数
CI	collaborative inhibition	协作抑制
CPT	continuous performance test	持续性操作测试
CSS	cruncher statistical system	高级统计系统
CTY	Center for Talented Youth	天才少年中心
EEG	electroencephalogram	脑电图
EF	executive functions	执行功能
ERP	event related potential	事件相关电位

fMRI	functional magnetic resonance imaging	功能性磁共振成像
GITC	Group Intelligence Test for Children	儿童团体智力测验
IB	inattentional blindness	无意视盲
IFI	incremental fit index	增量拟合指数
IT	inspection time	检测时
LDN	late discriminative negativity	晚期辨别负波
LSD	least significant difference	最小显著差异法
MMN	mismatch negative	失匹配负波
NFI	normed fit index	规范化拟合指数
NPE	Natural Physical Education	自然体育教育
OE	rate of omission error	漏报率
OECD	Organization for Economic Co-operation and Development	经济合作与发展组织
PF	pair frequency	成对频率
RAPM	Raven's Advanced Progressive Matrices	瑞文高级推理测验
RMSEA	root mean square error of approximation	近似均方根误差
RSPM	Raven's Standard Progressive Matrices	瑞文标准推理测验
RT	reaction time	反应时
SEM	structural equation model	结构方程模型
SOA	stimulus onset asynchrony	刺激呈现的不同步性
STAI	State-Trait Anxiety Inventory	状态-特质焦虑问卷
TLI	Tucker-Lewis index	塔克-刘易斯指数
WM	working memory	工作记忆

目　　录

前言

缩略语表

第一章　超常儿童的认知发展 ···1
　第一节　超常儿童的信息加工速度发展 ·····································2
　第二节　超常儿童的注意发展 ··18
　第三节　超常儿童的记忆发展 ··25
　第四节　超常儿童的执行功能发展 ···57
　第五节　儿童心理折叠能力的发展 ···64

第二章　超常儿童的创造力发展 ··71
　第一节　智力超常与常态学生技术创造性思维的比较研究 ············72
　第二节　超常儿童与常态儿童的兴趣、动机与创造性思维的
　　　　　比较研究 ···77
　第三节　创造力和智力关系的理论模型 ····································83

第三章　超常儿童的社会性发展 ··97
　第一节　超常儿童的自我概念发展 ···98
　第二节　超常儿童的情绪发展 ···106
　第三节　超常儿童的成就动机 ···111
　第四节　超常儿童和常态儿童的学业表现 ·······························114

第四章　超常儿童的认知神经科学研究 ······ 127
第一节　超常儿童的注意资源分配效率 ······ 128
第二节　超常儿童抑制功能的电生理相关因素 ······ 138

第五章　其他超常儿童研究 ······ 145
第一节　处境不利的超常儿童 ······ 146
第二节　音乐超常儿童 ······ 155

第六章　超常儿童研究与教育 ······ 165
第一节　超常儿童研究 ······ 166
第二节　超常教育理论模型 ······ 196
第三节　超常教育模式——对超常儿童教育安置的思考 ······ 205
第四节　超常教育评估 ······ 210

参考文献 ······ 218

第一章
超常儿童的认知发展

作为拔尖创新人才库最具发展潜能的后备群体，超常儿童的鉴别与教育备受关注。多年来，研究者从认知能力（智力）、非智力个性特征以及创造力等方面对超常儿童进行了较为全面的研究，取得了许多一致的结果。超常儿童被认为具有很强的积极性，能够比其他人取得更好的学业成绩（Gari, Kalantz-Azizi, & Mylonas, 2000）。

认知过程是个体的信息加工过程，涵盖注意、知觉、语言、思维、创造等一系列心理活动。在认知方面，现有研究主要涉及超常儿童的高级认知活动，如感知和记忆（施建农，1990a，1990b）、类比推理能力（查子秀，1984）、技术问题理解能力（Duan et al., 2009）、心理折叠能力（施建农等，1997）和创造性思维（施建农，徐凡，1997a）。这些研究结果表明，超常儿童不仅在智力上明显高于常态儿童，而且在感知、记忆和思维等方面明显优于常态儿童。

本章将回顾中国科学院心理研究所超常儿童研究中心40多年来在超常儿童认知领域进行的探索，从认知的几个方面，即信息加工速度、注意、记忆、执行功能和心理折叠能力等介绍已有的实证研究结果。

第一节　超常儿童的信息加工速度发展

一、超常儿童的信息加工速度

时至今日，我们依旧对超常儿童在认知活动中的表现更为优秀这一现象的作用机制知之甚少。Salthouse 于 1985 年提出了著名的"加工速度理论"（processing speed theory），认为信息加工速度是许多认知操作得以实现的一个重要因素，在众多的认知任务中起着非常重要的作用，因此是个体认知能力产生差异的主要来源。Salthouse 提出，从心理测量的角度来看，加工速度是智力因素中 G 因素的核心，个体在 G 因素上的差异是加工速度存在差异的体现（Salthouse，1985）。有研究者认为，信息加工速度可能反映了大脑中枢系统对信息的处理速度（Fink & Neubauer，2001；Luciano et al.，2005），广泛影响着个体完成各种认知任务的速度与时限（Rabbitt et al.，2007）。

20 世纪 80 年代以来，信息加工速度被看作衡量个体心理能力的重要指标，同时也是衡量个体智力发展的重要指标。在具体的实验研究中，研究者通常采用基本认知任务，如简单反应任务、选择反应任务、短时记忆扫描任务、字母匹配任务和 IT 任务等来测量加工速度。这类范式的基本思想和程序是：首先让被试完成基本认知任务，并测量被试在完成这种任务中的反应时、正确率等。许多研究者考察了通过标准化测试评估的智力与个体在基本认知任务中的信息加工速度之间的关系，这些任务对被试的认知要求很低（Sheppard & Vernon，2008）。根据信息加工速度可以反映中枢神经系统加工基本信息时的效率，研究者发现高智商与基本认知任务中的高速信息加工有关（Fink & Neubauer，2001；Luciano et al.，2005）。信息加工速度也被视为衡量智力的生物学基础的可能指标之一（Osmon & Jackson，2002），并且研究者假设智力差异会受到个体信息加工时间差异的影响（Rabbitt et al.，2007）。近年来，研究者逐渐采用决策反应时间的扩散模型来研究信息加工速度与认知能力个体差异之间的关系（Frischkorn，Wilhelm，& Oberauer，2022）。

有关信息加工速度与智力测验得分的研究发现，两者存在较为稳定的负相关关系。Sheppard 和 Vernon 在对 1955—2005 年发表的 172 项研究进行回顾后，发现个体在基本认知任务中的信息加工速度与认知能力之间的平均相关系数为 0.24，并且在某些测验中，随着任务难度的增加，二者的相关呈逐渐增强的趋势（Sheppard & Vernon，2008），表明个体在基本认知任务中的反应速度越快，其智力水平越高。近期的基于扩散模型和心理生理学方法的研究表明，信息加工速度和一般智力共享超过 50% 的方差（Schmiedek et al.，2007；Schubert，Hagemann，& Frischkorn，2017）。

目前已有部分研究对信息加工速度与一般智力之间关系的认知神经过程的可能机制进行了探讨，例如，有研究者使用认知数学模型和 ERP 时程分析的神经认知心理测量方法来识别导致个体智力差异的特定认知过程（Schmitz & Wilhelm，2016；Schubert & Frischkorn，2020），还有研究者采用功能神经科学方法探究信息加工速度和智力的神经机制（Euler et al.，2017；Kievit et al.，2016），发现高智力个体受益于更快的信息加工速度，高智力个体加工信息的速度更快，可能反映出其大脑网络在结构和功能组织方面的优势。近期也有研究者为了进一步检验信息加工速度和智力之间的因果关系，采用尼古丁透皮给药方法来提高个体的信息加工速度，并探究信息加工速度的提高是否会影响个体在智力测试上的表现（Schubert et al.，2018）。

为了较全面地了解超常儿童信息加工的特点，系统地对儿童的信息加工速度与其智力之间的关系随年龄增长的变化模式进行考察，从而进一步分析和理解信息加工速度与智力之间的关系，我们对超常儿童信息加工速度的发展特点开展了一系列研究。

二、8—12 岁超常儿童与常态儿童的检测时比较

（一）研究背景

大量研究表明，在各种有时限要求的认知作业任务中，超常儿童的反应时比同龄常态儿童更短，并且随着年龄的增长，两者的反应时均逐渐缩短。在智力与信息加工速度研究领域内，反应时任务和检测时任务是两种基本的实验范式

(Cohn, Carlson, & Jensen, 1985; 恽梅等, 2004)。大量研究发现, 检测时与智力之间存在中等程度的负相关关系（相关系数约为 0.5）(Deary & Stough, 1996)。这种相关已被很多研究者解释为智力个体差异和 G 因素的认知基础。但是, 这一研究结论的普遍性还需要一些来自特殊群体的数据支持。超常儿童作为一个特殊的群体, 其检测时与智力测验得分之间是否也存在着这种稳定的相关关系? 超常儿童的检测时发展表现出怎样的发展趋势? 超常儿童与常态儿童检测时的差异是否随年龄的增长而变化? 超常儿童的信息加工速度是否有性别差异?

当前检测时的发展机制问题是检测时与智力研究领域内的基本问题之一, 但这方面的研究还很少。以往对儿童的检测时和智商关系的纵向研究发现, 在儿童发展过程中, 练习效应对检测时的影响比成熟效应更大, 而且长期的练习效应对检测时的作业改变的影响要比短期的大 (Nettelbeck & Wilson, 1985; Anderson, Reid, & Nelson, 2001)。这些研究表明, 练习效应对儿童检测时的发展仍然具有重要影响。在儿童成长过程中, 通过学校教育获得的知识是其经验的最重要的组成部分, 那么这种由教育获得的知识经验对儿童检测时的发展速度有什么影响? 成熟因素在其中又起到多大作用?

为了解答以上问题, 我们采用两种视觉检测时任务, 考察超常儿童与常态儿童的检测时发展特点, 以及检测时与智力之间相关的普遍性。

(二) 方法

1. 被试

本研究的被试为北京市某小学和某中学的学生, 共 172 人。其中男生 87 人, 女生 85 人, 分为 8 岁、10 岁和 12 岁三个年龄组。各组的平均年龄见表 1-1, 其中超常组 83 人, 常态组 89 人, 并且每个年龄段中超常组和常态组被试的平均年龄差异不显著。

表 1-1 被试的平均年龄 [$M(SD)$]　　　　　　　　　　单位: 岁

比较项	8 岁组 常态组	8 岁组 超常组	10 岁组 常态组	10 岁组 超常组	12 岁组 常态组	12 岁组 超常组
男	7.80 (0.35)	7.93 (0.17)	9.88 (0.31)	9.83 (0.30)	12.27 (0.37)	12.12 (0.28)
女	7.68 (0.24)	7.75 (0.34)	9.78 (0.39)	10.00 (0.00)	12.03 (0.54)	12.27 (0.56)
总体	7.72 (0.29)	7.85 (0.27)	9.82 (0.36)	9.89 (0.26)	12.14 (0.4)	12.18 (0.43)

2. 实验设计

本研究分为两部分：第一部分考察超常儿童与常态儿童的检测时发展特点；第二部分探讨超常儿童与常态儿童的检测时与智力的关系。第一部分实验采用3（年龄：8岁组、10岁组、12岁组）×2（检测时任务：线段、数字）×2（性别：男、女）×2（智力水平：超常组、常态组）的多因素混合设计。第二部分实验采用相关法，两个因变量分别为检测时和智力测验分数。

3. 实验材料

（1）检测时任务

本研究将检测时定义为观察者能正确辨别一个明显的刺激特征且正确率为85%时的最小SOA值，并采用两种任务来测量检测时，即线段检测时任务和数字检测时任务。

线段检测时任务是一项经典的任务，要求被试判断两条线段的长短。实验的刺激材料由两条垂直的线段和一条水平的线段构成。两条垂直线段的长度分别为38mm和28mm。两条垂直线段间的平行距离为8mm，两条垂直线段由长为18mm的水平线连在一起。掩蔽刺激由两条长46mm的垂直线段组成，两条加粗的垂直线段与水平直线的距离在18—38mm（图1-1）。

考虑到检测时任务对儿童检测时发展的影响，以及其对检测时与智力测验得分之间相关的影响，本研究采用了自行设计的数字检测时任务，这项任务是经典线段检测时任务的一个变式，是根据斯托克斯（Stokes）设计的字母检测时任务修改而成的。实验刺激材料是由0—9这10个数字组成的10对两位数，其中，5对数字相同，5对数字不同，每个数字出现的概率相同。采用6个随机数字作为掩蔽刺激。

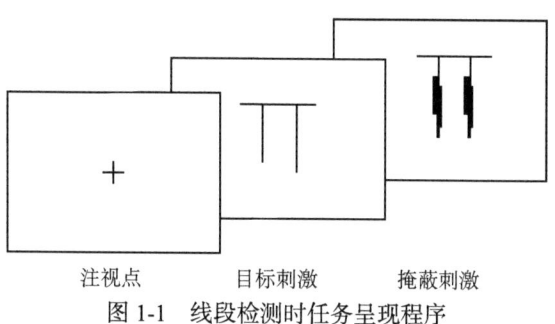

注视点　　目标刺激　　掩蔽刺激

图1-1　线段检测时任务呈现程序

（2）智力测验

本研究采用 CCFT（儿童版）来测量儿童的智力。CCFT 在理论上根源于"液态智力"学说，能很好地反映一般智力（G 因素）中最稳定的潜在核心内容，并能在一定程度上将个体真实的一般能力从学校教育及社会背景中分离出来。因此，该测验不仅具有高度的智力内涵，也最少受到文化的影响。预试结果表明，它与 RSPM（中文版）的相关为 0.71。本研究采用该测验的原始分数来表示儿童的智力发展水平。

4. 实验程序

实验练习阶段，主试提醒被试实验不要求速度，从容反应即可。正式实验时，首先，屏幕中央呈现一个注视点"+"（500ms），随后出现目标刺激，目标刺激消失后，立即呈现 500ms 的掩蔽刺激（从目标刺激呈现到掩蔽刺激呈现之间的时间，即 SOA 是由主试控制的，可随着被试判断正确率的变化而改变），然后要求被试对目标刺激做出判断。在线段检测时任务中，要求被试判断两条垂直线段中的哪一条较长，然后按相应的键做出反应（长的线段出现在左边按"Z"键，长的线段出现在右边按"M"键，其中长的线段出现在左边或右边是随机的）。数字检测时任务的实验程序与线段检测时任务相同，但要求被试判断两个数字是否相同（相同按"Z"键，不同按"M"键）。每位被试需完成以上两种检测时任务，每一项任务大约需要 10min。为了平衡任务的顺序效应，两种任务首先呈现的次数各半。实验中间，被试有一段自由休息时间。

5. 检测时的计算方法

检测时的计算采用限定法，基本算法描述如下：首先设定实验中检测时的正确率 P_0（一般为 85%或 90%）、刺激呈现时间的初始值 C_0（一般大于 500ms，正常被试均能正确无误地完成判断任务），以及每个刺激呈现时间下刺激呈现的次数 N，然后以初始值 C_0 为刺激呈现时间，反复呈现刺激 N 次（根据实验要求，可设为 20 次或 30 次或更多），计算被试在 N 次判断中的正确率 P_1，比较 P_0 和 P_1 的大小，如果 $P_1>P_0$，则下一组刺激呈现的时间 $C_1=C_0-S$，其中 S 为步长。然后，以 C_1 为新的一组刺激的呈现时间，再反复呈现刺激 N 次，计算被试在 N 次判断中的正确率 P_2，比较 P_2 和 P_0 的大小，如果 $P_2>P_0$，则下一组刺激呈现的时间 $C_2=C_1-S$；如果 $P_2<P_0$，则下一组刺激的呈现时间 $C_2=C_1+S$……这样不断地反复，直至 $P_2=P_0$。

（三）结果

1. 超常儿童与常态儿童的检测时发展比较

对检测时进行 3（年龄：8 岁组、10 岁组、12 岁组）×2（检测时任务：线段、数字）×2（性别：男、女）×2（智力水平：超常组、常态组）的多因素重复测量方差分析。结果显示，年龄的主效应显著，$F(2, 160)=82.13$，$p<0.01$；检测时任务的主效应显著，$F(1, 160)=366.12$，$p<0.01$；智力水平的主效应显著，$F(1, 160)=74.10$，$p<0.01$；性别的主效应不显著，$F(1, 160)=1.12$，$p>0.05$；检测时任务与年龄的交互作用显著，$F(2, 160)=48.11$，$p<0.01$；年龄和智力水平的交互作用显著，$F(2, 160)=20.58$，$p<0.01$；检测时任务、年龄和智力水平三者的交互作用显著，$F(1, 160)=16.37$，$p<0.01$。方差分析的事后差异检验表明，常态组与超常组都表现为：8 岁组与 10 岁组、8 岁组与 12 岁组之间的差异显著（$p<0.01$），但 10 岁组与 12 岁组之间的差异不显著。

这些结果表明，在不同任务中，两组儿童的检测时均不同。其中，儿童在数字检测时任务中的检测时较长。但是，随着被试年龄的增长，儿童在两种任务中的检测时均表现出逐步缩短的趋势。

为了进一步考察检测时的年龄发展特点，以 8—12 岁为变化区域，计算检测时的发展速率（由于只有三个年龄段，我们近似地将检测时与年龄之间看作线性函数关系，发展速率即此线性函数的斜率）。经计算，两组儿童在线段检测时任务和数字检测时任务中的检测时发展速率分别如下：超常组为 5.29ms/年和 15.89ms/年；常态组为 12.17ms/年和 51.07ms/年。这一结果表明，在 8—12 岁的年龄段中，两组儿童在两种检测时任务中的发展速度是不同的，其中在数字检测时任务中的发展速率较快，而在线段检测时任务中的发展速率相对慢些，并且常态组在两种任务中的发展速率均快于超常组（图 1-2）。

2. 超常儿童与常态儿童的检测时与智力测验分数的相关分析

我们采用相关分析，以考察超常儿童与常态儿童的检测时和智力测验分数的相关趋势。表 1-2 显示，两组儿童的检测时与 CCFT 分数均存在明显的负相关关系，并且在不同的检测时任务中均表现出较强的一致性。年龄是信息加工速度和智力差异的重要变异来源，为了进一步考察检测时与智力之间的关系，我们将年龄作为控制变量进行偏相关分析。表 1-3 显示，在控制了年龄因素后，两组儿童的检测时与 CCFT 分数的相关均有一定程度的降低，其中超常组的相关未能达到显著水平。这说明，对于两组儿童而言，年龄对检测时与智力的相关都有一定影响，其中超常儿童对年龄更敏感。

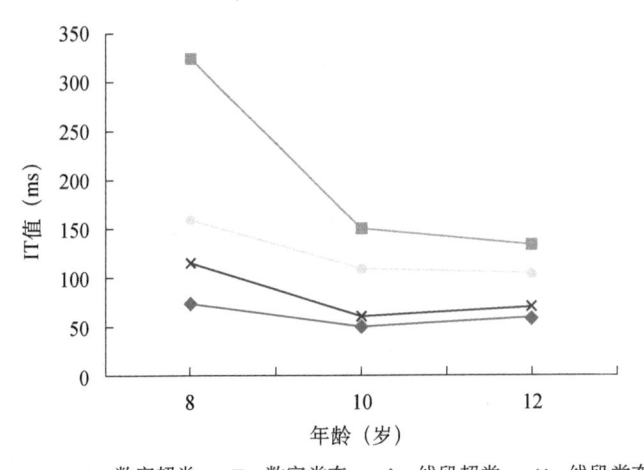

图 1-2 超常组与常态组在两种检测时任务中的平均数比较

表 1-2 超常儿童与常态儿童的检测时和 CCFT 分数的相关矩阵

CCFT 分数	IT-l	IT-d
超常组	0.266*	0.416**
常态组	0.493**	0.524**

注：IT-l 为线段检测时，IT-d 为数字检测时。*表示 $p<0.05$，**表示 $p<0.01$，***表示 $p<0.001$，全书同

表 1-3 超常儿童与常态儿童的检测时与 CCFT 分数的偏相关矩阵

CCFT 分数	IT-l	IT-d
超常组	0.116	0.146
常态组	0.357*	0.272*

（四）讨论

1. 超常儿童与常态儿童检测时发展的比较

本实验结果表明，8—12 岁超常儿童与常态儿童的检测时具有以下共同特点。第一，两组儿童的检测时均随年龄的增长而变化，并在不同的检测时任务中都表现出逐步缩短的趋势。第二，两组儿童的检测时发展速度与检测时任务有关，在数字检测时任务中的加工时间较长，在线段检测时任务中的加工时间较

短,并且在数字检测时任务中的发展速率较快。第三,无论是线段检测时任务还是数字检测时任务,超常组与常态组的检测时在 8—10 岁都有显著变化,而在 10—12 岁的变化不显著。第四,超常组与常态组的检测时均未出现性别差异。第五,超常组与常态组的信息加工速度存在显著差异:超常组在两项任务及不同条件下的反应时均明显短于常态组,并且这种差异存在于不同的年龄段中。这表明,超常儿童与常态儿童具有相似的发展模式,并且超常儿童在发展的基点和最终达到的水平上都要高于同年龄组的常态儿童。

2. 超常儿童与常态儿童检测时的发展速率

本实验发现,随着年龄的增长,超常组与常态组的检测时发展速率是不同的,即常态组的检测时变化速率要稍快于超常组。这一现象可能是由以下两个原因引起的:第一,超常儿童信息加工速度发展的快速期可能要早于常态儿童,因此到了 8—12 岁这个年龄段,他们的发展速率开始趋于相对平缓,而常态儿童在这个时期仍以固有的速度发展。因此,虽然两者的信息加工速度基本上在同一年龄段达到稳定水平,但他们在不同年龄段中的发展速率是不同的。第二,超常儿童和常态儿童的信息加工速度发展可能并无先后,只是超常儿童在早期阶段的发展速率要快于常态儿童,而到了 8—12 岁就相对慢一些。

根据本实验的设计,8 岁的超常组为小学三年级水平,而常态组为小学二年级水平,即他们从学校获得的知识经验差异并不大。而在 10 岁,超常组为小学六年级水平,常态组为小学四年级水平;到了 12 岁,超常组为初中三年级到高一的水平,而常态组为小学六年级水平。由此可见,随着年龄的增长,两组儿童从学校获得的知识经验的差别越来越大。而从学校所得的知识经验是学龄期儿童知识经验的重要组成部分,结合本实验中超常组的教育背景,两组儿童检测时发展速率的不同也间接说明学校的知识经验对超常儿童信息加工速度发展的影响是很小的。

3. 超常儿童与常态儿童的检测时和智力关系的比较

本实验结果表明,超常儿童和常态儿童的检测时与智力测验分数存在显著的负相关关系。在控制年龄因素后,两组儿童却表现出不同的特点。就超常组而言,检测时与智力测验分数之间的相关变得不显著;而就常态组而言,两者之间的相关仍然显著。已有研究表明,检测时的变异主要有两个来源,即年龄变异和个体变异。因此,超常组的检测时与智力测验分数之间的相关主要反映了年龄变异；而常态组的检测时与智力测验分数之间的相关不仅反映了年龄变异，还反映了组内的个体变异。这主要是因为，超常儿童的智商普遍处于高分段，呈现出偏态分布，因而组内的个体变异较小，从而使之在检测时与智力测验分数之间的相关变异中表现不明显；而常态儿童的智商分布广泛，因而组内的个体变异较大，使得个体变异成为检测时与智力测验分数之间的相关变异的重要来源。

（五）结论

1. 超常儿童与常态儿童检测时的发展具有共性

随着年龄的增长，两组儿童的检测时均表现出逐步缩短的趋势；其下降速度在不同年龄段中呈现出相似的趋势，即在8—10岁下降较快，在10—12岁下降不明显；两组儿童的检测时与任务类型有关，在数字检测时任务中的检测时均慢于线段检测时任务；两组儿童在三个年龄段上都没有表现出性别差异。

2. 超常儿童与常态儿童检测时的发展存在差异

在不同检测时任务上，超常儿童的检测时均显著短于常态儿童；在8—12岁，超常儿童的检测时发展基点和终点都高于常态儿童，但其发展速率慢于常态儿童。

3. 超常儿童与常态儿童的检测时和智力测验分数之间都存在中等程度的负相关关系

超常儿童的检测时与智力测验分数之间的相关主要反映了年龄变异；而常态儿童的检测时与智力测验分数之间的相关不仅反映了年龄变异，还反映了组内的个体变异。

三、9—13岁超常儿童的信息加工速度

（一）研究背景

在信息加工速度的研究中，有两种最常用的实验范式：一种是检测时范式，即使用一种辨别任务，要求被试对刺激做出比较与判断。检测时是通过计算个体准确加工新信息所需的最短时间来确定的。在检测时范式中，没有速度−准确性

权衡效应（Deary & Stough，1996）。另一种是 Hicks 范式，它利用了一个反应时任务（Kail，2000），该反应时任务需要个体的记忆搜索、多重比较及其他过程。

为进一步证明信息加工速度可以用来区分超常儿童和常态儿童，我们使用检测时范式和 Hicks 范式来涵盖不同程度的加工复杂性。11 岁是儿童大脑发育的关键时期（Shaw et al.，2006），因此本研究的被试为 9—13 岁的儿童。

（二）方法

1. 被试

来自中国一所小学和一所高中的数千名 9 岁、11 岁和 13 岁的儿童接受了 CCFT（儿童版，共 46 个项目，分数范围为 0—46 分）。该测验没有中国常模，因此我们根据被试的原始分进行了划分，将 CCFT 分数在前 5% 的儿童归为超常组，将 CCFT 分数在 25%—75% 的儿童归为常态组。60 名 9 岁（超常组的平均年龄为 8.8±0.2 岁，常态组的平均年龄为 8.8±0.3 岁）、61 名 11 岁（超常组的平均年龄为 11.0±0.4 岁，常态组的平均年龄为 11.0±0.3 岁）和 63 名 13 岁（超常组的平均年龄为 13.0±0.5 岁，常态组的平均年龄为 13.0±0.3 岁）的儿童参加了本研究。

表 1-4 显示了两组被试的 CCFT 分数以及每组被试的人数。两组的卡特尔评分有显著差异，$F(1, 178)=1021.43$，$p<0.001$，$\eta^2=0.85$，但两组的平均年龄无显著差异，$F(1, 178)=0.07$，$p>0.05$。

表 1-4 两组被试的 CCFT 分数以及每组被试的人数

组别	9 岁			11 岁			13 岁		
	M	SD	n	M	SD	n	M	SD	n
超常组	35.29	1.98	31	40.23	1.14	30	42.37	1.13	30
常态组	26.40	3.61	29	29.16	1.30	31	32.73	2.31	23

2. 任务

（1）检测时任务

首先，在屏幕中央呈现注视点"+"，呈现时间为 500ms。然后，由平行线组成的目标刺激取代注视点。经过一段时间后，掩蔽刺激覆盖目标刺激。被试通过回答"左"或"右"来判断哪条线段更长。"左"和"右"是正确答案的概率是相等的。在这项研究中，检测时被定义为当正确率达到 85% 时被试能准确判断的最短呈现时间，即目标刺激开始呈现与随后的掩蔽刺激开始呈现之间的间隔时间。

（2）选择反应时任务

选择反应时任务中使用了三种材料：数字、英文字母和简单的中文字符。屏幕上有两行刺激物，第一行由一个数字（或英文字母或中文字符）组成，第二行由四个数字（或英文字母或中文字符）组成，如图 1-3 所示。被试被要求通过按"Z"键（表示"是"）或"M"键（表示"否"）来判断第一行的刺激是否出现在第二行，"是"和"否"是正确答案的概率是相等的。因变量是反应时和正确率。

3	C	土
4 7 2 9	O B C D	天 口 太 工
数字	英文字母	中文字符

图 1-3　选择反应时任务的材料

（3）抽象匹配任务

在抽象匹配任务中，屏幕上会出现一个很大的框架，其中包含了刺激。刺激将在三个维度上变化：形状（圆形、三角形、十字形）、数量（两个、三个、四个）和方向（水平、垂直、对角线）。三种图形会分别出现在框架内的左边、右边和底部，如图 1-4 所示，被试需要通过按下相应的按键来决定左边的图形还是右边的图形最像底部的图形，底部的图形与左边相符按"Z"键，与右边的图形相符按"M"键。根据三种图形中保持不变的维度的数量，任务复杂度可分为两个级别：在第一级别上，其中一个维度保持不变；在第二级别上，没有任何维度保持不变。因变量是反应时和正确率。

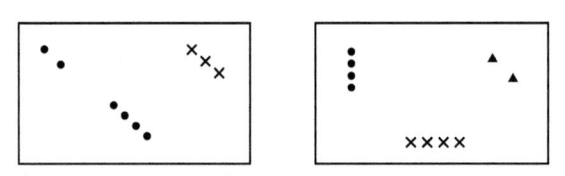

图 1-4　抽象匹配任务中任务复杂度的两个级别

（三）结果

由表 1-5 可知，检测时和反应时与 CCFT 分数均呈负相关，而正确率与

CCFT 分数均呈正相关。

表 1-5　CCFT 分数和信息加工速度任务的相关

项目	1	2	3	4	5	6	7	8	9	10	11
1. CCFT 分数	1										
2. 检测时	−0.65**	1									
3. 数字 RT	−0.40**	0.49**	1								
4. 数字 ACC	0.35**	−0.38**	−0.52**	1							
5. 英文字母 RT	−0.43**	0.50**	0.92**	−0.48**	1						
6. 英文字母 ACC	0.41**	0.49**	−0.59**	0.80**	−0.58**	1					
7. 中文字符 RT	−0.45**	0.48**	0.90**	−0.48**	0.92**	−0.56**	1				
8. 中文字符 ACC	0.38**	−0.42**	−0.57**	0.84**	−0.53**	0.83**	−0.53**	1			
9. AM1 RT	−0.34**	−0.29**	0.50**	−0.25**	0.52**	−0.38**	0.57**	−0.34**	1		
10. AM1 ACC	0.34**	−0.21**	−0.23**	0.48**	−0.19**	0.41**	−0.19*	0.47**	−0.09	1	
11. AM2 RT	−0.42**	0.37**	0.46**	−0.21**	0.52**	−0.38**	0.55**	−0.33**	0.77**	−0.02	1
12. AM2 ACC	0.30**	−0.23**	−0.21**	0.37**	−0.20**	0.34**	−0.21**	0.34**	−0.07	0.72**	0.08

注：AM1 指抽象匹配任务的复杂度处于第一级别，AM2 指抽象匹配任务的复杂度处于第二级别

1. 超常儿童与常态儿童的检测时差异

表 1-6 显示了两组儿童的检测时及其与 CCFT 分数的相关，由此可知，各年龄组的检测时与 CCFT 分数之间均存在显著相关关系。对检测时进行 3（年龄：9 岁组、11 岁组、13 岁组）×2（智力水平：超常组、常态组）的两因素重复测量方差分析，结果发现，年龄和智力水平的交互作用不显著。年龄的主效应显著，$F(2, 178)=45.59$，$p<0.01$，$\eta^2=0.34$。简单效应检验表明，9 岁组与 11 岁组、9 岁组与 13 岁组之间有显著差异（$p<0.01$），而 11 岁组与 13 岁组之间无显著差异（$p>0.05$）。智力水平的主效应显著，$F(1, 178)=55.73$，$p<0.01$，$\eta^2=0.24$。每个年龄段的超常儿童的检测时都比常态儿童的检测时短。随着年龄的增长，超常儿童和常态儿童的检测时都逐渐缩短。

表 1-6　两组儿童的检测时及其与 CCFT 分数的相关

组别	9 岁组 M	9 岁组 SD	11 岁组 M	11 岁组 SD	13 岁组 M	13 岁组 SD
超常组	78.23	14.62	56.10	9.04	53.71	6.20
常态组	98.06	16.95	86.45	16.30	67.09	10.96
r	0.61**		0.55**		0.51**	

2. 选择反应时任务的反应时和正确率

表 1-7 呈现了两组儿童在选择反应时任务上的反应时和正确率及其与 CCFT 分数的相关关系。

表 1-7　两组儿童在选择反应时任务上的反应时和正确率及其与 CCFT 分数的相关

年龄	组别	数字 RT M	数字 RT SD	数字 ACC M	数字 ACC SD	英文字母 RT M	英文字母 RT SD	英文字母 ACC M	英文字母 ACC SD	中文字符 RT M	中文字符 RT SD	中文字符 ACC M	中文字符 ACC SD
9 岁组	超常组	1185	52	0.83	0.13	1211	58	0.80	0.10	1217	62	0.81	0.13
	常态组	1182	228	0.76	0.14	1231	225	0.74	0.16	1256	213	0.73	0.16
11 岁组	超常组	1037	136	0.91	0.08	1085	123	0.89	0.07	1109	129	0.89	0.08
	常态组	1098	193	0.88	0.11	1176	176	0.84	0.10	1181	178	0.84	0.10
13 岁组	超常组	825	144	0.94	0.05	859	169	0.92	0.05	907	131	0.93	0.05
	常态组	905	100	0.94	0.04	932	83	0.92	0.03	1003	94	0.94	0.03
r	9 岁组	0.12		0.25		0.19		0.28*		0.25		0.23	
	11 岁组	0.21		0.18		0.30*		0.29*		0.28*		0.32*	
	13 岁组	0.27*		0.07		0.26*		0.03		0.34**		0.12	

（1）反应时

对反应时进行 3（年龄：9 岁组、11 岁组、13 岁组）×2（智力水平：超常组、常态组）×3（任务：数字、英文字母、中文字符）的三因素重复测量方差分析，结果发现，年龄和智力水平的交互作用不显著；年龄的主效应显著，$F(2, 178)=66.29$，$p<0.001$，$\eta^2=0.43$；智力水平的主效应显著，$F(1, 178)=6.85$，$p<0.01$，$\eta^2=0.04$；任务的主效应也显著，$F(1, 178)=70.88$，$p<0.001$，$\eta^2=0.29$，数字任务的反应时短于英文字母任务，而英文字母任务的反应时又短于中文字符任务。任务和年龄的交互作用显著，$F(4, 358)=3.69$，$p<0.01$，

η^2=0.04；任务和智力水平的交互作用不显著，任务、年龄和智力水平的三重交互作用不显著。事后检验结果表明，9岁组与11岁组、9岁组与13岁组、11岁组与13岁组之间的反应时均有显著差异（$ps<0.01$）。超常儿童在每个年龄段的反应时都比常态组更短。随着年龄的增长，超常儿童和常态儿童的选择反应时逐渐缩短。

（2）正确率

对正确率进行3（年龄：9岁组、11岁组、13岁组）×2（智力水平：超常组、常态组）×3（任务：数字、英文字母、中文字符）的三因素重复测量方差分析，结果发现，年龄与智力水平间的交互作用显著，$F(2, 178)=3.17$，$p<0.05$，$\eta^2=0.03$。简单效应分析结果显示，只有9岁组的超常儿童和常态儿童之间存在显著差异。年龄的主效应显著，$F(2, 178)=51.22$，$p<0.001$，$\eta^2=0.37$；智力水平的主效应显著，$F(2, 178)=8.18$，$p<0.01$，$\eta^2=0.09$；任务的主效应也显著，$F(2, 178)=17.86$，$p<0.001$，$\eta^2=0.09$。任务与年龄、任务与智力水平，以及任务、年龄和智力水平之间的交互作用均不显著。事后检验结果显示，9岁组与11岁组、9岁组与13岁组、11岁组与13岁组之间均存在显著差异（$p<0.01$）。

3. 抽象匹配任务的反应时和正确率

表1-8显示了抽象匹配任务的描述统计信息。CCFT分数与抽象匹配任务的反应时和正确率呈显著相关。

表1-8 抽象匹配任务的反应时和正确率及其与CCFT分数的相关

年龄	组别	第一级别 RT M	第一级别 RT SD	第一级别 ACC M	第一级别 ACC SD	第二级别 RT M	第二级别 RT SD	第二级别 ACC M	第二级别 ACC SD
9岁组	超常组	2055	506	0.92	0.08	2597	158	0.91	0.11
	常态组	2292	637	0.83	0.12	2928	225	0.84	0.13
11岁组	超常组	1793	393	0.95	0.08	2228	484	0.93	0.12
	常态组	2096	692	0.89	0.14	2594	628	0.89	0.2
13岁组	超常组	1579	356	0.97	0.05	1969	351	0.98	0.04
	常态组	1662	336	0.93	0.08	2279	454	0.92	0.07
r	9岁组	0.19		0.26*		0.26*		0.16	
	11岁组	0.28*		0.26*		0.31*		0.18	
	13岁组	0.09		0.29*		0.35**		0.43**	

（1）反应时

对反应时进行 3（年龄：9 岁组、11 岁组、13 岁组）×2（智力水平：超常组、常态组）×2（任务级别：第一级别、第二级别）的三因素重复测量方差分析，结果发现，年龄与智力水平、年龄与任务级别之间的交互作用不显著，智力水平与任务级别之间的交互作用显著，$F(1, 178)=4.49$，$p<0.05$，$\eta^2=0.03$。进一步分析显示，超常组在第一级别任务［$F(1, 182)=5.55$，$p<0.05$］和第二级别任务［$F(1, 182)=11.87$，$p<0.01$］上的反应时均较常态组更短，且两组在第二级别任务上的差异更显著。年龄的主效应显著，$F(2, 178)=21.77$，$p<0.001$，$\eta^2=0.20$；智力水平的主效应显著，$F(1, 178)=13.55$，$p<0.001$，$\eta^2=0.07$；任务级别的主效应显著，$F(1, 178)=294.95$，$p<0.001$，$\eta^2=0.62$。事后检验结果显示，随着年龄的增长，超常儿童和常态儿童的反应时逐渐缩短，且超常儿童的反应时比常态儿童更短。

（2）正确率

对正确率进行 3（年龄：9 岁组、11 岁组、13 岁组）×2（智力水平：超常组、常态组）×3（任务级别：数字、英文字母、中文字符）的三因素重复测量方差分析，结果显示，年龄与智力水平、年龄与任务级别、智力水平与任务级别之间的交互作用都不显著。年龄的主效应显著，$F(2, 178)=9.50$，$p<0.001$，$\eta^2=0.10$；智力水平的主效应显著，$F(1, 178)=13.92$，$p<0.001$，$\eta^2=0.07$；任务级别的主效应不显著。事后检验结果显示，随着年龄的增长，超常儿童和常态儿童的正确率均逐渐提高，且超常儿童的正确率高于常态儿童。

（四）讨论

本研究比较了 9—13 岁超常儿童和常态儿童的信息加工速度，采用的三个不同的信息加工速度任务越来越困难：检测时任务是一个简单的感知任务；选择反应时任务需要个体处理存储在长时记忆中的信息；抽象匹配任务涉及形状、数字和方向三个维度，是一个更复杂的任务。

本研究结果表明，在这三个任务中，智力与信息加工速度之间均存在一定的相关性，超常儿童在三个信息加工速度任务中的表现均优于常态儿童，超常儿童比常态儿童的反应更快、正确率更高。这些发现证实了信息加工速度在识别超常儿童方面的重要性。

在选择反应时任务中，超常组在9岁时的正确率更高，而其他两个年龄组的差异不显著。其中可能的原因是，本研究中使用的选择反应时任务相对简单，可能出现了天花板效应。

在抽象匹配任务中，超常组和常态组之间的反应时差异随着任务复杂度的增加而增大，这与之前的一项研究（Kranzler, Whang, & Jensen, 1994）结果一致，该研究发现，在更复杂的任务中，超常儿童的表现更好。一个可能的解释在于个体使用的策略不同。有人认为，更聪明的被试能够优化他们的信息加工过程，通过使用认知策略，或更好地处理重复性任务，来提高他们的信息加工速度（Luciano et al., 2005）。

大脑的成熟和信息加工在9—13岁这一阶段很重要。比较超常儿童和常态儿童的信息加工速度可以发现，9—13岁儿童的发展有一些共同的特点，即随着年龄的增长，他们的信息加工速度逐渐加快。进一步的证据表明，信息加工速度可能反映了神经互连的变化（Kail, 2000; Myerson et al., 1990）。

（五）小结

本研究通过对9—13岁的超常儿童和常态儿童的信息加工速度进行比较，证实了超常儿童的信息加工速度快于常态儿童。信息加工速度任务可以作为鉴别超常儿童的工具。

四、结语

通过以上两项研究发现，超常儿童比常态儿童在检测时任务、抽象匹配任务中的反应时更短、正确率更高。即使在正确率没有显著差异的情况下，超常儿童也表现出更快的反应速度。这类认知任务，如检测时任务、选择反应时任务、抽象匹配任务等要求被试尽快对刺激做出反应，具有不依赖任何类型的策略加工信息的简单性。由于这些基本认知任务的简单性，个体在反应时上表现出来的差异不易受到策略使用的个体差异的影响。这样的结果说明，超常儿童在简单的认知任务中表现出更快的信息加工速度。

第二节 超常儿童的注意发展

超常儿童在许多基本认知能力上有优异的表现,但是在注意领域,研究结果却并不一致。一些研究者发现,超常儿童有更大的注意容量,能更好地持续注意,能更有效地集中注意(Cowan et al., 2006; Johnson, Im-Bolter, & Pascual-Leone, 2003; Schweizer, Moosbrugger, & Goldhammer, 2005; Shi et al., 2013)。而另一些研究者却发现,超常儿童注意力不集中,过度活跃,容易分心(Antshel, 2008; Baum, Olenchak, & Owen, 1998; Hartnett, Nelson, & Rinn, 2004; Webb & Latimer, 1993)。甚至有研究指出,超常儿童比一般人群更容易患有 ADHD(Chae, Kim, & Noh, 2003; Polanczyk et al., 2007)。这一看似矛盾的结果,实际上是超常儿童的较大记忆容量在不同条件下的不同表现。

无意视盲(IB)指的是在执行某项任务时,个体因注意力集中在特定方面而导致其并未察觉到周围环境中的其他信息,是生活中的常见现象。IB 范式体现了人类有限的注意资源,能够有效地考察个体如何分配有限的注意资源,特别适用于探究超常儿童如何专注于任务以及被无关刺激干扰的情况。因此,本研究运用 IB 范式考察超常儿童和常态儿童的表现,以厘清混杂的研究结果,揭示超常儿童的注意特点。

一、研究背景

在常规教育环境中,超常儿童通常表现不太好,被认为比常态儿童更容易出现注意问题。然而,在实验室研究的各种注意任务中,超常儿童却比一般儿童表现更好。Shi(2001)提出,这可能是因为超常儿童比常态儿童有更大的注意容量,所以,当老师在课堂上反复教授易于获取的知识时,他们常常注意力不集中,做与课堂无关的事情。Westberg 等(1993a)也提出,对于超常儿童来说,课堂内容通常很无聊,他们更喜欢做出一些"脱离任务"的行为。但是,Westberg 等和 Shi 的解释仅基于观察性的研究结果。因此,本研究提出假设,即超常儿童具有更大的注意容量，但是在完成不能占用所有注意容量的无挑战性任务时，剩余的注意容量将溢出到与任务无关的信息上，并使用实验方法来验证这一假设。

IB 范式是一种评估个体对特定任务的注意能力和对不相关信息的敏感性的方法（Memmert，Simons，& Grimme，2009；Seegmiller，Watson，& Strayer，2011）。典型的评估 IB 的实验室任务包括一个需要注意的任务（主要任务）和一个与当前任务无关的意外刺激。这个范式可以反映出一种真实的课堂环境，其中学生的主要任务是观察和听老师讲课，而突然的和侵入性的刺激（例如，背景中的鸟类发出的意外声音，一只飞虫闯入教室，或黑板附近的一个新时钟）是分散注意力的内容。学生在主要任务上的表现，以及对意外刺激的认识，可以帮助我们更好地了解超常儿童的注意能力。例如，如果主要任务缺乏足够的挑战性，个体的注意资源可能会被用于处理其他分散注意的刺激物。

由于超常儿童往往表现出更强的工作记忆能力（Ackerman，Beier，& Boyle，2005；Fry & Hale，1996；Schweizer & Moosbrugger，2004），这些儿童有可能不太容易受到 IB 的影响。此外，根据注意力的负荷理论（Lavie，1995；Lavie & Cox，1997），当对任务相关刺激的加工处理涉及高水平的知觉负荷，从而占据了所有可用的能力时，专注于当前的任务可以防止个体对任务不相关刺激的感知；相反，当对任务相关刺激的加工处理只涉及较低水平的知觉负荷时，空余的能力会不由自主地被用于感知不相关的刺激。因此，考虑到超常儿童在许多注意任务上的优异表现，他们可能会从更强的知觉能力中受益，从而降低 IB 的发生率。

本研究采用 IB 范式（Mack & Rock，1998）考察了超常儿童在执行主要任务时是否更倾向于检测到意外刺激，同时假设超常儿童能够更好地处理注意任务，并对同时出现的意外刺激更敏感。

二、方法

1. 被试

共有 89 名被试参与本研究，包括 44 名超常儿童（24 名男生和 20 名女生，平均年龄为 9.81±0.70 岁）和 45 名常态儿童（18 名男生和 27 名女生，平均年龄为 9.60±0.70 岁）。3 名被试由于在完全注意测验中未能检测到意外刺激，其数据被舍弃。剩下的 86 名被试包括 43 名超常儿童和 43 名常态儿童。两组的年龄［$t(84)=1.229$，$p=0.223$］和性别差异均不显著（$\chi^2=1.675$，$p=0.281$）。

2. 研究工具

IB 任务由 E-prime1.0 生成。每个常规辨别试次按照以下顺序进行：①一个黑色小提示点在白色屏幕中央呈现 1000ms；②一个目标"+"字出现在屏幕中央，持续 200ms；③"+"字被一个复杂的黑白图案掩盖，持续 500ms；④被试被要求完成判断，判断结束后立即回答三个问题。图 1-5 显示了实验流程图。若"+"字的水平臂更长，被试应该按"F"键；若"+"字的垂直臂更长，被试应该按"J"键。字母"F"和"J"没有被掩盖，这可能会引起被试对字母的额外加工从而增加其感知负荷，但这对于每位被试都是一样的。目标"+"字的水平臂和垂直臂的大小在不同试次之间变化，采用经典的组合方式：4.9—4.1cm、4.3—4.9cm、5.1—4.9cm、4.7—5.1cm（Mack & Rock, 1998）。组合的顺序对于每位被试都是相同的。

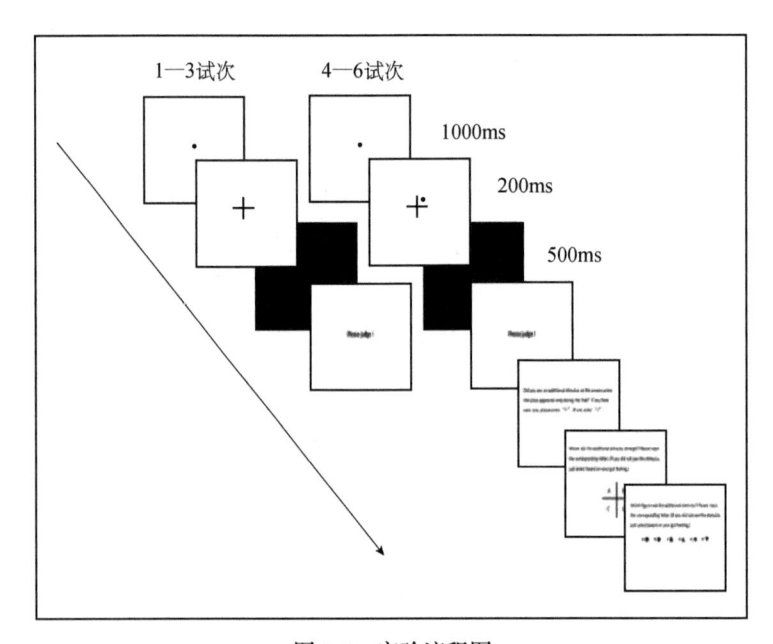

图 1-5 实验流程图

注：1—3 试次是一般试次，只有一个"+"字；4—6 试次是实验试次，意外刺激与"+"字一起出现

实验共六个试次。前三个试次是一般试次，只呈现"+"字，目的是让被试

熟悉主要任务。第四个试次是关键试次,在呈现"+"字时出现了意外刺激。如果被试无法检测到意外刺激,则被视为发生了IB。意外刺激是一个黑色三角形,位于右上象限,大小为0.8°×0.8°。完成判断后,被试被要求回答一系列问题。

3. 研究程序

在实验开始之前,所有被试被告知他们接下来要以认真的态度完成一个注意任务。完成任务后,被试被带到另一个教室等候。所有被试在四个空旷安静的教室中单独接受测试,每个教室内都有一位主试。主试会解释实验要求,只有当被试理解了要求后才开始实验。被试学习任务要求和完成任务共耗时5—8min。

在关键试次中,若被试报告看到另一个物体,并且能够正确选择物体的位置和形状,则该被试没有出现IB,未能成功完成的被试则出现了IB。为确保刺激在不同的注意条件下能够被被试感知到,本研究还进行了两个额外的试次:第五个试次是分散注意测试,被试要在完成"+"字判断任务的同时寻找意外刺激;第六个试次是完全注意测试,被试要忽略"+"字判断任务,转而寻找意外刺激。若被试在完全注意测试中未能检测到意外刺激,其数据则被舍弃。

三、结果

总共有32.6%的被试产生了IB,其中有18.6%的超常儿童和46.5%的常态儿童无法正确检测到意外刺激[图1-6(a)]。比较超常儿童和常态儿童的IB率(即不能正确发现黑色三角形的被试所占百分比),发现超常儿童相对不容易出现IB,$\chi^2=7.626$,$p=0.006$,$\Phi=0.300$。这与研究假设一致,即超常儿童对意外刺激更敏感。此外,通过对分散注意测验中意外刺激的检测情况进行分析,发现仍有21名被试(11名超常儿童和10名常态儿童)无法正确检测到意外刺激,超常儿童和普通儿童未出现显著差异,$\chi^2=0.063$,$p=1.000$。

采用独立样本t检验比较超常儿童和常态儿童在前三个试次上的平均正确率及其在关键试次上的正确率。结果显示,在前三个试次的平均正确率上,超常儿童(71.8±31.7%)和常态儿童(65.7±35.3%)没有显著差异,$t(84)=0.851$,$p=0.400$[图1-6(b)]。然而,在关键试次上,超常儿童的正确率(79.1±41.2%)比常态儿童(46.5±50.5%)更高,$t(84)=3.278$,$p=0.002$,$\eta^2=0.113$[图1-6(c)]。同时,采用配对样本t检验比较常态儿童在前三个试次上的平均正确率及

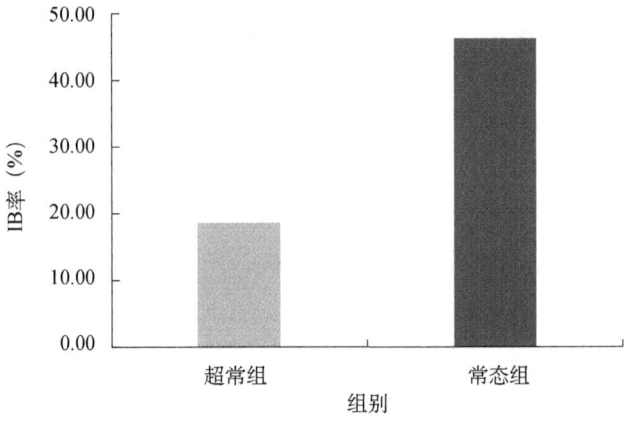

(a) 超常儿童和常态儿童的IB率

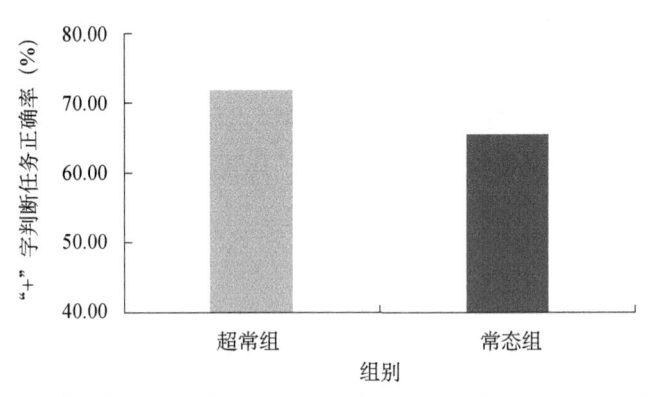

(b) 超常儿童和常态儿童在一般试次中"+"字判断任务上的平均正确率

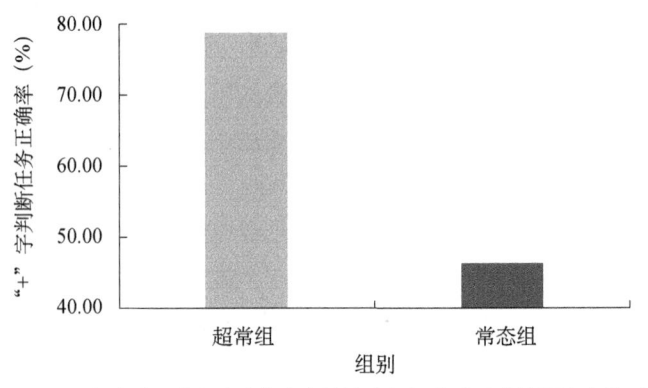

(c) 超常儿童和常态儿童在关键试次中"+"字判断任务上的正确率

图 1-6 超常儿童和常态儿童的注意表现

其在关键试次上的正确率发现，与在前三个试次上的平均正确率相比，常态儿童在关键试次上的正确率显著降低，$t(42)=2.015$，$p=0.050$，$d=0.380$。对超常儿童组进行同样的比较发现，其在前三个试次上的平均正确率及其在关键试次上的正确率之间没有显著差异，$t(42)=1.164$，$p=0.251$。需要注意的是，因对所有的正确率都进行了两次比较，所以我们采用Bonferroni校正并将阈值设置为0.025（0.050/2），结果发现，常态儿童在前三个试次上的平均正确率及其在关键试次上的正确率之间的差异没有达到显著水平。

此外，我们还分析了在关键试次中能够正确判断"+"字的儿童的IB率，共有54名儿童在关键试次中能够正确判断"+"字，包括34名超常儿童和20名常态儿童。在这些儿童中，有7名超常儿童和10名常态儿童无法检测到意外刺激。结果显示，超常儿童的IB率（20.6%）显著低于常态儿童（50.0%），$\chi^2=5.050$，$p=0.036$，$\Phi=0.242$。这些结果支持了本研究的假设，即超常儿童实际上拥有更大的注意容量，这使得他们能够更好地执行主要任务，并有额外的注意容量来处理意外刺激。此外，对分散注意测验的正确率进行比较发现，超常儿童（74.4±44.1%）的表现优于常态儿童（53.5±50.5%），$t(84)=2.047$，$p=0.044$，$\eta^2=0.048$。

此外，在剔除异常值后，通过比较超常儿童和常态儿童在一般试次、关键试次和分散注意测验中的平均反应时发现，超常儿童在分散注意测验中的反应速度更快，$t(82)=4.060$，$p<0.001$，$\eta^2=0.164$，但在一般试次和关键试次中未发现显著差异。

四、讨论

本研究结果表明，超常儿童比常态儿童更不容易受到IB的影响。此外，在同时面对一个注意任务和一个意外刺激时，超常儿童能更好地完成注意任务，并且比常态儿童更容易检测到意外刺激。这些结果与之前的研究一致，表明超常儿童具有更大的注意容量（Cowan et al., 2006; Johnson, Im-Bolter, & Pascual-Leone, 2003; Schweizer, Moosbrugger, & Goldhammer, 2005; Shi et al., 2013），这有助于他们更有效地加工任务相关刺激，并且还有剩余的注意容量来加工其他刺激。

先前的研究表明，意外刺激可能会引起个体的警觉状态，从而使其发生注意转移。个体的注意容量是有限的，如果支持主要任务之外剩余的注意容量不足以使他们检测到意外刺激，将会产生注意成本，从而干扰其在主要任务上的表现（Bressan & Pizzighello，2008）。本研究的结果显示，当出现意外刺激时，常态儿童的正确率显著低于超常儿童。这可能是因为与超常儿童相比，常态儿童的注意容量较小（Johnson，Im-Bolter，& Pascual-Leone，2003），他们的主要任务更容易受到意外刺激的干扰。同时，在被告知需要分散注意处理意外刺激时，超常儿童在主要任务上表现更好，不论是正确率还是反应时都有所提高。这表明超常儿童更能进行自我调节（Calero et al.，2007；Duan et al.，2009；Liu et al.，2007）。此外，这些结果也与分散注意和智力呈正相关的发现一致（Roberts et al.，1991；Roberts，Beh，& Stankov，1988）。

有研究发现，患有 ADHD 的大学生能更频繁地检测到意外刺激（Grossman et al.，2015）。本研究结果表明，超常儿童更容易将注意转移至与任务无关的意外刺激上，这似乎为为什么 ADHD 在超常儿童比在常态儿童中更普遍提供了一种替代解释（Chae，Kim，& Noh，2003）。由于较强的感知能力，超常儿童更难忽略与任务无关的刺激。从另一个角度来看，这是一种注意力缺陷，使他们更容易分散注意。此外，未来的研究考察患有 ADHD 的超常儿童是否更容易避免 IB 也很有价值。如果确实如此，那么 IB 任务可能有助于超常儿童的 ADHD 诊断。

本研究进一步揭示了超常儿童的注意能力。高智力可能使人们在多个认知任务中表现更好，包括在从事主要任务时检测到意外刺激。这与之前的研究结果一致，即超常儿童可以更有效地加工未受关注的信息（Liu et al.，2008）。本研究中的"智力"指的是一般智力，因为当前研究在超常儿童的选拔过程中强调了一般智力，所以，从 IB 的角度来看，本研究结果暗示了一般智力可能会影响 IB。

本研究表明，超常儿童具有较大的注意容量，但在面对无挑战性的任务时可能更容易出现注意力不集中的情况（Shi，2001；Westberg et al.，1993a）。因此，为超常儿童提供具有挑战性和丰富性的教育可能是必要的。之前的研究已经证明，超常教育对于超常儿童在发展适应性认知能力方面具有益处（Cheng，Zhou，& Shi，2009；Duan，Shi，& Zhou，2010；Shi et al.，2013）。有挑战性的教育可能有助于这些孩子更加投入学习，使他们更不容易受到无关刺激的影响。

之前的研究已经证明，特定技能方面的个体差异（Memmert，2006；Memmert，Simons & Grimme，2009；Vallett，Lamb，& Annetta，2013）会影响

IB。然而，这些技能高度专业化，大多数研究旨在解决具有有限范围的技能表现问题（例如，篮球运动员之间的传球，或放射科医师在 CT 片上查找结节）。本研究从更一般的角度探究了一般智力因素对 IB 个体差异的影响。

总之，本研究是一项初步研究，考察了超常儿童的 IB，实验对象为 9—10 岁的被试，发现一般智力因素对 IB 的影响符合预期模式。这有助于我们更好地了解超常儿童的注意能力。此外，通过讨论可能与此主题相关的各种因素，未来可以进行更多有趣和有潜力的研究。因此，我们希望本研究为今后研究者探索这些问题提供动力，从而有助于他们理解超常儿童的注意品质。

五、结论

总之，本研究采用 IB 范式揭示了超常儿童的注意特点，发现超常儿童比常态儿童更不容易受到 IB 的影响，此外，在有意外刺激干扰的情况下，超常儿童能够更好地完成主要的注意任务，且比常态儿童更容易检测到意外刺激。事实上，超常儿童的 ADHD 在今天仍然是备受研究者关注的一个问题。超常儿童的某些行为特点与 ADHD 相似，而具有 ADHD 问题的超常儿童因其在学校中的出色表现又常常使得注意问题被掩盖，这使得超常儿童 ADHD 诊断具有争议性（Antshel，2008；Thongseiratch & Worachotekamjorn，2016）。本研究对于超常儿童的 ADHD 诊断具有借鉴意义，初步表明了丰富教育对于发展超常儿童认知能力的必要性。后来的一些研究者也从干预的角度对如何提高超常儿童的注意力进行了探讨，提出了丰富教育比标准化教育更能帮助超常儿童提高注意力的观点（Tao & Shi，2018）。

第三节　超常儿童的记忆发展

近年来，越来越多的人聚焦超常儿童认知能力的研究，记忆作为认知能力的重要组成部分备受关注，人们认识到记忆是了解天赋机制的一个窗口。超常儿童是通过标准化的智力测试来甄别的，在这个概念里，智力超常就是指高智商。以往的研究显示，超常儿童在认知能力方面往往有优异的表现，这种智力上的天赋是由高水平的一般智力决定的（Thompson & Oehlert，2010）。然而，高智商并不是超常的唯一特征，因为它往往与其他较高的认知能力有关，如超常儿童相较于同龄儿童有更高的工作记忆能力（Rodríguez-Naveiras et al.，2019）。工作记忆似乎在儿童的学习和教育中发挥着重要作用（Cowan，2014），并且是学习成绩的一个重要预测因素（Alloway T P & Alloway R G，2010；Gathercole et al.，2004；Krumm，Ziegler，& Buehner，2008）。

本节将依照超常儿童的工作记忆、元记忆、协作记忆顺序展开，对超常儿童的工作记忆特点、超常儿童与常态儿童记忆组织和记忆监控的比较等问题进行讨论。

一、超常儿童的工作记忆特点——基于工作记忆精确度与广度的实验研究

本研究选取合肥市某校 13—14 岁超常儿童、智力良好儿童和一般智力儿童共 107 名，采用 Corsi 组块任务和延迟反应任务考察不同智力水平儿童的工作记忆精确度及广度，从而揭示超常儿童的工作记忆特点。结果显示：①超常儿童和智力良好儿童的工作记忆广度无显著差异，但均显著优于一般智力儿童；②超常儿童的工作记忆精确度显著优于另两组儿童，并且抑制无关刺激干扰的能力也显著优于另两组儿童。该结果揭示超常儿童在工作记忆的精确度与广度上均具有优越性，且在精确度上的优越性更为突出、稳定。

（一）研究背景

我国的超常儿童研究跨越了 40 多年的曲折道路，但可喜的是近年来超常儿童研究受到越来越多人的关注。一方面，这是因为超常儿童研究契合国情，与培养拔尖创新人才的政策不谋而合。自 2020 年，我国部分高校开展了基础学科拔尖人才培养计划，从而为国家的科技创新提供了高水平、高能力的人才库。而超常儿童作为智力分数位于同龄儿童两个标准差以上的群体，是极为重要的潜在人

才库。另一方面，超常儿童是客观存在的群体。他们在认知能力，如加工速度、记忆、抑制控制、推理等方面往往有优异的表现。也正因如此，他们对常规教学可能出现适应不良的情况，甚至常规教学最终可能阻碍超常儿童的正常发展。所以针对超常儿童的身心发展特点，实施有针对性的教育是教育者和研究者共同面临的挑战。基于以上两点，不论是超常儿童的筛查还是培养都需要建立在对超常儿童本质特点了解的基础之上，因此本研究将从视觉工作记忆入手考察超常儿童的认知特点。

视觉工作记忆作为一种常见的认知能力指标，通常以工作记忆广度来衡量个体工作记忆存储量的大小。元分析结果发现，超常儿童在视觉记忆广度和言语记忆广度上的表现均显著优于常态儿童，但超常儿童在视觉记忆广度上的优越性会随任务难度的变化而发生浮动。这表明采用不同的实验范式或刺激材料可能会得到不稳定的工作记忆广度结果，这一方面可能会影响研究者对超常儿童的筛查，另一方面也使得研究者难以深入挖掘超常儿童工作记忆的实质特点。

工作记忆广度的测量暗含一个前提，即人的工作记忆采用了"全或无"的加工方式；而工作记忆广度仅能提供对记忆表征的数量估计，却并不能提供记忆表征加工程度或准确性的信息。随着记忆资源学说的兴起，研究者提出了一种新的工作记忆能力指标，即"工作记忆精确度"（working memory precision/resolution）。它是指对记忆项目进行加工或存储的精确程度，反映了个体对记忆表征的加工程度。工作记忆广度和工作记忆精确度之间既相互独立又紧密相关。工作记忆与流体智力之间有显著的相关关系，甚至工作记忆能够有效预测未来的流体智力发展。但有研究者认为，工作记忆与智力的关系主要是由于工作记忆广度与智力之间存在联系，而非工作记忆精确度。可后续研究却发现，在负性情绪条件下，大学生的工作记忆广度并无显著变化，工作记忆精确度却得到了显著提升，这表明情绪对工作记忆数量和质量产生了不同的影响，二者之间有相互独立的部分。另外，对双语儿童和常态儿童的研究发现，二者在完成难度不同的工作记忆任务时的广度分数并无显著差异，但双语儿童的正确率却显著高于常态儿童。这些都从侧面表明工作记忆精确度的任务难度比工作记忆广度的任务难度更大，工作记忆精确度任务更容易检测出个体间细微的记忆能力差异。和工作记忆广度相比，工作记忆精确度或许可以更为稳定地体现超常儿童优异的记忆力，因此有必要考察超常儿童的工作记忆精确度特点。

鉴于此，本研究拟选择超常儿童、智力良好儿童和一般智力儿童作为研究对象，在分别了解其工作记忆广度和工作记忆精确度的基础上，进一步探讨不同组别儿童在工作记忆精确度任务中出现差异的原因，以了解超常儿童优异记忆力表现的本质原因，为筛查和培养超常儿童提供更多的实证依据。

（二）方法

1. 被试

本研究选取超常班儿童、平行班儿童和普通班儿童共计107人，具体如下：①超常班儿童：合肥市某校的超常实验班学生共40名（27名男生，13名女生，平均年龄为13.62±0.70岁）。超常班儿童均为学校采用韦氏智力测验及多项认知测验选拔而来的，所有被试的智力分数均处于同龄儿童百分等级95%以上，属于超常儿童。②平行班儿童：合肥市某校的平行班学生共37名（30名男生，7名女生，平均年龄为13.90±0.66岁）。平行班儿童均为智力正常，但有意愿参加超常教育的儿童。超常班和平行班都采用快班教学，且任课老师全部一样。③普通班儿童，合肥市某校的普通班学生共30名（18名男生，12名女生，平均年龄为13.42±0.67岁），普通班儿童与超常班儿童、平行班儿童均无显著年龄差异（$p>0.05$）。

所有被试均无色盲或色弱，视力或矫正视力正常，均为右利手，无神经或心理疾病，没有服用精神药物，且没有认知障碍或学习障碍。实验前，被试均已阅读实验须知，并请监护人签署了知情同意书。

考虑到普通班儿童中可能也有流体智力较高的个体，我们在选取被试后统一进行RSPM，并按照常模进行百分等级的划分。超常班、平行班及普通班儿童的RSPM分数及百分等级如表1-9所示，超常班儿童的分数显著高于平行班儿童和普通班儿童（$p<0.05$），平行班儿童的智力分数显著高于普通班儿童（$p<0.05$）。所以，我们在后面分析中采用智力超常组、智力良好组和一般智力组指代超常班、平行班和普通班儿童。

表1-9 超常班、平行班及普通班儿童的RSPM分数及百分等级

组别	RSPM分数 M	RSPM分数 SD	百分等级	F检验
超常班儿童	55.00	2.68	>95%	
平行班儿童	49.00	3.56	75%—95%	$F=11.2$，$p=0.003$
普通班儿童	36.00	4.21	50%—74%	

2. 研究设计

本研究采用 RSPM 考察所有被试的智力水平，确保智力分组无误。此外，本研究采用 Corsi 组块任务考察不同智力水平儿童的工作记忆广度，采用运动控制任务和经典延迟反应任务考察不同智力水平儿童的工作记忆精确度。智力水平（智力超常组、智力良好组和一般智力组）为自变量，工作记忆广度和工作记忆精确度为因变量。

（三）研究工具

实验分为纸笔测试和上机操作两部分：纸笔测试为 RSPM；上机操作包括 Corsi 组块任务、运动控制任务、经典延迟反应任务。

1. RSPM

RSPM 用来测量被试的流体智力。本研究中采用的 RSPM 是由张厚粲和王晓平（1989）修订后的中国城市版。测试时间为 30min。测验共包括 60 道题目，分为 A、B、C、D、E 五组，每组 12 道题。A 组题目主要测量知觉辨别能力，B 组题目主要测量类同比较能力，C 组题目主要测量比较推理能力，D 组题目主要测量系列关系能力，E 组题目主要测量抽象推理能力。五组题目难度逐步增大，每组内部题目也由易到难排列，所用解题思路一致。每题均为单选题，答对得 1 分，答错不得分；五组题目分数之和为测验总分，满分为 60 分。被试的原始得分可以根据常模转换为百分等级，以进行进一步分析。

2. Corsi 组块任务

Corsi 组块任务是经典的视觉工作记忆广度任务，有良好的信度和效度。实验开始前，屏幕中央会出现 5×5 的方块矩阵；实验开始后，特定数量的方块会依次变换颜色，要求被试按顺序点击变换过颜色的方块。在方块位置和点击顺序均正确的情况下，被试反应被判为正确，否则将被判为错误。若被试回答正确，闪现方块的数量将逐渐增加；每种数量条件下，被试均有 3 次尝试机会。若在 3 次尝试中，被试完全正确的次数在 2 次及以上，那么方块数量将继续增加，实验继续；否则在完成相应方块数量的 3 次尝试后，实验终止。Corsi 组块任务将记录被试的击中率和正确记录的最大方块数目，并据此计算出被试的视觉工作记忆广度。

3. 运动控制任务

运动控制任务在经典延迟反应任务前完成。考虑到手眼协调能力可能会对实验结果产生影响，因此我们通过运动控制任务测量被试的基线水平，并基于结果校正工作记忆精确度，以保障后续经典延迟反应任务测量的是被试的工作记忆而非感知敏锐度或操作能力。实验开始时，屏幕中央会出现两条线段，两条线段的颜色相同，但方向并不相同，下方线段外围有一圈白色的虚线。要求被试根据上面的线段调整下面线段的角度，直至两条线段的朝向完全一致（图1-7）。被试在下方虚线圆圈范围内通过点击鼠标左键调整线段朝向，调整确定无误之后，点击鼠标右键进行下一试次。运动控制任务共10个试次，该过程无时间限制。

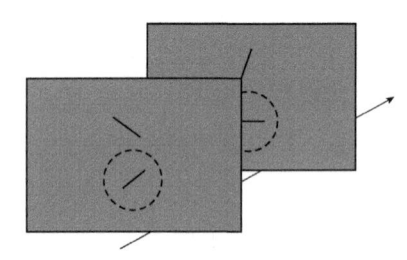

图 1-7　运动控制任务示意图

4. 经典延迟反应任务

经典延迟反应任务用来测量被试的视觉工作记忆精确度。首先，屏幕中央会同时呈现1条或3条颜色不同、方向不同的线段500ms，以保证被试有充分的时间编码加工所有的记忆项目。接着，呈现100ms的掩蔽刺激和500ms的注视点，以减弱视觉残像对视觉工作记忆结果的影响。最后，屏幕中央呈现白色虚线圆圈，并在白色虚线圆圈中以随机角度呈现之前曾出现过的某个颜色的线段，请被试根据自己的记忆点击鼠标左键以调整该颜色线段的朝向，确认无误后点击鼠标右键继续下一试次，具体流程如图1-8所示。调整线段的阶段没有时间限制。在主试说明指导语并确认被试没有问题后，被试有1次练习的机会，若被试在练习试次中调整线段的角度差小于10°，被试可进入正式实验试次；否则，主试需要重新为被试讲解指导语并请被试继续练习直至正确为止。若练习次数超过10次，则被试将被视为无法正确理解实验任务规则，主试将主动终止实验。记忆1条线段的条件下共有45个试次，被试在完成22个试次后有一次休息机会；记忆3条线段的条件下共有70个试次，被试在完成35个试次后有一次休息机会。休息时间长短由被试自行决定，主试可提示被试闭目或远眺以休息眼睛，若感觉状态恢复则可继续实验。实验记录被试调整线段的角度差（0°—90°），并进一步将其转换为弧度，以计算被试在不同记忆负荷条件下的视觉工作记忆精确度。最后，根据 Bays、Catalao 和 Husain（2009）的理论，分析被试在记忆 3 条线段条件下的反应类型及概率：对目标刺激的反应，即被试对选定颜色的线段能够正确回忆其角度；对非目标刺激的反应，即被试错将其他颜色的线段当作目标刺激进行回忆；随机猜测，即被试没有记住任何线段的角度，随意调整线段角度。

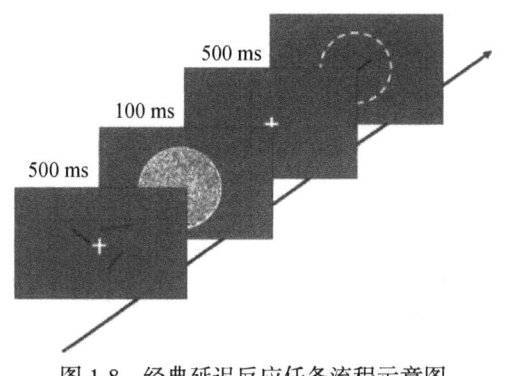

图 1-8　经典延迟反应任务流程示意图

（四）研究程序

本研究采用 Corsi 组块任务和延迟反应任务对不同智力水平儿童的视觉工作记忆广度和精确度进行考察，并进行比较分析。上机测验按照 Corsi 组块任务、运动控制任务和经典延迟反应任务的顺序在学校机房内完成；纸笔测验和上机测验分开完成，无先后顺序，间隔时间控制在一周之内。

（五）结果

1. 不同智力水平儿童的视觉工作记忆广度比较

本研究对不同智力水平儿童的视觉工作记忆广度及精确度进行了比较，结果见表 1-10。

表 1-10　不同智力水平儿童视觉工作记忆广度及精确度比较 [$M(SD)$]

项目	智力超常组	智力良好组	一般智力组
工作记忆广度	5.10（1.01）	4.66（1.14）	4.33（0.96）
运动控制任务精确度	15.93（3.03）	13.80（1.29）	14.55（1.06）
1 条线段条件下的精确度	3.01（0.25）	2.36（0.15）	2.14（0.16）
3 条线段条件下的精确度	1.35（0.08）	1.13（0.06）	0.99（0.09）

单因素方差分析结果显示，智力水平的主效应显著［$F(2, 105)$=4.39，p=0.015］，采用 LSD 进行多重比较，结果发现，智力超常组的工作记忆广度显著大于一般智力组（p=0.018），但与智力良好组的差异不显著（p=0.119）；智力良好组和一般智力组的工作记忆广度差异也不显著（p=0.330）。这表明工作记忆广度无法区分出智力超常组和智力良好组的表现，但可以区分出智力超常组与一般智力组的表现。

2. 不同智力水平儿童的工作记忆精确度比较

首先，比较不同智力水平儿童在运动控制任务上的表现。单因素方差结果显示，智力水平的主效应不显著［$F(2, 105)$=0.47，p=0.625］，表明不同智力水平儿童调整线段角度的基线水平没有显著差异，后续进行精确度分析时不需要进行额外校正。其次，比较 1 条线段条件下不同智力水平儿童的视觉工作记忆精确度。单因素方差结果显示，智力水平的主效应显著［$F(2, 105)$=3.37，p=0.038］，采用 LSD 进行多重比较，结果发现，智力超常组的工作记忆精确度显著高于智力良好组（p=0.022）和一般智力组（p=0.044），智力良好组与一般智力组无显著差异（p=0.994）。最后，比较 3 条线段条件下不同智力水平儿童的视觉工作记忆精确度。单因素方差结果显示，智力水平的主效应也显著［$F(2, 105)$=4.43，p=0.014］，采用 LSD 进行多重比较，结果发现，智力超常组的工作记忆精确度显著高于一般智力组（p=0.005），其和智力良好组的差异达到边缘显著（p=0.055）。这表明智力超常组、智力良好组和一般智力组儿童在工作记忆精确度上的表现存在显著差异。

3. 不同智力水平儿童在经典延迟反应任务中的反应比较

在 1 条和 3 条线段条件下，不同智力水平儿童的视觉工作记忆精确度表现有显著差异，进一步对 3 条线段条件下各组儿童不同反应类型的概率进行比较，以智力水平（智力超常组、智力良好组和一般智力组）为自变量，以被试对目标刺激的反应概率、对非目标刺激的反应概率和随机猜测的概率为因变量，进行单因素方差分析。结果发现，三组儿童对目标刺激的反应概率的差异不显著［$F(2, 105)$=1.79，p=0.173］，其随机猜测概率的差异也不显著［$F(2, 105)$=2.19，p=0.120］，但对非目标刺激的反应概率的差异显著［$F(2, 105)$=3.36，p=0.039］。采用 LSD 进行多重比较，结果发现，智力超常组对非目标刺激的反应概率（M=0.025）显著低于智力良好组（M=0.048，p=0.023）和一般智力组（M=0.062，p=0.012）；智力良好组和一般智力组的差异不显著（p=0.333）。这表明，和智力良好组、一般智力组相比，智力超常组在完成经典延迟反应任务时抑制无关干扰的能力更强。

（六）讨论

1. 工作记忆精确度可能是一种更敏感的认知指标

本研究结果发现，智力超常组在工作记忆精确度上的表现要显著优于智力良好组和一般智力组，但在工作记忆广度上的表现与智力良好组无显著差异。这表明依据工作记忆广度这一指标可能不易检测出高智力个体之间的工作记忆能力差异。这与Rodríguez-Naveiras等（2019）已有的元分析结果一致，在难度不高的任务上，超常儿童的表现更容易受到限制。那么是否存在一种可能的解释：超常儿童和智力良好儿童均已达到了工作记忆成熟水平，因此两组之间的工作记忆广度未出现显著差异。但Peich、Husain和Bays（2013）的研究指出，个体的工作记忆广度总体上呈倒U形发展，在儿童期不断上升，达到顶峰后，在老年期逐渐下降。本研究中被试的平均年龄在13—14岁，其工作记忆广度均未成熟。另一种可能的解释是：本研究中的超常儿童和智力良好儿童来自同一学校的超常班和平行班，且超常班和平行班具有相似的教学环境，丰富的教学环境可能会促使智力良好儿童的工作记忆广度变大，进而导致难以检测出超常儿童与常态儿童之间的差异。

另外，本研究结果也表明，在考察认知能力个体差异时，工作记忆精确度可能是比工作记忆广度更为敏感的认知指标。在工作记忆广度相似的情况下，智力水平更高的个体的工作记忆精确度显著更高。传统研究仅采用工作记忆广度衡量个体的工作记忆能力可能不够全面，无法充分体现出超常儿童在记忆力方面的特点。工作记忆精确度不仅能检测出高智力个体间的能力差异，它对细微变化的认知能力差异也同样敏感。Peich、Husain和Bays（2013）对19—77岁个体的工作记忆广度和精确度进行研究后发现，教育年限对工作记忆广度的影响大于年龄的影响，而工作记忆精确度则主要受年龄的影响。Zokaei等（2015）对帕金森患者的研究也发现，帕金森患者具有一定程度的认知障碍，但通过复杂广度任务无法检测出这种障碍，而工作记忆精确度却可以检测出帕金森患者与健康对照组的认知能力差异，这也再次证明了工作记忆精确度是比工作记忆广度更加敏感的认知能力测量指标，而且工作记忆精确度可以有效地测量出药物治疗对认知障碍的改善作用。此外，生理方面的研究发现，工作记忆精确度与角回的活动相关，而且工作记忆精确度和视觉皮层神经集群持续活动的精确性有直接联系。由此可见，工作记忆精确度是继工作记忆广度之后的新型工作记忆能力指标，具有较好的生态效度和神经生理基础。

2. 超常儿童的工作记忆与抑制控制能力

本研究发现，三组儿童在 3 条线段条件下的工作记忆精确度之间的差异达到显著水平，进一步分析发现，超常儿童对非目标刺激的反应概率显著低于智力良好组和一般智力组，而对目标刺激的反应概率和随机猜测的概率无显著的组别差异，这表明超常儿童抑制无关刺激的干扰能力要明显优于另外两组被试。抑制控制能力在个体自身发展过程中起到了非常重要的作用，对个体的记忆力发展尤为重要。研究发现，工作记忆广度高的个体抑制无关信息的能力更高，使个体只保存目标刺激相关信息；工作记忆广度低的个体可存储的刺激其实并不少于工作记忆广度高的个体，但由于额外加工和存储了无关信息，其对目标刺激的加工存储效率降低。抑制控制能力也是联结儿童流体智力和视觉工作记忆的重要认知基础。

Heyes、Zokaei 和 Van Der Staaij（2012）对 7—13 岁儿童的研究发现，儿童期工作记忆能力的提升主要源于其对目标刺激加工概率的上升，而不是对非目标刺激的反应概率或随机猜测概率的下降，这也与 Heyes、Zokaei 和 Husain（2016）之后的纵向追踪研究结果相一致；但 Sarigiannidis、Crickmore 和 Astle（2016）对 7—12 岁儿童的研究却发现，儿童期工作记忆精确度的提高还受随机猜测概率下降的影响，而并非仅是由个体对单个记忆项目的工作记忆精确度提高所致。但这 3 篇文章均采用顺序呈现记忆刺激的方式，而不是成人被试实验中常用的同时呈现记忆刺激的方式，因而可能人为地降低了错误联结发生的概率。另外，这也可能表明常态儿童在记忆力发展过程中主要增加的是对目标刺激的加工程度以及及时加工所有刺激的可能性；而超常儿童可能更善于抑制无关刺激，集中认知资源完成相应的认知任务。

（七）结论与建议

1. 结论

1）工作记忆广度无法用来区分超常儿童和智力良好儿童，而工作记忆精确度可以用来区分不同智力水平的儿童，工作记忆精确度可能是一种更为敏感的认知指标。

2）超常儿童的工作记忆任务表现更优异可能得益于他们能够抑制对干扰刺激的加工和提取。

2. 建议

1）将工作记忆广度和精确度相结合，作为考核个体工作记忆能力的指标。首先，在筛查和考核超常儿童这一高智力群体时，可以考虑结合工作记忆广度及精确度两方面的指标，避免浪费人才资源，为拔尖创新型人才的培养提供支持。其次，在评价认知干预效果时，也可以考虑纳入工作记忆精确度作为考核指标，以丰富考核内容，为认知干预的评估提供精准结果。

2）重视儿童抑制控制能力的培养，促进儿童记忆能力的提高。研究结果表明，超常智力儿童优异的记忆表现与其出色的抑制控制能力有密切关系。这不仅对超常儿童的筛查有所启示，也对需要提升记忆力的特殊群体有所帮助。对于记忆力发展落后的群体，可以有针对性地进行抑制控制能力的训练，从而达到改善记忆力的效果。

二、超常儿童与常态儿童记忆组织和记忆监控的比较研究

本实验以20名超常儿童（平均年龄为11岁2个月）和20名常态儿童（平均年龄为11岁3个月）为被试，用数字和图形作为实验材料，对超常儿童和常态儿童的记忆、元记忆的特点与差异做了初步的比较研究，结果是：①超常儿童不仅在回忆量和记忆速度上比常态儿童优异，更主要的是在记忆组织及记忆监控上比常态儿童发展得更好；②无论是超常儿童还是常态儿童，其记忆的回忆量，特别是记忆速度，与记忆监控、记忆组织之间都有显著相关关系；③作为元记忆的两个元素，记忆组织和记忆监控之间也有显著相关关系；④同时使用回忆量和记忆速度作为记忆成绩的指标更为合适，能更好地说明儿童记忆的特点。

（一）研究背景

20世纪六七十年代以来，人们在对儿童记忆发展做了大量研究的基础上发

现，儿童记忆的发展是一个极其复杂的问题。它除了表现出有规律的年龄差异外，还受许多因素的影响，如个体的智力或认知水平、个体对材料的熟悉程度、材料本身的结构，以及个体对自己记忆状态的意识等。记忆组织和记忆监控是元记忆的两个方面，关于记忆组织，Tulving 和 Donaldson（1972）在《记忆组织》（*Organization of Memory*）一书中指出，"当项目的输出顺序受项目间的语义或语音关系支配，或受被试在实验前或实验中对各项目的熟悉程度所支配时，就出现了记忆组织"。更一般地来讲，记忆组织就是被试对所需识记材料的加工，这种加工既可以是根据材料间的内在联系进行的，也可以是根据被试自己的经验或主观爱好进行的。记忆监控是指被试对自己记忆状态的意识与对自己记忆程度的判断和估计。总之，个体越能清楚地意识到自己的记忆状态，越能准确地判断和估计自己的记忆程度，记忆监控就越好。而关于记忆组织和记忆监控的研究多以常态儿童为被试，以超常儿童为主要研究对象的实验尚不多见，即使有也只是研究智力时的副产品，或仅侧重于研究超常儿童的记忆组织与其他心理能力（如发散性思维、学业成就）的相互关系。

超常儿童也是儿童的一部分，他们的心理发展既有独特性，也有符合一般儿童发展规律的共性。深入了解超常儿童的元记忆，掌握其与常态儿童所具有的共性及差异，不仅有助于我们进一步了解和教育超常儿童，也有益于我们找到促进常态儿童记忆发展的有效途径，从而充分发掘常态儿童的潜力。因此，我们把超常儿童和常态儿童放到同一个实验中进行研究，比较这两组儿童的记忆及记忆监控、记忆组织等方面，这样就更有理论意义和实用价值。本研究试图通过比较超常儿童和常态儿童在记忆及记忆监控、记忆组织等方面的表现，对超常儿童元记忆的一些方面做初步探索，主要目的在于弄清超常儿童与常态儿童的记忆（包括回忆量和记忆速度）有什么差异、超常儿童与常态儿童的记忆组织有什么差异、超常儿童与常态儿童的记忆监控有什么差异、超常儿童和常态儿童的记忆组织及记忆监控与记忆成绩各有什么联系等问题。

（二）方法

1. 被试

被试分为超常组和常态组，超常组取自北京市第八中学超常儿童实验班，常态组取自普通学校的普通班。采用超常儿童认知能力测验（全国超常儿童研究协作组，1986）中的三个类比推理测验对所有被试进行了测试，两组被试分别符合超常儿童和常态儿童的标准。其中，超常组20人，男生12人，女生8人，最大年龄为11岁9个月，最小年龄为10岁2个月，平均年龄为11岁1个月；常态组20人，男生10人，女生10人，最大年龄为11岁10个月，最小年龄为10岁10个月，平均年龄为11岁3个月，个别学生因故未参加实验，统计结果时该组被试在有些项目上只有19人。

2. 研究工具

1）数字表（10cm×10cm）和图形表（12cm×12cm）各两张：数字表包括16项（4×4）两位数。各项之间有一定的规律；图形表包括16项（4×4）不同但有一定规律的图形，经预试得出，两个数字表之间和两个图形表之间没有显著差异。

2）录音机一台，磁带若干。

3）实验记录纸、答案纸和笔若干。

4）秒表一块。

3. 研究程序

实验采用个别方式施测，记忆材料用卡片呈现。指导语为："请你准备好，接下来我将给你看一个数字（图形）表，你一定要认真看，想办法把它记住，到时间我会把数字（图形）表取走，请你立刻把你能记住的数字（图形）写（画）下来，不一定按原来顺序写（画）。"在进行图形记忆时，附加指导语是："图要尽快地画，不一定要画得很好，只要能让人看懂就行，不要用尺子。"

数字（图形）表呈现1min后，要求被试做即时回忆，回忆时间为1min，到时停止回忆并继续呈现刚才的数字（图形）表，同时提供指导语："请继续认真看这些数字（图形）直到你自己觉得全部记住时对我说：'我记住了'，并把你记得的数字（图形）全部写（画）下来。"当被试报告"记住了"时，停止计时同时停止呈现数字（图形）表，并要求被试做即时回忆，这时要求被试做出反应的时间为2min。

每次实验后要求被试回答如下3个问题，用录音机录下被试的回答。

1）你能告诉我你是怎么记的吗？或你在记忆时想到什么办法了吗？

2）当你说"记住了"时，你是怎么觉得自己全部记住了的？

3）在回忆时你是怎么想的？或当要求你写（画）出数字（图形）时，你是怎么想起来的？

实验中将超常儿童和常态儿童各分成两组，每组有一半先做数字任务再做图形任务，另一半与之相反，实验采用正交设计（表1-11）。

表1-11 两组实验顺序

次序	超常组		常态组	
	A	B	C	D
先	数字	图形	数字	图形
后	图形	数字	图形	数字

（三）结果

1. 超常儿童与常态儿童记忆成绩的比较

在本实验中，儿童的记忆成绩用两个指标来表示：回忆量和记忆速度。

（1）回忆量的比较

本实验记录了呈现记忆材料1min时被试的即时回忆量和被试自己认为全部记住材料条件下的即时回忆量。从表1-12可以看出，超常儿童的回忆量明显好于常态儿童，且两组在图形记忆方面的差异更显著。

表1-12 两种条件下超常儿童与常态儿童数字和图形记忆回忆量的比较

组别	参数	数字		图形	
		主控	被控	主控	被控
超常组	M	11.90	15.85	11.25	14.80
	SD	3.97	0.49	2.40	1.36
	n	20	20	20	20
常态组	M	8.90	12.85	5.84	9.32
	SD	3.73	3.47	2.54	3.23
	n	20	20	19	19
	t	2.463*	3.828*	6.829***	6.842***

注："主控"和"被控"分别代表呈现时间由主试控制（呈现1min）和被试控制（自己认为全部记住），下同

（2）记忆速度的比较

在本实验中，记忆速度就是从材料开始呈现到被试认为自己全部记住时的时间除被试认为自己全部记住时的回忆量。本实验结果表明，超常儿童的记忆速度远在常态儿童之上，从表1-13可见，无论是数字记忆速度还是图形记忆速度，超

常组都显著比常态组快（$p<0.01$）。超常儿童 1min 内能记忆数字 8.09 项，记忆图形 3.46 项，而常态儿童 1min 内只能记忆数字 3.23 项，记忆图形 1.41 项。

表 1-13 记忆速度的比较

组别	数字 M	数字 t	图形 M	图形 t
超常组	8.09	8.399**	3.46	8.070**
常态组	3.23		1.41	

注：M 的单位为项/min

2. 超常儿童与常态儿童记忆组织的比较

本实验对儿童记忆的过程做了记录，从儿童记忆的实际过程中分析记忆组织的情况。本实验中，儿童记忆组织的形式大概有如下几种：没有明显的记忆组织形式；有记忆的组织形式，但这种组织内部没有明显的统一线索；有记忆的组织形式，且组织内部有明显的统一线索。当被试以原呈现形式，即以 17, 38, 14, 47……等形式进行反应时，这被认为是无记忆组织形式或记忆组织水平很低；当被试以 14, 41, 23, 32……等成对形式进行反应时，这被认为是有记忆组织形式，其水平为第二级；当被试以 14, 17, 20, 23……等差数列形式进行反应时，这被认为有高级的记忆组织形式，其水平为第三级。在主控和被控两种条件下，超常组和常态组的数字记忆、图形记忆及回忆量都有相应的记忆组织分数。表 1-14 列出了两组儿童记忆组织的结果，由此可以看出，图形记忆中，超常儿童在两种条件下的记忆组织显著地比常态儿童好（$p<0.01$）。数字记忆的情况也是如此，即超常儿童比常态儿童的记忆组织好，但二者差异不像其在图形记忆中的差异那么明显，两组在被试认为自己全部记住的条件下的差异在 $p<0.05$ 水平上显著，而在呈现 1min 条件下，虽然超常组的平均成绩略高于常态组，但两者差异未达到 $p<0.05$ 的统计显著水平。

表 1-14 两种条件下超常儿童与常态儿童的数字和图形记忆组织的比较

组别	参数	数字 主控	数字 被控	图形 主控	图形 被控
超常组	M	9.00	13.15	6.45	8.80
	SD	6.37	4.65	3.43	3.50
	n	20	20	20	20

续表

组别	参数	数字 主控	数字 被控	图形 主控	图形 被控
常态组	M	6.45	9.45	2.89	4.63
	SD	4.89	5.57	1.56	1.74
	n	20	20	19	19
	t	1.420	2.280*	4.296**	4.746**

关于超常儿童和常态儿童在记忆组织方面的差异，我们还可以从他们对于问题"你是怎么记的？"的回答来看。在数字记忆后，当主试向被试提出上述问题后，100%的超常儿童回答说，拿到材料后首先想到找规律，对材料进行重新组织，其中有84.7%的被试找到了规律；而常态儿童中则有89%的人回答试图找规律，但只有46%的人认为自己找到了规律。在图形记忆后，超常儿童中100%的被试首先想到要找规律，其中有65.2%的被试说自己找到了规律；常态儿童中有94%的人报告说想找规律，然而只有16.7%的人说自己找到了规律。另外，从这两组被试的反应结果来看，超常儿童的组织形式的内部一致性更大，如果把前面所述的三种组织形式由低到高分成三个水平（1、2、3）的话，那么超常儿童的组织水平更高些。具体结果是，超常组和常态组在3、2、1三个水平上的占比分布如下：两组在图形记忆上的分布为61.2%、28.4%、10.3%和39.7%、45.8%、14.6%；在数字记忆上的分布为74.7%、20.6%、4.7%和52.9%、28.5%、18.6%。

3. 超常儿童与常态儿童记忆监控的比较

在本实验中，记忆监控是由公式 $R/E \times 100\%$ 来计算的，R 代表实际回忆量，即被试认为自己全部记住时的即时回忆量，E 代表被试估计的回忆量，当被试认为自己全部记住时，E 就是数字（图形）表中所有的项目数。本实验的结果表明，超常儿童的记忆监控明显优于常态儿童，尤其是图形记忆监控的差异更显著（表1-15）。

表1-15 超常儿童和常态儿童记忆监控的比较

组别	参数	数字记忆监控	图形记忆监控
超常组	M	99.06%	92.50%
	SD	3.06	8.51
	n	20	20

续表

组别	参数	数字记忆监控	图形记忆监控
常态组	M	80.31%	58.22%
	SD	21.68	20.20
	n	29	19
	t	6.843***	3.830**

从表1-15还可以看出，在本实验条件下，超常组的记忆监控已相当精确，无论是图形记忆监控还是数字记忆监控，超常组的记忆监控都在90%以上，尤其是数字记忆监控达到了99%以上。相比之下，常态组则相差很远，尤其是图形记忆监控则更差，只有58.22%。超常儿童与常态儿童在记忆监控方面的差异也可以从被试对"你是怎么觉得自己全部记住了的？"这一问题的回答来看。在数字记忆后，超常儿童中有71.2%的被试报告说自己先回忆一遍，如果都能想出来就知道自己记住了，其余的被试则回答说自己掌握了规律就知道自己记住了；常态儿童中只有12%的人报告说自己先回忆后才认为自己记住的，另有21%的被试说因为自己找到了规律所以觉得记住了，而大部分（60%以上）被试则觉得自己脑子里有了印象就认为自己记住了。在图形记忆中，超常儿童中有80%的被试先试图回忆一遍；而常态儿童中只有16%的被试想到自己应该先回忆一遍，其余84%的被试只觉得自己脑子里有印象了。

4. 记忆成绩与记忆组织、记忆监控之间的相关关系

为了考察超常儿童和常态儿童记忆成绩与记忆组织、记忆监控的关系，我们计算了记忆成绩与记忆组织、记忆监控之间的皮尔逊相关。

（1）记忆成绩与记忆组织之间的相关关系

首先看回忆量和记忆组织之间的相关。本研究结果表明，无论是超常儿童还是常态儿童，数字和图形的回忆量与记忆组织之间都有较明显的相关关系，且常态儿童的相关更高。从表1-16可以看出，在被试认为自己全部记住的条件下，超常儿童的回忆量与记忆组织之间的相关不显著（数字记忆的相关系数为0.210，图形记忆的相关系数为0.278）。

其次看记忆速度与记忆组织之间的相关。本研究结果表明，无论是超常还是常态儿童，其在数字和图形上的记忆速度与记忆组织之间的相关都是显著的（表1-17）。

表 1-16　回忆量与记忆组织之间的相关

组别	数字 r1	数字 r2	图形 r1	图形 r2
超常组	0.863***	0.210	0.739***	0.278
常态组	0.891***	0.621***	0.949***	0.638***

注：r1 是呈现 1min 条件下的回忆量与记忆组织之间的相关；r2 是被试认为自己全部记住条件下的回忆量与记忆组织之间的相关，下同

表 1-17　记忆速度与记忆组织之间的相关

组别	数字	图形
超常组	0.452**	0.458**
常态组	0.755***	0.524**

（2）记忆成绩与记忆监控之间的相关关系

从回忆量与记忆监控之间的相关来看，超常组与常态组有明显不同（表 1-18）。超常组的回忆量与记忆监控之间的相关只在图形记忆中显著，而常态组的回忆量与记忆监控之间的相关在数字和图形记忆中都显著。

表 1-18　回忆量与记忆监控之间的相关

组别	数字	图形
超常组	−0.094	0.402*
常态组	0.568**	0.673**

从记忆速度与记忆监控之间的关系来看，与回忆量和记忆监控之间的相关情况不同，无论是超常儿童还是常态儿童，其记忆速度与记忆监控之间的相关都显著（表 1-19）。比较表 1-18 和表 1-19 可以发现，超常组在数字记忆中的回忆量与记忆监控之间的相关不显著，但其记忆速度与记忆监控之间却有显著相关关系。

表 1-19　记忆速度与记忆监控之间的相关

组别	数字	图形
超常组	0.301*	0.455**
常态组	0.592**	0.452**

5. 超常儿童与常态儿童在提取策略方面的差异

对于问题"当要求你写（画）出数字（图形）时，你是怎么想起来的？"的不同回答，反映了儿童在提取策略方面的差异。在数字记忆中，有 84.4% 的超常

儿童回答首先想把最小的（或最大的）写下来，然后按照规律依次往下写；而常态儿童中只有 28.6% 的人这样做，其余的大部分儿童则报告把最先想到的项目先写下来。在图形记忆中，66.7% 的超常儿童报告首先把最能启发规律的项目画下来，然后按规律逐项推出，另有 27% 的超常儿童报告把自己容易忘的项目先画下来；但常态儿童中只有 30% 的被试把印象不太深的项目画下来，其余儿童只是把先想到的项目画出来。

6. 记忆组织与记忆监控之间的关系

为了考察元记忆内部元素之间的关系，我们又计算了记忆组织与记忆监控之间的相关。从表 1-20 中可以看出，超常儿童和常态儿童的记忆组织与记忆监控之间的相关都达到了显著水平。

表 1-20　记忆组织与记忆监控之间的相关

组别	数字		图形	
	r1	r2	r1	r2
超常组	0.315*	0.310*	0.468*	0.378*
常态组	0.545**	0.621**	0.594**	0.779**

（四）讨论

本实验结果表明，超常儿童与常态儿童之间的记忆差异不仅表现在记忆的回忆量和记忆速度上，还表现在元记忆上。首先，超常儿童比常态儿童具有更高的记忆组织水平。记忆组织与认知能力是分不开的，记忆组织方面的差异反映了儿童认知水平的差异。儿童能否对所要识记的材料进行重新组织和加工，取决于他们对该材料的认知程度，这离不开他们对材料内在规律的发现，离不开想象、推理和概括等。儿童越能很快地发现材料间的内在联系，其就越能很快地把材料组织成适合其本身认知结构的形式，从而提高记忆速度和增强记忆效果。本实验中，从儿童口头报告的结果也可以看出，超常儿童与常态儿童在记忆组织方面的差异主要反映了认知方面的差异。儿童拿到要记的材料时，无论是超常儿童还是常态儿童，都想到要首先找规律，但超常儿童中找到规律的人远比常态儿童多。这说明他们之间的真正差异不在于是否意识到要去重组材料，而在于是否找到有效的组织途径，这反映了儿童对材料的感知、思维、归纳等认知方面的差异。其次，超常儿童与常态儿童在记忆监控方面的差异则部分地反映了他们在对记忆的自我意识方面的差异，表明了超常儿童的自我判断能力比常态儿童更强，超常儿童的记忆监控更精确，这一方面反映了超常儿童比常态儿童更能清楚地意识到自己的记忆程度，另一方面也反映了超常儿童比常态儿童更能清楚地意识到何种记忆状态对回忆有利，如记忆到了自己能默想一遍的程度肯定比只在脑子里有个印象要强得多。大部分超常儿童正是自己先默想一遍再报告记住了的，而大多数常态儿童只觉得脑子里有个印象就报告记住了。

本实验中，超常儿童的回忆量与记忆组织、记忆监控之间的相关都未达到显著水平。对于回忆量与记忆组织之间的关系，或许应从儿童的认知水平及记忆组织对记忆效果所起的作用来解释。一种假设是，记忆组织对记忆效果（表现在回忆量上）所起作用的大小在不同的认知水平上不一样，在认知水平相对较低时，记忆组织对记忆效果所起的作用相对较大，回忆量和记忆组织的关系更密切、相关更显著；在认知水平较高并达到一定水平时，记忆组织所起的作用相对较小，回忆量和记忆组织之间的相关程度降低，换句话说，回忆量和记忆组织之间的相关可能是非直线性的。但是，做出这样的解释后，又出现了另一个问题，即在主控条件下，超常组和常态组的回忆量和记忆组织之间都有显著相关关系。我们认为，这可能是时间因素起作用的缘故，也就是说，对回忆量和记忆组织的相关起作用的因素除了认知水平以外，还有呈现时间，即当认知水平一定时，呈现时间短则相关性增强，呈现时间长则相关性有减弱的趋势。这一点可以得到本实验结果的支持，从表1-16中可以看到，无论是在图形记忆还是数字记忆中都有这样的趋势，即主控条件下的相关系数大于被控条件下的相关系数。由于引入了时间因素，这实际上就是记忆速度的问题。记忆速度和记忆组织之间有显著相关关系这一点可以说明，记忆效果和记忆组织之间的关系确实不能排除时间因素的影响。因此，同时使用回忆量和记忆速度作为记忆成绩或记忆效果的指标更合理。超常儿童的回忆量与记忆监控之间的相关未达到显著水平，可能说明回忆量和记忆监控的关系不是简单的直线相关，因此，超常儿童的回忆量与记忆监控之间的直线相关不显著不能简单地认为它们之间没有关系。试想，如果个体对自己的记忆不清楚，不能精确判断和估计自己是否已经记住了，也就是说对自己的记忆失去了监控，那么其就很难有好的记忆效果，显然记忆监控是必不可少的。但影响记忆效果的因素有许多，如记忆组织、记忆素质、识记所花的时间、对材料的熟悉程度、注意集中的程度等都会影响回忆量，因此，记忆监控是记忆的必要条件但不是充分条件。本研究发现，超常儿童的记忆监控很精确，回忆量也很大，但它们之间的相关却不显著，而常态儿童的记忆监控和回忆量都相应地比超常儿童差，但它们之间的相关却是显著的，这就说明，记忆监控只有在记忆活动水平相对低的情况下与回忆量才有相关关系。这种情况以及记忆速度与记忆监控之间的显著相关可能还说明，仅用回忆量作为记忆的指标不能很好地反映记忆的特征，应同时使用回忆量和记忆速度等多种指标，才能更全面、更准确地描述记忆的特点。

超常儿童与常态儿童的记忆差异不仅表现在回忆量和记忆速度上，还表现在儿童的元记忆的某些方面，而且元记忆方面的差异反映了儿童认知水平的差异，因此，元记忆可以作为鉴别超常儿童的一种指标。实际上，Carr 和 Borkowski（1987）也曾提出过这样的观点。Flavell、Friedrichs 和 Hoyt（1970）曾指出，元记忆主要是指关于记忆的意识和知识。我们的研究以及其他有关研究也证明了超常儿童与常态儿童记忆的差异与他们在元记忆上的差异有密切关系，这使人们想起，我们可以通过教学和训练来提高儿童的记忆效果，促进儿童的记忆发展。目前已有很多研究证实了这种设想，如 Pressley 和 Lewin（1977）、Waters（1982）的研究证明了儿童的记忆组织、记忆监控等元记忆元素可以经训练而得到明显提高，Carr 和 Borkowski（1987）的研究证明了超常儿童也能受益于元记忆的训练，Kendall、Borkowski 和 Cavanaugh（1980），以及 Kurtz 等（1982）的研究证明了通过训练可以提高儿童的记忆效果。如何通过教育或训练来促进儿童的元记忆发展，从而提高儿童的记忆效果，使超常儿童的记忆更出色，使常态儿童的潜力得到充分发挥，以及儿童的元记忆乃至元认知的各个方面是否都可以通过教育来得到提升，这些都需要未来有更多的实验去探索。

（五）结论

根据本实验所得到的结果，我们可以得出如下结论。

1）超常儿童与常态儿童的记忆是有显著差异的，这种差异不仅表现在回忆量和记忆速度上，还表现在元记忆的有关方面。

2）儿童的记忆与记忆监控、记忆组织有密切关系，尤其是记忆速度与记忆监控、记忆组织之间呈显著相关。

3）作为元记忆的内部构成元素，记忆组织与记忆监控之间也呈显著相关。

4）同时使用回忆量和记忆速度作为记忆成绩的指标更合适，能更好地说明儿童的记忆特点。

三、超常儿童的聚类策略：使用协作回忆任务的评估

本研究考察了超常儿童与常态儿童在聚类策略方面的差异、超常儿童与常态儿童的聚类策略与回忆表现之间的关系，以及超常儿童与常态儿童在协作回忆任务方面的回忆表现差异。研究者招募了 38 名超常儿童和 44 名常态儿童，并对他们的协作回忆和个人回忆表现进行了测试。结果表明，超常儿童在调整聚类分数比率时使用的聚类策略优于同龄儿童（$p<0.01$）。聚类策略与常态儿童的回忆成绩呈显著正相关（$p<0.05$），但没有在超常儿童群体中发现这种相关性（$p=0.95$），超常儿童没有出现 CI 现象（$p=0.82$）。这些发现部分解决了个体研究中的冲突，并扩展了关于协作记忆的结论。

（一）研究背景

以往的研究一致表明，超常儿童在许多认知任务上比他们的普通同龄人表现得更好（Friedman et al., 2006；Kranzler, Whang, & Jensen, 1994；Liu, 2009；Liu & Shi, 2007；Liu et al., 2008；Shi, 1990a, 1990b；Zhang et al., 2007）。然而，似乎有一个例外：超常儿童在回忆任务中使用记忆策略的能力并不一定比常态儿童更强（Harnishfeger & Bjorklund, 1990；Muir-Broaddus & Bjorklund, 1990），这仍是文献中一个有争议的主题。一些研究者发现，与常态儿童相比，超常儿童在记忆任务上的优势很小，甚至没有（Harnishfeger & Bjorklund, 1990；Muir-Broaddus & Bjorklund, 1990；Scruggs & Mastropieri, 1988），但也有人持相反观点（Borkowski & Peck, 1986；Gallagher & Courtright, 1986；Scruggs & Cohn, 1983；Shi, 1990b；Wong, 1982）。Harnishfeger 和 Bjorklund（1990）同意前者的观点，招募了五年级到八年级的超常儿童，他们被要求记忆典型词和非典型词。结果显示，超常儿童对非典型词的回忆量要多于一般儿童，但对典型词的回忆量与常态儿童之间没有差异。这一结果表明，与普通同龄人相比，超常儿童被归类为"策略型"的可能性较低（另见 Muir-Broaddus & Bjorklund, 1990）。在另一项研究中，研究者比较了三年级和四年级的高智商与低智商儿童的回忆水平，他们在排序/回忆任务中使用了分类法策略，尽管采用了相同且完美的策略，但高智商儿童的回忆水平明显高于低智商儿童（Bjorklund et al., 1994）。基于这些发现，研究者提出，智力超常儿童在自由回忆任务中的优势通常不是由策略因

素而是由非策略因素介导的。他们提出，与一般儿童相比，超常儿童会使用较少的努力策略（Duan，Shi，& Zhou，2010；Liu & Shi，2007；Liu et al.，2008）。

相比之下，其他研究者报告，超常儿童的认知优势来源于使用有效的记忆策略（Borkowski & Peck，1986；Gallagher & Courtright，1986；Scruggs & Cohn，1983；Wong，1982）。Shi（1990b）的研究发现，除了在回忆表现和加工速度方面表现较好外，超常儿童在策略使用方面表现更好。

Gaultney、Bjorklund和Goldstein（1996）发现，超常儿童能更迅速地处理信息，使得他们能够在工作记忆中保存更多的信息，并更有效地执行策略。许多研究发现了不同个体在认知表现上的差异，如好读者和差读者在认知任务上的差异、残疾学生和非残疾学生在学习能力上的差异，以及专家和新手之间的差异，这些差异可被归因于策略使用效率的差异（Bjorklund & Bernholtz，1986；Ceci，1983；Goldstein，Stein，& Hasher，1983；Schneider，Körkel，& Weinert，1990；Schneider，1993）。这些发现表明，超常儿童在策略使用方面比一般同龄人表现更好，这种优势有助于使他们在随后的回忆中表现更好。

基于以往研究的不同结果，我们认为了解不同智力水平个体的记忆策略是至关重要的，这不仅有助于我们进一步了解个体差异，而且有助于我们探索记忆行为的机制。并不是所有的记忆策略都需要相同的努力，在任何策略的实施效率上均存在着实质性的发展和个体差异（Hasher & Zacks，1979）。聚类策略是记忆策略的重要组成部分，代表了个体组织和处理信息以增加回忆量的方式，特别是对于分类词的回忆。对于分类词，被试可以通过类别联想来构建项目；对于未分类词，被试可以通过主观方式（例如，通过故事制作）来构建项目。在本研究中，我们关注记忆任务中的聚类策略。有关聚类和回忆的实验研究通过计算与语义相关的聚类指数（如ARC；Roenker，Thompson，& Brown，1971）或与主观组织相关的聚类指数（如PF；Tulving，1962）来量化这些策略。在以前的研究中，我们使用数字和图形材料来比较超常儿童和常态儿童之间的记忆表现和记忆策略，结果表明，超常儿童不仅在回忆的比例上，而且在记忆策略上都优于普通同龄人（Shi，1990b）。根据以往的知识，结合我们课题组的研究（Liu & Shi，2007；刘希平，张环，唐卫海，2014；Shi，1990a，1990b），我们提出假设1：与智力处于平均水平的儿童相比，超常儿童在分类词汇方面具有更好的聚类策略。

在调查了超常儿童和智力常态儿童在策略使用上的差异之后，另一个问题出现了：在这两组儿童中，聚类策略和回忆表现之间的关系是什么？在过去的20

年中，研究者从一个新的视角——协作回忆范式——探讨了聚类策略与回忆表现之间的关系。Weldon 和 Bellinger（1997）首次证明，在检索阶段，当个人作为一个协作组一起工作时，与同样数量的个人（名义小组）相比，他们的表现更差，这种现象被称为 CI。检索策略破坏假说认为，每个小组成员根据自己独特的知识体系和经验形成了特殊的学习信息组织，并在检索阶段提出了独特的检索策略。检索中断的发生可能是因为个人会听取其他人的意见，这可能与他们自己的检索计划不一致，而这个过程会减少每个成员在协作阶段的回忆量。根据对 CI 的解释，当被试智力处于平均水平时，聚类策略与回忆表现之间存在显著正相关关系（Barber & Rajaram, 2011a, 2011b; Basden B H, Basden D R, & Henry, 2000; Basden et al., 1997; Congleton & Rajaram, 2011; Liu et al., 2013; Pereira-Pasarin & Rajaram, 2011）。

然而，聚类策略与回忆表现之间的关系是复杂的。许多研究者认为两者之间存在正相关关系，但是当考虑到智力因素时，结果却是相反的。在个别研究中，聚类策略与回忆表现之间的相关性在智力处于平均水平的儿童中是正向的，但在超常儿童中却没有发现这种相关性。根据上述文献，我们提出假设 2，即无论提取是单独发生还是合作发生的，聚类策略与智力处于平均水平的儿童的回忆成绩之间存在正相关关系，而在超常儿童中则不存在这种相关关系。

在协作回忆任务中，许多结果已经证明了 CI 现象。然而，当研究招募了专家飞行员、新手飞行员和非飞行员作为被试，并要求他们单独回忆或与其他同样专业水平的被试在协作小组中回忆时，结果显示，专业水平对协作记忆表现有不同程度的影响，非专家（新手飞行员与非飞行员）被协作扰乱，而专家飞行员则在协作小组中获益（Meade, Nokes, & Morrow, 2009）。研究者使用检索策略破坏假说来解释这一结果。他们认为，由于更有效的策略使用和认知资源，协作小组的回忆方式比名义小组更具策略性。这种解释可能适用于智力超常儿童。根据这个解释，在协作的情况下，超常儿童比一般的同龄人表现得更好，因此我们提出假设 3：在协作回忆任务中，超常儿童不会被协作干扰，也不会有 CI 效应，而常态儿童则会表现出典型的 CI 效应。

目前的研究调查了超常儿童在协作回忆任务中所使用的策略。以往研究表明，13 岁儿童的认知能力趋于稳定（Liu, 2009），他们能够完全概括分类组织的概念，并具有聚类意识。在这个年龄段，儿童已经获得了分类的背景知识，可以使用聚类策略来增加他们的回忆量。因此，本研究采用三种不同的材料组织结构（无线索分类词、有线索分类词、不相关的词），招募了 38 名 13 岁左右的超常儿童和 44 名 13 岁左右智力处于平均水平的儿童，以比较他们在名义小组和协作小组中的回忆表现。我们的研究结果将为调查超常儿童的记忆策略提供一个新的视角，并可能有助于协作记忆领域的研究。

（二）方法

1. 被试

在目前的研究中，超常儿童是从北京一所实验学校的一个超常实验班招募的。这所实验学校每年根据多种标准和方法从不少于 2000 名考生中招收 20—40 名 7 岁儿童（施建农，徐凡，2004；Shi & Zha，2000）。招生考试和身份鉴别的主要步骤是申请、初步筛选测试（采用修订的标准比奈智力测试、修订的韦克斯勒幼儿园和初级智力量表施测）、复测（集中于认知能力、创造力、学习能力、特殊才能和人格特质方面）、儿童的人格特质和身体状况以及真实的课堂观察（进一步确认，如学生通过实践的学习过程）。上述五个步骤已经被证实是选拔超常儿童的有效方式（Liu et al.，2007；Shi et al.，2013）。本研究中的智力常态儿童是从该校的普通教育班随机招募的。他们中的大多数人参加了上面提到的智力超常儿童的选拔过程，但是没有被选中。最终参与实验的是 82 名儿童（38 名超常儿童，44 名常态儿童），两组儿童的智力评分差异显著，$t(80)=10.77$，$p<0.001$；年龄差异不显著，$t(80)=0.71$，$p>0.05$；性别差异不显著，$\chi^2=0.042$，$p=0.837$。所有被试的视力或矫正视力正常，都是右利手。

2. 研究设计

本研究是一个 2（智力水平：超常组、常态组）×2（检索组：协作小组、名义小组）×3（材料组织结构：无线索分类词、有线索分类词、不相关的词）的混合实验设计。智力水平和检索组是被试间变量，材料组织结构是被试内变量。有 21 个协作小组和 20 个名义小组。协作小组和名义小组各由两名相同年级和相同智力水平的被试组成。两组智力得分 [$t(80)=0.68$，$p>0.05$] 和年龄 [$t(80)=0.71$，$p>0.05$] 的差异均无统计学意义。

3. 研究工具

1）分类词表：这份材料是基于 Battig 和 Montague（1969）的研究改编而来的。共有 8 个类别（珠宝、水果、燃料、乐器、体育、鸟类、疾病和职业），每个类别有 6 个样本，词频在 5.3—164.9 次/百万。Zhang（2013）在中国样本中进行了重新评估，词频在 25—100 次/百万。这些词与音节的数量相匹配。所有的材料都是用汉字写的。将 8 类词汇随机分为词汇列表 A 和词汇列表 B，每个词汇表包括 4 类词汇，各有 1 个是非线索（例如，钻石、珍珠）和线索（例如，SPORT-walk、SPORT-javelin）版本。根据本研究的回忆表现结果，被试在词汇列表 A 和词汇列表 B 上的回忆表现差异不显著［$t(120)=0.12$，$p>0.05$］。

2）无关词汇表：这份材料是基于 Battig 和 Montague（1969）的研究改编而来的。共有 24 个类别（时间、亲属、距离、心理、阅读、等级、动物、颜色、厨房用具、器官、武器、家具、职位、饮料、国家、犯罪、音乐、科学、货币、建筑、服装、天气、地形和香料），每个类别只有 1 个样本（例如，周、大蒜）。所有的材料都是用汉字写的。

4. 研究程序

所有学习材料均显示在计算机上，并使用 E-prime2.0 软件随机呈现。根据材料组织结构的不同，所有被试被要求按顺序学习三个试次：无线索分类词、有线索分类词、不相关的词。每个项目展示 5s。为了平衡顺序效应，一半的被试首先在试次一中学习词汇列表 A，然后在试次二中学习词汇列表 B，而另一半被试则以相反的顺序学习这些词汇列表。在编码阶段，两组被试分别学习。在检索阶段，协作小组的被试一起回忆，而名义小组的被试单独回忆。在第一个试次中，所有被试都被要求完成自由回忆任务，若被试在 20s 内没有做出反应，则该试次结束。第二个试次和第三个试次的过程与第一个试次相同。图 1-9 显示了实验过程的流程图。在每个检索阶段之后，被试被要求单独完成一份策略问卷，并写下他们在记忆时使用的记忆策略类型。三个试次大约需要 20min。

（三）结果

1. 超常儿童和智力常态儿童的聚类策略

对超常儿童和常态儿童之间分类词的 ARC 分数的平均值进行 2（智力水平：超常组、常态组）×2（检索组：协作小组、名义小组）×3（材料组织结构：无线索分类词、有线索分类词、不相关的词）的重复测量方差分析，结果显示，材料组织结构的主效应显著［$F(1, 57)=1.13$，$p=0.29$，$\eta^2=0.02$］。智力水平的主效应显著［$F(1, 57)=10.40$，$p<0.01$，$\eta^2=0.15$］，说明超常儿童具有较好的聚类策略。检索组的主效应不显著［$F(1, 57)=2.30$，$p=0.14$，$\eta^2=0.04$］。材料组织

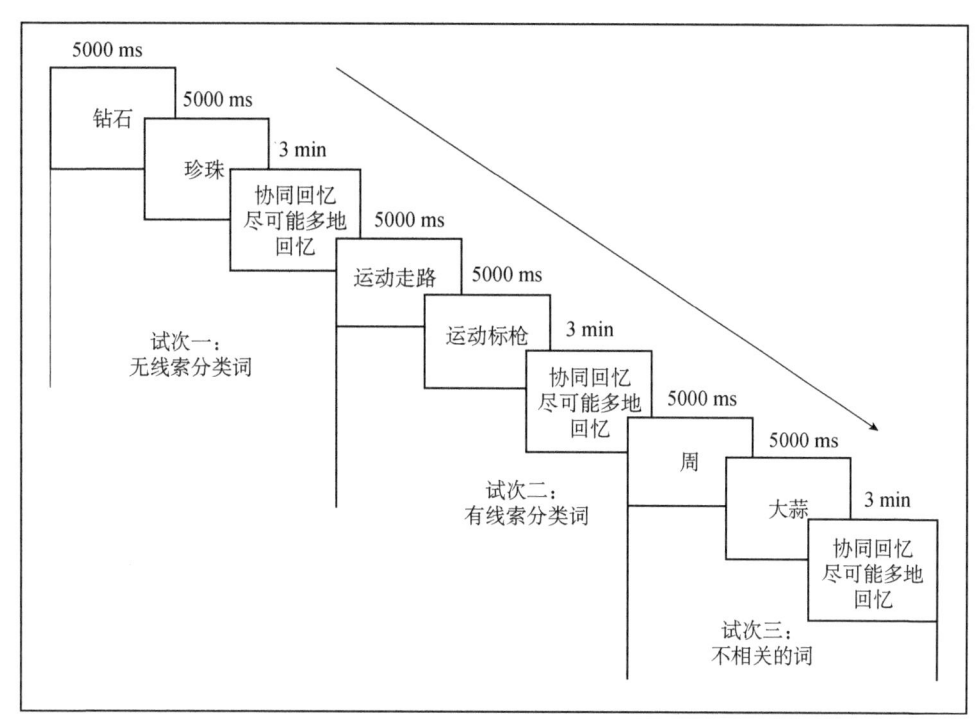

图 1-9　协作小组回忆的流程图

结构、智力水平和检索组之间的交互作用也不显著 [$F(1, 57)$=0.05，p=0.83，η^2=0.001]。我们对超常儿童和常态儿童聚类策略的分析结果支持了假设 1，即与常态儿童相比，超常儿童在分类词汇方面具有更好的聚类策略。

2. 聚类策略与回忆表现的关系

根据皮尔逊相关分析，聚类策略与常态组的回忆表现之间呈显著正相关（r=0.26，p=0.04），而聚类策略与超常组的回忆表现之间无显著相关（r=0.01，p=0.95）。

相关分析显示，聚类策略与超常儿童和常态儿童的回忆表现之间存在不同的关系，这支持了假设 2。采用多元线性回归分析检验聚类策略是否能预测不同智力水平儿童的回忆表现，结果显示：①在常态组中，聚类策略是回忆表现的预测因子（r=0.07，p=0.041）；②在超常组中，聚类策略不是回忆表现的预测因子（r=0.00，p=0.947）。

3. 小组回忆表现

两组儿童回忆表现的平均比例如表 1-21 所示。根据我们的研究目的，采用重复测量方差分析，结果表明，材料组织结构的主效应显著［$F(2,74)=15.25$，$p<0.001$，$\eta^2=0.29$］。智力水平的主效应显著［$F(1,37)=51.06$，$p<0.001$，$\eta^2=0.58$］，检索组的主效应显著［$F(1,37)=10.27$，$p<0.01$，$\eta^2=0.22$］。材料组织结构与检索组之间的交互作用不显著［$F(2,74)=0.02$，$p=0.98$，$\eta^2=0.001$］，材料组织结构、检索组、智力水平之间的交互作用也不显著［$F(2,74)=0.56$，$p=0.58$，$\eta^2=0.02$］，如图1-10所示。智力水平与检索组之间的交互作用显著［$F(1,37)=3.07$，$p=0.09$，$\eta^2=0.08$］。简单效应检验显示，常态儿童在协作小组和名义小组的回忆表现有显著差异（$p<0.05$），而超常儿童的回忆表现在名义小组和协作小组之间的差异不显著（$p=0.82$）。结果表明，常态儿童表现出典型的CI效应，但超常儿童没有表现出这种效应，这支持了假设3。材料组织结构与智力水平的交互作用显著［$F(2,74)=4.76$，$p=0.011$，$\eta^2=0.11$］。检验结果显示，常态儿童的回忆表现在不同的材料组织结构中存在显著差异（$p<0.001$），而超常儿童的回忆表现在不同的材料组织结构中无显著差异（$p=0.06$），如图1-11所示。

表1-21　超常儿童与常态儿童的ARC分数和记忆表现的比较

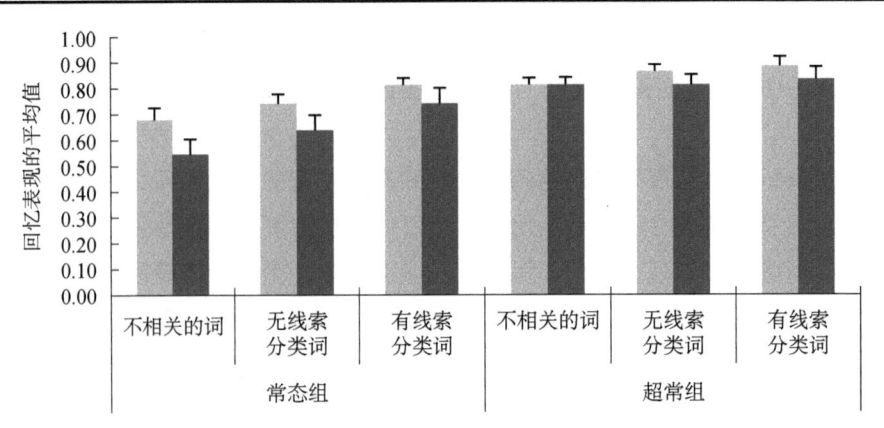

组别	检索组	ARC分数	回忆正确比例
常态组	名义小组	0.50（0.41）	0.74（0.08）
	协作小组	0.35（0.30）	0.64（0.12）
超常组	名义小组	0.65（0.34）	0.86（0.08）
	协作小组	0.62（0.36）	0.83（0.07）

图1-10　两组儿童在不同检索组和不同材料组织结构上回忆表现的平均值

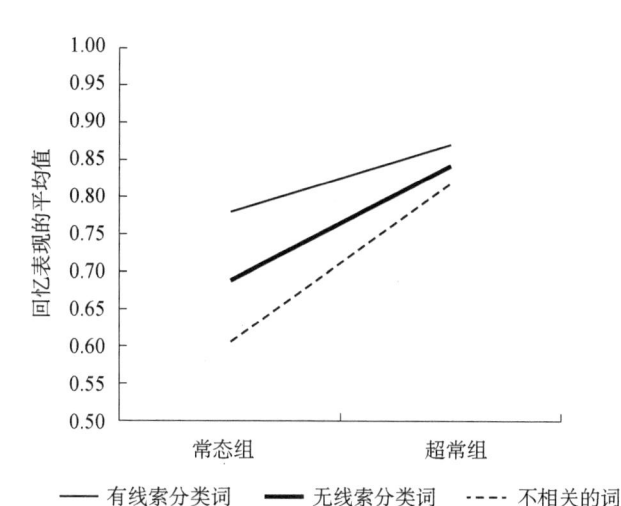

图 1-11 在不同的材料组织结构中,超常儿童和常态儿童回忆表现的平均值

(四)讨论

本研究招募了超常儿童和常态儿童,通过使用不同的材料组织结构(无线索分类词、有线索分类词、不相关的词),比较了他们在名义小组或协作小组中的聚类策略和回忆表现。

本研究证实了与超常儿童和常态儿童在策略使用上存在差异的假设。与常态儿童相比,无论是单独回忆还是协作回忆,超常儿童的聚类分数都较高,聚类策略受干扰的可能性较小。这个结果与以前的研究结果一致(Borkowski & Peck,1986;Gallagher & Courtright,1986;Shi,1990a,1990b;Stott & Hobden,2016),这可以用两组儿童有不同的认知资源来解释(Fiedler & Garcia,1987)。Shi(1990b)认为,策略使用的差异反映了认知能力水平的不同。众所周知,在不同的认知任务中,特别是在加工速度(Duan,Shi,& Zhou,2010)和工作记忆能力(Liu & Shi,2007)方面,超常儿童比常态儿童的表现更好。根据以往的研究,工作记忆在个体学习复杂的认知活动中起重要作用,包括语言、数学、推理(Andersson & Lyxell,2007;Barrouillet & Lepine,2005;Noël,2009)和策略使用(Schleepen & Jonkman,2012)。工作记忆广度较大的个体比工作记忆广度较小的个体更有可能在检索信息时使用语义聚类策略(Rosen & Engle,1997),而那些语义记忆广度较大的个体则表现出更好的工作记忆(McNamara & Scott,2001)。超常儿童表现出比常态儿童更好的工作记忆(Liu & Shi,2007)。我们的研究表明，策略使用的效率可能因智力水平的不同而不同。

根据协作记忆研究（Barber & Rajaram，2011a，2011b；Basden et al.，1997；Basden B H，Basden D R，& Henry，2000），协作小组的成员可能会因为听到别人的回忆而受到干扰，因此协作小组的回忆表现通常比名义小组差。这可能表明协作过程需要消耗认知资源（Ekeocha & Brennan，2008）。大多数研究者同意，记忆策略的使用是消耗能力的过程，至少从我们的意识层面来讲，这一过程是潜在发生的（Gaultney，Bjorklund，& Goldstein，1996）。在智力常态群体中，个体在协作情境中很吃力，所以他们在检索任务中所用的认知资源比平常少，并且表现出了 CI 效应。然而，超常儿童比一般同龄人拥有更多的认知资源，因此他们在协作检索任务中能很好地分配认知资源。进一步的分析表明，智力常态儿童表现出 CI 效应，而超常儿童则没有。这些发现使认知资源的解释更加合理（Fiedler & Garcia，1987；Judge，Colbert，& Ilies，2004）。

本研究对聚类策略与回忆表现关系的分析结果与其他研究结果一致（Gaultney，Bjorklund，& Goldstein，1996），在后者的研究中，当儿童单独回忆时，由于超常儿童的出色表现与有意的策略无关，因此策略行为对常态儿童更加有利。本研究将个体记忆研究领域的结论扩展到集体记忆研究领域。然而，这个结论需要谨慎对待。在本研究中，我们将记忆策略定义为一种聚类策略，并计算了个体和群体的 ARC 分数，然后检验了 ARC 分数与超常儿童和智力常态儿童回忆表现之间的相关系数。结果显示，ARC 分数与超常儿童的回忆表现之间不存在正相关关系。这可能是因为超常儿童通常采用各种策略来记忆信息。本研究使用策略问卷调查发现，除分类外，超常儿童实际使用的策略方法的种类（共使用 13 种方法，如编故事、用第一个词编故事等）比常态儿童（共使用 7 种方法）要多。其他关于问题解决的研究也表明，根据行为检查表，超常儿童的主动策略水平高于常态儿童（Geary，Brown，& Samaranayake，1991）。基于上述分析，记忆策略和回忆表现之间的关系是复杂的，它可能取决于个体使用的策略和个体差异，如智力水平。

在我们的协作回忆任务中，智力常态儿童表现出典型的 CI 效应，而超常儿童则没有。本研究使用了分类和不相关的词表，这些词表更为一般，但并不具体，并得到了与 Meade、Nokes 和 Morrow（2009）类似的结果。这可以解释为什么拥有更多认知资源的儿童使用聚类策略（或许还有一些协作技巧），可以在协作环境中比拥有一般认知资源的儿童表现得更好。结合聚类策略的分析，本研究从一个新的角度支持检索策略破坏的解释。

然而，除了策略性因素外，智力水平与材料组织结构的交互作用分析结果显示，一些非策略性因素也影响了超常儿童的回忆表现。常态儿童在不同的材料组织结构中的回忆表现存在显著差异，这意味着材料组织结构对常态儿童的回忆表现有影响，但这种影响在超常儿童中消失了。不管这些材料是什么，超常儿童在提取阶段的回忆都是一样的，而且比他们的普通同龄人要好得多。这个结果表明，一些非战略因素可能有助于智力超常儿童的回忆。与这种解释一致的是以往研究表明，与平均水平相比，超常儿童的加工速度更快、加工效率更高（Borkowski & Peck，1986；Cohn, Carlson, & Jensen，1985）。同样，也有研究者（Harnishfeger & Bjorklund，1994）推测，超常儿童可能特别善于抑制不相关的信息，只加工对解决问题有帮助和相关的信息。不仅非战略性的、基本的认知过程可以解释超常儿童的协作成功，其他因素，如协作技能也可能有助于超常儿童的协作成功。

（五）研究局限性与启示

1. 局限性

由于样本量相对较小，我们的结果应谨慎解释。在进行回忆任务之前，我们使用 RSPM 测量了超常儿童与常态儿童的智力水平。这个程序减少了样本量，但是已经被证明是有价值的，大样本量可能在未来提供更完整的图像。

由于所使用的评估方法的局限性，本研究结果的普遍性受到限制。如前所述，我们只测量了记忆任务中的聚类策略，结果显示，超常儿童的 ARC 分数与回忆表现之间不存在正相关关系。然而，超常儿童可能在记忆任务中使用了许多不同种类的记忆策略，包括许多积极的策略（Geary, Brown, & Samaranayake，1991）。因此，未来通过采用其他方法评估超常儿童记忆策略，可以扩展本研究结果的适用范围。

由于被试来自超常儿童实验班，本研究结果的普遍性也会受到限制。超常儿童实验班是专门为中国超常儿童提供针对性教育而设立的班级，系统的课程主要集中在科学学科（例如，数学、物理、化学和生物学）。从逻辑上推断，教育环境也可能在超常儿童的协作成功中发挥重要作用。Meade、Nokes 和 Morrow（2009）认为，航空专家更倾向于重复先前的陈述，然后对其加以详细阐述，这也被归类为协作技能，因此，他们比非专业人士表现得更好。本研究结果显示，接受有针对性超常教育的超常儿童在协作情境下具有较好的聚类策略，在检索任务中可避免 CI 的发生，远远优于接受普通教育的资优儿童。据此，我们有理由推测，有针对性的超常教育可以为智力超常儿童提供更适合的环境，可以让他们发展更好的协作技巧。

2. 启示

本研究的优点之一是，它首先使用了一个协作回忆任务来比较超常儿童和常态儿童的记忆策略。本研究结果表明，无论在哪个提取小组，超常儿童都比一般同龄人有更好的聚类策略，而且在群体条件下，超常儿童比一般同龄人表现得更好。这意味着教师应该在日常课堂教学和学校活动中更加重视策略性指导。此外，超常儿童可以从协作中获益更多。虽然本研究结果需要谨慎解读，因为本研究中的超常儿童都是从北京的一个实验班招募来的，但值得注意的是，与一般同龄人相比，超常儿童即使在协作模式下进行回忆，也有更好的聚类策略。相反，常态儿童的聚类策略在协作范式中受到干扰，导致其回忆表现受到抑制。这体现了根据个人需求调整教育模式（个人或协作）的重要性，以使不同种类的儿童充分发挥他们的潜力。

（六）结论

从本研究结果来看，首先，当使用 ARC 分数作为一个指标时，与常态儿童相比，超常儿童有更好的聚类策略，这种策略在协作中不太可能被打乱。其次，常态儿童的聚类策略与回忆成绩呈正相关，而超常儿童的聚类策略与回忆成绩无相关关系。再次，常态儿童中出现了 CI 效应，而超常儿童中没有。最后，与一般同龄人相比，超常儿童的回忆表现受不同材料的影响较小。这些发现与之前的研究结果一致，并且扩展了迄今为止关于协作记忆的研究结论。此外，本研究结果表明，不仅战略因素可以帮助改善超常儿童的回忆表现，非战略因素同样可以起到此种效果。这些结果为今后研究者从新的角度解释 CI 的机制提供了佐证。

第四节　超常儿童的执行功能发展

执行功能是一种以复杂的目标导向行为为目的的高级认知能力。执行功能在日常生活中发挥着重要作用，如计划和组织、决策、问题解决、创造性思考、社交等。超常儿童的执行功能发展特点一直是心理学研究的热点领域之一。尽管存在争议，但大部分研究都支持超常儿童在执行功能上表现出了更高的水平。也就是说，超常儿童可能有更高的工作记忆能力，并且他们还能够更好地利用工作记忆来解决问题，有更强的干扰控制能力和自我调节能力，能够更好地抑制不必要的反应以及维持注意力。同时，超常儿童也可能表现出更快的转换速度和更高的问题解决策略选择能力。例如，Arffa（2007）将其招募到的 6—15 岁的儿童根据智力分为普通、高于普通和超常三组，发现超常儿童在执行功能任务上显著优于其他组，但是在非执行功能任务上与其他组却没有显著差异。一项元分析比较了超常儿童与常态儿童的执行功能，发现超常儿童在工作记忆的刷新能力上优于常态儿童，而在抑制控制和认知灵活性上却没有表现出优势（Viana-Sáenz et al., 2020）。

超常儿童之所以有较高的执行功能表现，与其具有的高智力密不可分。事实上，智力与执行功能都是认知能力的一部分，二者在认知过程中存在重叠。因此，对超常儿童执行功能的研究，离不开对智力和执行功能概念本身关系的探索。本研究以 11—12 岁儿童为被试对该问题进行探讨，有助于研究者理解超常儿童与常态儿童的执行功能差异的本质。

一、研究背景

EF 通常包括刷新工作记忆的表征、抑制自动化的反应，以及在任务或心理状态之间转换（Perrotin, Tournelle, & Isingrini, 2008；Willcutt et al., 2005）。EF 与大脑的前额皮层有关。这些脑区在儿童时期不够成熟，到青春期后期持续发育（Segalowitz & Davies, 2004）。来自发展心理学和认知神经科学的研究表明，使用适当的任务可以在 6 岁的儿童中测量到 EF（Anderson & Gerbing, 1998；Welsh, Pennington, & Groisser, 1991）。同时也有研究发现，EF 发展的高峰期在婴儿早期，在 7—10 岁再次出现，在青春期出现最后的发展高峰期（Anderson, 2002）。

EF 结构在 EF 的研究中是一个重要而基本的问题，Miyake 等提出的结构是最受欢迎和最令人信服的结构之一（Miyake et al., 2000）。Miyake 等使用 CFA 发现，三个 EF 潜变量——刷新、抑制和转换在大学生中有中等相关但可分离的关系（Miyake et al., 2000）。Miyake 等对 EF 结构的研究是在大学生群体中进行的，这个年龄段处于 EF 最后的发展时期。其他研究表明，8—13 岁儿童的 EF 包括三个相互关联的因子（Lehto et al., 2003）。Sluis、De Jong 和 Van Der Leij（2007）使用 CFA 研究了 9—12 岁儿童的 EF 结构，发现其 EF 中只包含刷新和转换这两个因子，而没有抑制因子。这些结果不一致性的原因可能是儿童年龄跨度较大。

EF 是许多高级认知能力的基础，与智力也有关（Friedman et al., 2006）。了解 EF 和智力之间的关系可以帮助我们理解智力差异的本质。具体而言，许多研究发现，刷新与智力之间存在中到强度的相关关系（Ackerman, Beier, & Boyle, 2005；Engle et al., 1999），这类证据来自不同的被试、任务和研究方法。关于抑制，Salthouse、Atkinson 和 Berish（2003）的研究发现，在老年人中，抑制与智力之间呈强相关。关于转换，研究结果是混杂的，可能取决于不同的被试和任务。虽然 Salthouse 等（1998）发现转换与智力之间存在高度相关性，但其他研究发现二者之间要么几乎没有关系（Rockstroh & Schweizer, 2001），要么关系较弱（Miyake et al., 2000）。Friedman 等（2006）系统地探究了 EF 每个因子与智力之间的相关性，发现控制了 EF 因子间的相关性后，刷新与智力仍然呈强相关，但是抑制和转换与智力之间的相关性变得不那么显著了。

本研究首先考察了儿童经历第二次 EF 发展高峰期后的 EF 结构，即 11—12 岁儿童的 EF 因子是否相互关联同时又相互分离，然后在控制了 EF 因子间的相关性后考察了 EF 如何与 11—12 岁儿童的智力相关，即所有三个 EF 因子是否都与智力相关。

二、方法

1. 被试

本研究的被试包括 61 名健康的右利手的中国儿童（27 名女生和 34 名男生，平均年龄为 11.88±0.65 岁）。

2. 实验任务

1）执行功能任务：考察三个 EF 因子的任务具体如下。

第一，刷新任务：改编自 Chen、Mitra 和 Schlaghecken（2008）的研究。数字 2-back 任务的刺激是数字 1—9，刺激出现概率相同。如果当前数字与两个试次前的数字相同，则被试需要做出反应。刺激在屏幕中央呈现，垂直视角约为 2.6°，水平视角约为 1.8°。图形位置 2-back 任务的刺激是一个绿色圆点，该刺激以相同的概率出现在 9 个位置上。如果当前位置与两个试次前的位置相同，则被试需要做出反应。两个任务中的刺激一直呈现到被试做出反应为止，并有 800—1000ms 的随机间隔。匹配和不匹配条件出现的概率分别为 50%。每个任务各有 36 个试次。任务得分为反应时，以 ms 为单位。

第二，抑制任务：改编自 Duan 等（2009）的研究。数字 Go/NoGo 任务的刺激是数字"1"和"9"。刺激在屏幕中央呈现，垂直视角约为 2.6°，水平视角约为 1.8°。图形 Go/NoGo 任务的刺激是"三角形"和"圆形"。刺激在屏幕中央呈现，垂直和水平视角均约为 5°。两个任务中，刺激呈现时间为 50ms，随机间隔 1000—1300ms。在每个试次中，其中一个刺激呈现时，要求被试进行反应（Go 试次）或不做出反应（NoGo 试次）。每个任务的一个区组包括 48 个刺激（NoGo 试次出现的概率为 50%）。任务得分为虚报率（NoGo 试次中的错误率）。

第三，转换任务：Odd-More/数字转换任务改编自 Hillman 等（2006）的研究。被试在黑色背景上观看一系列数字（数字为 1—9，不包括 5），数字呈现在屏幕中央，垂直视角约为 2.6°，水平视角约为 1.8°。每个数字是白色或绿色的。在一个单次测验区组中，被试要指出每个数字是奇数还是偶数；在另一个单次测验区组中，被试要使用与单次测验区组中相同的两个反应键来指出每个数字比数字"5"大还是小。Local-Global/图形转换任务改编自 Miyake 等（2000）的研究。被试在黑色背景上观看一系列图形，图形呈现在屏幕中央，垂直和水平视角均约为 5.5°。由较小的"local"图形（如正方形）组成的"global"图形（如十字架）呈现在计算机屏幕上。在一个单次测验区组中，被试要指出"local"图形的形状；在另一个单次测验区组中，被试要使用与单次测验区组中相同的两个反应键来指出"global"图形的形状。两个任务中的刺激一直呈现到被试做出反应为止，并有 800—1000ms 的随机间隔。刺激被分成三个区组，每个区组之间有简短的休息时间。前两个区组（即单次测验区组）分别包含 16 个试次，每个试次都是由相同颜色的刺激组成的，被试要完成两个简单任务中的一个，这两个区组在被试之间是平衡的，图形的颜色指示了每个区组要执行的任务。混合区组包含 32 个试次，被试要执行由颜色（即白色或绿色）指示的两个任务。转换成本为需要变更心理状态的区组（即刺激颜色发生变化的区组）和不需要变更心理状态的区组（即刺激颜色保持不变的区组）的平均反应时之差。转换成本时间（RT COST）以 ms 为单位进行报告。

2）智力测验：翻译自 RAPM，共有 60 道题，为最常用的智力测试之一（Buschkuehl & Jaeggi，2010）。测验的得分为正确解题数量。

三、结果

1. 描述性结果

表 1-22 提供了 EF 的平均值和标准差。在本研究中，RAPM 得分的平均值为 49.33，标准差为 7.24。

表 1-22 6 个 EF 任务的描述性统计数据 [$M(SD)$]

因子	指标	数字	图片
刷新	ACC	0.83（0.12）	0.76（0.12）
	RT（ms）	980.544（374.76）	995.69（280.52）
抑制	CE（%）	7.00（7.20）	20.75（17.77）
	ACC	0.98（0.07）	0.98（0.07）
	RT（ms）	375.32（62.51）	377.91（72.13）
转换	单独区组 RT（ms）	648.46（160.14）	574.53（126.57）
	混合区组 RT（ms）	1216.91（439.88）	1167.59（520.08）
	RT COST（ms）	568.45（338.90）	593.05（517.62）
	单独区组 ACC	0.93（0.08）	0.90（0.12）
	混合区组 ACC	0.86（0.08）	0.78（0.11）

EF 和智力之间的相关性如表 1-23 所示。所有测量相同 EF 因子的两个任务

之间的相关性都是显著的（$p<0.01$）。RAPM 与除了 Local-Global/图形转换任务以外的所有 EF 任务都存在相关关系。

表 1-23　EF 与智力的相关

项目	1	2	3	4	5	6	7
1. 数字 2-back 任务	1						
2. 图形位置 2-back 任务	0.748**	1					
3. 数字 Go/NoGo 任务	0.202	−0.146	1				
4. 图形 Go/NoGo 任务	0.243	0.032	0.359**	1			
5. Odd-More/数字转换任务	0.647**	0.525**	0.216	0.343**	1		
6. Local-Global/图形转换任务	0.377**	0.304*	−0.064	0.141	0.481**	1	
7. RAPM	−0.548**	−0.393**	−0.343**	−0.302*	−0.337**	−0.203	1

2. CFA 结果

Miyak 等（2000）采用 CFA 提出的完整的三因子理论模型如图 1-12 所示。在 CFA 中，61 个被试的样本量是可以接受的（Tabachnick & Fidell，2007）。拟合结果如图 1-13 所示，该模型具有良好的拟合指标，具体来说，$\chi^2/df=1.34$，$p=0.236$，表明该模型的预测与实际数据模式没有显著偏差。另外，RMSEA 的值相当小（0.075）（小于 0.080 表明模型与数据拟合良好），而 NFI、IFI、TLI 和 CFI 都高于 0.90（分别为 0.94、0.98、0.95 和 0.98）（大于 0.90 表明模型与数据拟合良好）。因此，该模型很好地拟合了整体数据。

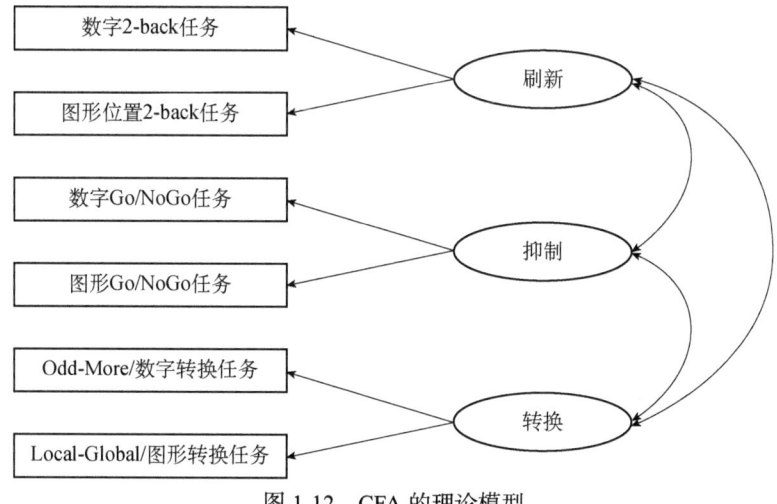

图 1-12　CFA 的理论模型

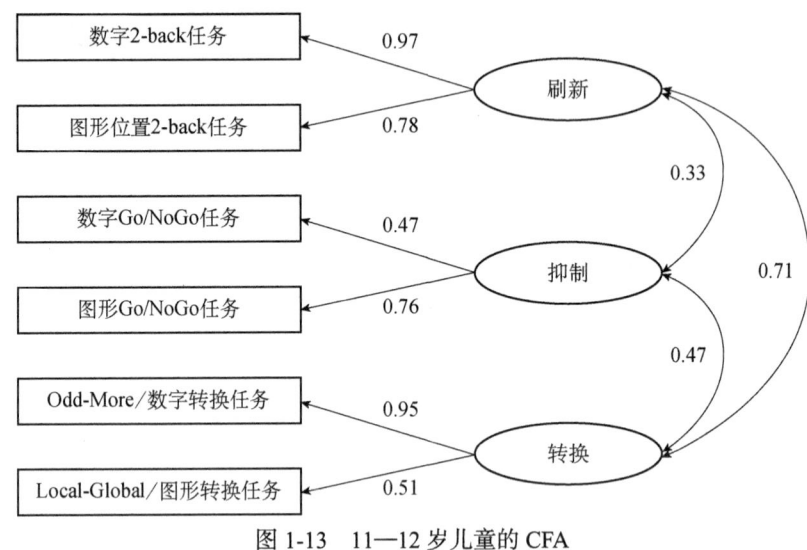

图 1-13 11—12 岁儿童的 CFA

3. 执行功能与智力的关系

EF 和智力之间关系的 SEM 如图 1-14 所示。刷新与智力之间的路径系数是显著的，表明二者共享约 35%的变异，$p<0.01$；而抑制和智力之间的路径系数不显著，表明二者共享约 19%的变异；转换与智力之间的路径系数不显著，表明二者只共享约 7%的变异。

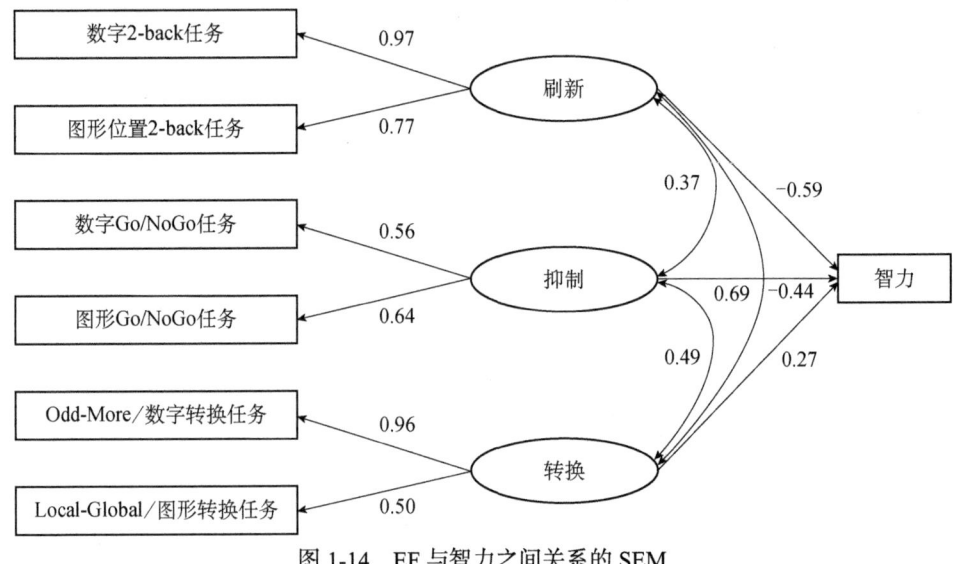

图 1-14 EF 与智力之间关系的 SEM

四、讨论

本研究的结果显示，11—12 岁儿童的 EF 可以分为三个因子，即刷新、抑制和转换，采用 SEM 考察刷新、抑制和转换与智力之间的相关程度发现，这三个因子与智力均存在显著相关关系。当控制 EF 各因子之间的相关性后，只有刷新和智力之间存在显著相关关系。

尽管 Miyake 等（2000）指出，在儿童中，EF 的可分性可能不那么明显，但本研究的相关分析和 CFA 分析的结果表明，六个 EF 显变量成功捕捉到了三个潜在因子，表明 11—12 岁的儿童具备表现出完整 EF 结构的能力。这些结果与 Lehto 等（2003）的发现一致，后者使用了完全不同的任务对 8—13 岁的儿童进行了类似的研究。这三个因子在成人中也都明显分离。这些结果表明，11—12 岁儿童的大脑，特别是前额叶，已经发育得足够好，因此能够执行这种高级认知活动。

相关分析表明，除了 Local-Global/图形转换任务之外，所有的 EF 测量任务都与智力存在相关性。Local-Global/图形转换任务和智力之间没有显著的相关性，可能是由于该任务的标准差相对较大。进一步分析表明，在 11—12 岁的儿童中，EF 的三个因子与智力的相关性不同，其中刷新与智力的关系最为密切。SEM 显示，当考虑 EF 各因子之间的相关性时，刷新和智力之间的相关性并没有降低，但抑制和转换与智力之间的相关性均不再显著。智力与刷新共享约 35%的变异，而与抑制只共享约 19%的变异，与转换只共享约 7%的变异。这些结果表明，抑制和转换与智力的相关性是由它们与刷新所共享的变异引起的。这些发现与 Friedman 等（2006）的研究结果一致。

刷新和智力之间的强相关与许多研究结果一致，这些结果表明工作记忆和智力之间存在密切关联（Engle et al., 1999; Gray, Chabris, & Braver, 2003），强调了刷新在智力中的重要作用。另外两个 EF 因子（尤其是转换）与智力之间的相关性比较弱或不存在，这一结果可能令人惊讶。然而，发现这些 EF 因子与智力之间呈显著相关的大部分证据来自对特殊人群进行的研究，如临床病人、超常群体和老年人群（Duan et al., 2009; Salthouse et al., 1998）。

需要指出的是，本研究的数据是基于一组年龄为 11—12 岁的儿童得到的，因此这些结果可能不完全适用于认知水平更为多样化的群体，如更年幼的儿童、老人或神经系统受损者。与其他相关性研究一样，本研究也存在一定局限，虽然模型的拟合指标都很好，但这并不能说明因果关系。

五、结论

本研究以 11—12 岁儿童为被试发现的结果与当前有关 EF 的统一性和多样性的观点相一致。本研究发现仅刷新与智力存在显著相关关系，表明当前的智力测量方法可能缺乏对一些基本认知能力的测量，如抑制和转换，其他研究也提到了这一点（Ardila，Pineda，& Rosselli，2000；Friedman et al.，2006）。EF 的结构以及 EF 与其他认知能力之间的关系似乎随着生命周期而变化，因此进一步将这项工作扩展到不同的年龄组是有价值的。总之，执行功能与智力既密切相关，又存在区别。如今，对二者关系的研究仍在不断深入中，研究方法从行为层面扩展到认知神经基础和基因层面（Ciobanu et al.，2022；Gustavson et al.，2022；Santarnecchi et al.，2021）。例如，对脑损伤病人的研究发现，智力与执行功能依赖于共享的额-顶叶网络来整合和控制认知表征，二者的表现均会受到额叶和顶叶皮层以及白质关联束损伤的影响（Barbey et al.，2012）。对双生子的研究指出，智力和执行功能存在高度的基因重叠（Engelhardt et al.，2016）。这些研究为我们明晰智力与执行功能的关系、探明二者的关系机制，以及进一步理解超常儿童的执行功能特点和超常儿童的培养具有重要意义。

第五节　儿童心理折叠能力的发展

空间表征涉及心理表象的形成及对表象的操作。在头脑中形成清晰的心理表象，并对表象进行心理操作与技术问题解决有密切关系，因此，空间表征能力常常被作为技术问题解决的基本能力之一。心理折叠是空间表征的一个重要方面，对于儿童而言，心理折叠能力是其未来学习几何、物理、化学、地理等一切需要空间能力（spatial ability）的课程的必要基础。本研究主要考察儿童心理折叠能力的发展。

一、研究背景

本节研究是中国和德国超常儿童与常态儿童技术创造力跨文化研究的一部分，主要考察中国儿童心理折叠能力的发展。本节将就中国超常儿童和常态儿童心理折叠能力的发展做一探讨。

心理折叠要求儿童在头脑中将二维的空间图形通过表象操作转换成三维的空间图形，通过对超常儿童和常态儿童在心理折叠测验上的得分做量化分析，从而了解超常儿童和常态儿童在心理折叠能力上的异同、超常儿童和常态儿童的心理折叠能力的发展特点、不同年级儿童的心理折叠能力的变化情况，以及不同性别的超常儿童和常态儿童在心理折叠能力方面的差异。

二、方法

本研究采用追踪和横断相结合的设计，希望在相对短的时间里对相当数量的被试进行较为深入的考察。

（一）被试

本研究在设计时的总被试量是240名。超常儿童和常态儿童各120名，分为小学五年级组和初中一年级组，其中男女各半，见表1-24。小学五年级组和初中一年级组的被试的年龄分别为11周岁和13周岁。在实际测量时，第一次测量共有被试244名，后面两年中有部分被试离开，具体被试量在下面的统计中将详细列出。

表 1-24　实验设计时的被试安排　　　　　　　单位：名

年级	超常儿童 男	超常儿童 女	常态儿童 男	常态儿童 女	小计
小学五年级	30	30	30	30	120
初中一年级	30	30	30	30	120
小计	60	60	60	60	240

超常儿童和常态儿童的划分标准参照中国超常儿童研究协作组编制的《鉴别超常儿童认知能力测验指导手册》，即认知能力测验得分在 95 百分位以上者为超常儿童，得分在常模成绩正负一个标准差之间者为常态儿童。

具体的取样方法是这样的，超常儿童组的被试部分来自北京市第八中学超常儿童实验班，部分来自其他中小学。所有超常儿童被试都是用《鉴别超常儿童认知能力测验指导手册》进行筛选的。常态儿童被试来自除北京市第八中学以外的、有超常儿童被试的班级。

（二）研究设计

全部测量在三年内（1988—1990 年）完成，每年在差不多的时间内测量一次，使用测验的三个平行版本中的某一个。1989 年的测量因故有所例外。为了消除三个测验版本可能带来的影响，在使用测验时采用如表 1-25 所示的设计。

表 1-25　各测验版本的具体使用顺序

被试量	第一次	第二次	第三次
1/3	A	B	C
1/3	B	C	A
1/3	C	A	B

（三）研究工具

本研究采用中德合作研究的技术创造力研究测量工具中的心理折叠测验。该测验共有三个平行版本。每一测验包括 23 个项目，以从易到难的顺序排列。每一项都是 5 选 1 的选择题，以图 1-15 所示的方式呈现，左边为某一三维几何体的表面展开图（二维图形），右边是包括该几何体在内的 5 个立体图（三维图形）。被试的任务是把左边的二维平面图形转换成三维立体图形，并把头脑中形成的立体图形的表象与答案中提供的立体图形做比较，找出相匹配的一个。每一项只有一个正确答案，测验时间为 6min（不包括指导、例题解释和练习的时间）。

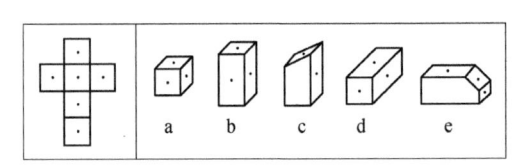

图 1-15　心理折叠测验例题

三、结果

为了便于考察和比较各组被试在不同年级上的得分情况,我们对三年的结果做了描述性统计,并将结果列于表1-26中。

统计结果表明,不同智力水平的学生在心理折叠测验上有明显差异。具有高智力水平的超常学生比具有中等智力水平的常态学生的成绩明显要高[$F(1, 184)=88.99, p<0.001$]。从表1-26的数据还可以看出,无论是超常男生还是超常女生,测验成绩都显著高于同性别的常态学生($p<0.001$)。图1-16直观地呈现了超常学生与常态学生三年的总体平均成绩和不同性别儿童三年总体平均成绩的比较情况。

表1-26 各被试组测验成绩的基本统计结果

组别	性别	指标	小学五年级组			初中一年级组		
			五年级	六年级	七年级	七年级	八年级	九年级
常态组	男	M	4.606	7.781	7.518	6.718	7.000	9.481
		SD	1.825	3.333	3.716	2.577	3.827	4.211
		n	33	32	27	32	28	27
	女	M	4.3724	6.275	6.652	5.833	7.958	8.230
		SD	2.638	2.180	2.013	2.911	3.588	2.423
		n	29	29	23	30	24	26
超常组	男	M	8.437	11.47	14.89	13.03	12.18	13.06
		SD	3.142	3.891	5.031	4.205	3.884	4.614
		n	32	30	28	35	34	31
	女	M	8.071	9.3681	11.96	10.80	9.458	11.60
		SD	3.283	3.095	5.637	3.370	3.547	3.056
		n	28	22	23	25	24	20

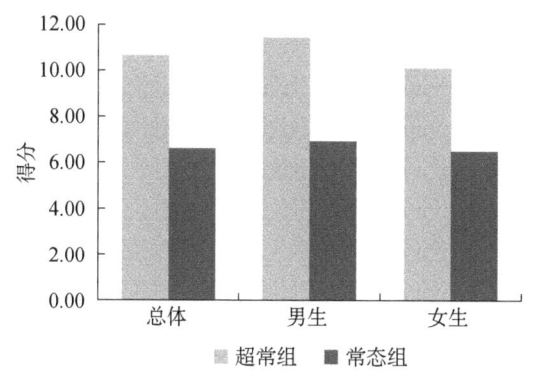

图1-16 超常学生与常态学生心理折叠的比较

总体而言，年龄（年级）是影响测验成绩的一个主要因素。也就是说，被试的心理折叠能力存在明显的年龄（年级）差异 [$F(1, 184)=11.42, p<0.01$]。对超常学生与常态学生分别考察的结果也与总体情况相似，但如果同时考察智力水平，则发现年龄（年级）与智力之间存在明显的交互作用 [$F(2, 368)=5.33, p<0.01$]。也就是说，年龄小（低年级）的超常学生的成绩高于年龄大（高年级）的常态学生。从表 1-26 的数据可以看出，五年级超常学生的平均成绩超过了八年级（初二）常态学生的平均成绩。

虽然统计结果显示总体上存在性别差异，即男生优于女生 [$F(1, 184)=4.437, p<0.05$]，但如果更具体地把超常学生与常态学生分开考察的话，则会发现这种性别差异更多地来源于超常学生。也就是说，超常男生的成绩显著高于超常女生，而常态学生之间并不存在显著的性别差异。从表 1-26 的数据来看，八年级（初二）的常态女生的平均成绩还超过了同龄常态男生的平均成绩。

从统计结果来看，总体而言，儿童心理折叠能力的发展变化是极为明显的 [$F(2, 368)=31.60, p<0.001$]，这种发展变化可从图 1-17 中直观看出。但对于不同年级、不同智力水平和不同性别的学生来说，其发展的曲线并不完全一致。

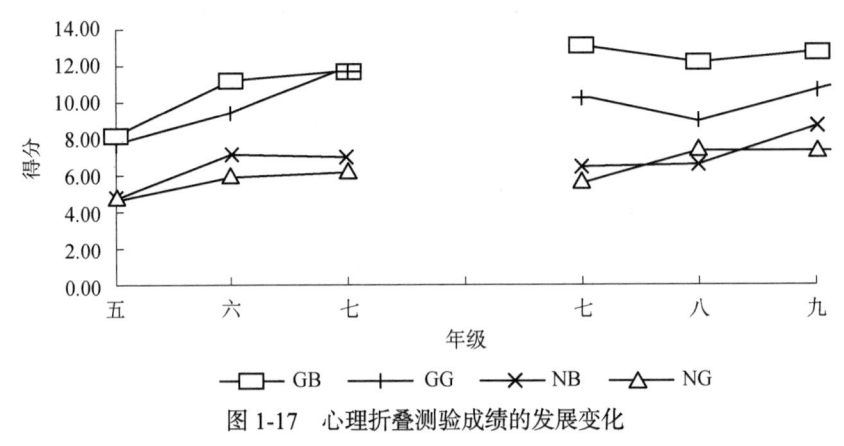

图 1-17　心理折叠测验成绩的发展变化

注：GB、GG、NB、NG 分别代表超常男生、超常女生、常态男生、常态女生

四、讨论

从研究结果来看，超常学生的心理折叠能力显著高于常态学生。这一结果与

其他有关超常学生与常态学生的心理能力的比较研究结果是一致的。这说明，智力这一变量在儿童的许多认知作业（如记忆、创造性思维和心理表征等）中起主要作用。

年龄（年级）也是影响学生心理折叠能力的一个重要因素。一般来说，心理折叠能力随儿童年龄（年级）的增长而提高，这与自然成熟的规律是相符的。但年龄（年级）因素与智力之间存在显著的交互作用说明，一些年龄大（高年级）的学生，由于其智力水平较低，其心理折叠能力比年龄小（低年级）而智力水平相对高的学生低。这种交互作用进一步表明，个体的智力水平是影响心理折叠能力的首要因素。

关于性别差异，Benbow 和 Stanley（1980）在《科学》（*Science*）杂志上发表了一篇题为《数学能力上的性别差异：事实还是假象？》（Sex differences in mathematical ability: Fact or artifact?）的文章，在学术界引起了很大的争论。他们认为，女生在数学方面不如男生，是因为受到了生物学因素的制约。这使人们产生了各种能力的性别差异是天生的联想。对此，很多人提出了质疑。例如，Reis（1987）认为，女性在许多方面不如男性不是天生的，而是由环境不利于女性的能力发挥造成的。Heller 和 Ziegler（1995）也提出，女性的归因方式对她们的发展不利，这种不利的归因方式来自环境因素，而不是来自先天因素，关于性别差异的争论可能还会持续相当长的时间。

另一种比较折中的观点认为，男女在能力方面的差异可能表现在各有所长上，如男性可能在空间能力方面占优势，而女性可能在语言能力方面具有优势。本研究关于这一部分的结果是，总体而言，男生优于女生，且两者差异具有统计意义。这似乎支持男性在空间能力方面占优势的说法，但进一步的分析表明，性别差异主要来自超常组，而常态组之间没有显著的性别差异。结合其他的研究结果，我们会发现，支持男性在空间能力方面较女性占优势的证据并不充分。例如，施建农等（1995）在以图形为材料的研究中发现，女生的成绩高于男生，且差异显著。而徐凡（1989）在研究幼儿空间表征能力的发展时发现，男女幼儿之间没有显著差异。理论上讲，由先天因素决定的许多特征具有相对稳定性，而且在个体发展的早期就应该有所表现。许多研究结果的不一致，以及以幼儿为研究对象的结果发现没有性别差异，这至少使我们有理由相信，男女生在许多与空间有关的作业中表现出的成绩差异可能与先天的生物学因素关系不大。至于这种差异究竟是由什么因素造成的，确实还需要今后进行深入的研究。

五、小结

通过对本研究结果的分析，可以得出以下结论：一般情况下，学生的心理折叠能力随年级（年龄）的增长而提高；超常学生的心理折叠能力显著高于常态学生，而且，智力与年级（年龄）之间存在较强的交互作用说明，智力是影响心理折叠能力发展的主要因素；在本节研究所涉及的条件下，总体而言，男生的心理折叠测验成绩高于女生，但这种性别差异主要不是来自常态组，而是来自超常组；不同组学生的心理折叠能力具有不完全一致的发展曲线。

第二章
超常儿童的创造力发展

随着科技的高速发展，国际上开展了大量研究来识别21世纪个体所需具备的技能（Arabacı & Baki，2023）。其中，P21（Partnership for 21st Century Skills）为21世纪的全球学生制定了一个共同愿景，即21世纪学习框架，在该框架中，创造力被认为是重要的学习技能（Borrowski，2019）。此外，OECD于2018年编制了《OECD学习框架2030》（OECD Learning Framework 2030），指出支撑创造新价值能力的成分包括适应性、创造力、好奇心和开放性，并强调创造力的重要作用。[1]

当前，我国急需"从0到1"的原始创新。国际竞争本质上是技术和人才竞争，关键在于"拔尖创新人才的发现与培养"（阎琨，吴菡，2020）。《中国教育现代化2035》提出"加强创新人才特别是拔尖创新人才培养"。超常儿童是拔尖创新人才的重要组成部分，具有优良的遗传素质和很大的发展潜能。了解超常儿童与常态儿童在创造力表现上的差异，有助于我国拔尖创新人才的鉴别与培养。本章将回顾中国科学院心理研究所超常儿童研究中心40多年来在创造力相关领域进行的探索，从理论指导和实证研究两方面介绍已有研究结果。

---

[1] OECD. 2018-05-04. The Future of Education and Skills：Education 2030. https://www.oecd.org/education/2030/E2030%20Position%20Paper%20(05.04.2018).pdf.

第一节　智力超常与常态学生技术创造性思维的比较研究

儿童之间存在着明显的个体差异，这种差异不仅表现在个体之间的智力和学习成绩上，也反映在智力水平或学习能力接近的儿童在不同侧面各有所长上，超常儿童也不例外。本研究采用"中-德技术创造力跨文化研究"项目中的创造性思维测验对 134 名超常学生和常态学生做了集体测验，考察了他们在创造性思维，思维的独创性（又称新颖性，originality）、灵活性（flexibility）、流畅性（fluency）和精细性（elaboration），以及心理折叠和问题解决等方面的反应差异，研究结果证实了这一观点。此外，本研究中的超常组选自北京市第八中学超常儿童实验班的第一届学生，他们于 1985 年因智力超常和学业优秀而被招入该班（周林，查子秀，1986）。1989 年毕业时参加全国高等院校统考，他们的高考成绩极为优秀，全班除两名同学因特殊原因失去参加高考的机会以外，其余的同学均以优异的成绩进了大学的校门，而且他们的年龄比普通应届生小 3—5 岁，这说明该实验班在教育教学实践上是成功的。

一、研究背景

创造性思维必然是为了达到某个目的进行的，如果创造性思维所产生的结果远离了目标，结果再多也是没有意义的。基于此，我们认为，创造性思维除了应包括发散性思维，以及思维的新颖性、灵活性、流畅性、精细性等各因素，还应该包括聚合性思维（convergent thinking）以及创造性思维所不可缺少的空间能力。

本研究旨在了解超常儿童实验班学生与同年龄及同年级大年龄常态班学生在技术创造性思维的各个方面是否有差异及有何差异、不同的测验材料对研究结果是否有影响以及创造性思维方面是否存在明显的性别差异等问题。

二、方法

本研究共招募被试 134 人,分为超常组和常态组。超常组 31 人来自北京市第八中学 1985 级超常儿童实验班(男生 22 人,女生 9 人),平均年龄为 13 岁,所学课程相当于高三第一学期。常态组分为同龄组和同级组,同龄组共 53 人(男生 22 人,女生 31 人),均来自北京市重点中学的初中普通班;同级组共 50 人(男生 27 人,女生 23 人),均来自北京市重点中学的普通高三毕业班,常态组的平均年龄是 17 岁。

采用"中-德技术创造力跨文化研究"项目中的创造性思维测验对儿童的技术创造性思维进行测量和评估。该测验包括四个子测验:图形创造性思维测验(以下简称图形测验)、数字创造性思维测验(简称数字测验)、心理折叠测验(简称心理折叠)、技术问题理解测验(简称技术理解)。

测验总时长为 36min。测验采用集体方式进行,所有测验一次完成。测验后的原始结果由计算机程序进行标准化评分,标准化评分后的结果采用高级统计系统(cruncher statistical system,CSS)进行统计处理。

三、结果

我们不仅考察了被试的总体反应结果,还分别考察了男生和女生的反应结果,研究结果按不同的分测验分别列出。

(一)图形测验的结果

图形测验反映了创造性思维的聚合性、流畅性、新颖性、精细性和灵活性。其中,精细性和灵活性又分别包括两个方面,分别用精细性 1、精细性 2 和灵活性 1、灵活性 2 来表示。被试的平均反应结果列于表 2-1 中。

总体来看,超常组在该测验的 7 个项目上的成绩都显著地高于同年龄的常态学生($p<0.01$)。与同年级的常态学生比,除在新颖性($p=0.055$)和精细性 2($p=0.085$)上的差异不显著外,超常组在其余 5 项上均显著高于常态组($p<0.05$ 或 $p<0.01$)。

表 2-1　超常儿童与常态儿童在图形测验上的反应结果

指标	超常组 总体	超常组 男	超常组 女	同龄常态组 总体	同龄常态组 男	同龄常态组 女	同级常态组 总体	同级常态组 男	同级常态组 女
聚合性	66.84	69.66	59.94	37.14	33.18	39.95	42.54	42.28	42.85
流畅性	4.68	4.95	4.00	2.49	2.18	2.71	3.50	3.43	3.59
新颖性	346.76	344.34	352.76	293.25	253.79	321.26	319.21	328.48	309.22
精细性1	378.24	378.09	378.61	286.85	261.77	304.65	332.21	324.69	341.04
精细性2	45.03	45.16	44.72	37.17	37.17	41.73	40.95	42.35	39.30
灵活性1	45.55	46.89	42.28	24.37	20.68	26.98	32.07	32.83	33.35
灵活性2	83.68	80.98	90.28	67.02	55.11	75.47	75.67	77.39	73.65

对男女生分别进行分析发现：对于男生而言，与同龄组相比，超常组男生在图形测验的7个项目上都显著高于常态组（$p<0.01$）；与同级组比较，除在新颖性、精细性2和灵活性2上无显著差异外，超常组在其余4项上都显著高于常态组（$p<0.05$ 或 $p<0.01$）。对于女生而言，与同龄组相比，超常组在聚合性、流畅性、精细性1、灵活性1和灵活性2上优于常态组（$p<0.05$ 或 $p<0.01$），但在新颖性和精细性2上，超常组和常态组之间的差异并不显著；与同级组相比，虽然超常组在各项上的平均成绩都高于常态组，但超常组女生只在聚合性和灵活性2上显著高于常态组女生（$p<0.05$），在其余各项上的差异未达到显著水平。

分别从两组的性别差异来看，超常组在大多数情况下无显著的性别差异，但在灵活性2上，女生显著高于男生（$p=0.018$）。常态组的情况是，同龄组女生在所有项目上的平均成绩都高于男生，且男女生在新颖性、精细性2和灵活性2上的成绩差异显著（$p<0.05$），在灵活性1上的成绩差异也接近显著水平（$p=0.06$）；同级组在各项上的差异都未达到显著水平。

（二）数字测验的结果

数字测验反映了创造性思维的6个方面：聚合性、流畅性、新颖性、精细性、灵活性1和灵活性2。两组被试在数字测验上的结果如表2-2所示。从总体的比较结果来看，与同龄组相比，超常组在6个项目的成绩都显著高于常态组，并在大多数方面达到 $p<0.01$ 的显著水平，只有在灵活性1上的差异在 $p<0.05$ 水平上显著；与同级组相比，超常组与常态组无显著差异。

表 2-2　超常儿童与常态儿童在数字测验上的反应结果

指标	超常组			同龄常态组			同级常态组		
	总体	男	女	总体	男	女	总体	男	女
聚合性	73.59	80.11	75.48	38.53	51.56	46.21	68.8	64.33	66.74
流畅性	2.59	2.22	2.48	0.89	1.37	1.17	2.59	2.37	2.49
新颖性	22.32	18.39	21.18	7.68	10.20	9.16	16.15	17.65	16.84
精细性	38.72	37.22	38.29	18.5	27.11	23.55	41.26	37.54	39.55
灵活性 1	29.23	29.89	29.42	17.18	18.67	18.05	31.09	32.7	31.83
灵活性 2	66.8	63.78	65.92	25.74	36.5	32.05	67.74	59.89	64.13

对男女生分别进行分析发现，对于男生而言，与同龄组相比，超常组在 6 个项目上的成绩显著高于常态组（$p<0.05$ 或 $p<0.01$）；和同级组相比，超常组与常态组无显著差异。对于女生而言，与同龄组相比，超常组只在聚合性、新颖性和灵活性 2 上的表现显著优于常态组（$p<0.05$ 或 $p<0.01$）；与同级组相比，和男生的结果相同，两组之间无显著差异。

为考察数字测验方面的性别差异，我们分别对超常组和常态组的男女学生之间的成绩做了 t 检验。结果发现，无论是超常组还是常态组，两组被试在数字测验上无性别差异，但同龄常态组女生在 6 个项目上的成绩都略高于该组男生，有的差异接近显著水平，如精细性（$p=0.08$），同年级的男女生在不同项目上的成绩互有高低，且差异不显著。

（三）心理折叠的结果

心理折叠反映了学生的空间想象力和空间表征的水平，超常学生和常态学生在心理折叠上的反应结果列于表 2-3 中。从不同被试在心理折叠上的反应结果来看，超常组显著高于同龄常态组（$p<0.05$ 或 $p<0.01$）。与同级常态组学生相比，超常组的平均成绩也略高，但差异未达到显著水平。在心理折叠上未发现显著的性别差异。

表 2-3　超常儿童与常态儿童在心理折叠上的反应结果

项目	超常组			同龄常态组			同级常态组		
	总体	男	女	总体	男	女	总体	男	女
M	10.10	10.36	9.44	6.81	7.14	6.58	9.56	9.85	9.22
SD	2.81	2.92	2.41	2.82	2.62	2.59	2.87	3.16	2.45
n	31	22	9	53	22	31	50	27	23

（四）技术理解的结果

技术理解反映了学生使用知识经验解决技术问题的能力。超常学生和常态学生在技术问题理解上的结果列于表 2-4 中。与同龄常态组相比，无论是从总体情况来看，还是从男女各自的情况来看，超常组都显著高于常态组（$p<0.01$），且超常组的平均反应结果超过常态组 2 个标准差以上。与同级常态组学生相比，超常组的平均成绩也显著高于常态组（$p<0.05$）。在技术理解上也未发现显著的性别差异。

表 2-4　超常儿童与常态儿童在技术理解上的反应结果

项目	超常组 总体	超常组 男	超常组 女	同龄常态组 总体	同龄常态组 男	同龄常态组 女	同级常态组 总体	同级常态组 男	同级常态组 女
M	7.42	7.86	6.33	3.02	2.95	3.06	6.18	6.67	5.61
SD	2.38	2.55	1.41	2.09	2.34	1.88	2.20	2.23	2.03
n	31	22	9	53	22	31	50	27	23

四、讨论

总体而言，在数字测验（数字材料）、技术理解（知识和经验）、图形测验和心理折叠（图形材料）4 个测验上，超常组学生的平均成绩在绝大多数项目上均明显地优于同龄常态组学生，甚至超过实际年龄比自己大 3—5 岁的高三学生水平。这说明超常儿童不仅在智力和学业成绩方面有突出的表现，而且在创造性思维方面也有很好的发展（施建农，查子秀，1990）。

这一研究结果与施建农、查子秀和周林（1995）进行的一项跨文化研究结果一致，即后者发现，除了思维的新颖性和精细性这 2 个项目上的差异不显著外，其余 5 个项目上的结果都显示超常儿童明显优于常态儿童，且这个趋势具有跨文化和跨年龄的一致性。同时，国外也有研究发现，高智商人群在创造力任务上的表现优于常态人群，如 Abdulla-Alabbasi（2021）等发现，超常儿童在发散思维任务上的得分显著高于常态儿童。

个体差异不仅表现在智力和学习成绩上，也表现在智力水平或学习能力相当的儿童在不同侧面各有所长上。本研究结果表明，在测验反映内容是相同的情况下，如创造性思维的聚合性、流畅性等，个体差异情况因测验材料的不同（如题材、形式和难度等）而不同。在图形测验上，超常组学生的聚合性、流畅性等不仅显著优于同龄常态组学生，还显著地优于比自己年龄大许多的同级常态组学生（$p<0.01$）；但在数字测验上，两组之间的差异并非全都显著。

同龄常态组在图形测验和数字测验的所有项目上的成绩都是女生高于男生，而且在图形测验的新颖性、精细性2和灵活性2上的差异达到显著水平（$p<0.01$）；对于超常组，除了在图形测验的灵活性2上女生显著高于男生以外，在其他项目及其他测验的所有项目上都无显著的性别差异。同级常态组的男女生在不同项目上的成绩互有高低，但差异不显著。两个常态组之间的性别差异比较发现，年龄较小的常态组（同年龄组）似乎有女性优于男性的倾向，而年龄较大的常态组（同年级组）则男女各有所长。

综上，本研究结果支持Torrance将创造性作为一个筛选指标但不是唯一指标的观点，也证明了中国超常儿童研究协作组最初在筛选和鉴别超常儿童时采用多途径、多手段和多指标方法的正确性（查子秀，1986b）。一般来说，当使用创造性作为指标时，那些可能会被漏掉的超常学生容易被发现（Torrance，1962）。同时本研究结果提醒我们，在培养和教育超常儿童时，应密切注意不同侧面的个体差异，由此证明了在筛选和鉴别超常儿童时采取多指标进行综合考察的合理性。两个常态组之间的性别差异比较结果提示我们，在常态儿童13—17岁阶段，男生很可能在创造性思维的各个方面发展较为迅速，我们认为发现并掌握儿童创造性思维这一快速发展期对于因材施教、开发常态儿童的智力和创造性是有益的。

第二节　超常儿童与常态儿童的兴趣、动机与创造性思维的比较研究

超常儿童研究领域存在着许多有争议的问题，儿童的智力与创造力之间的关系问题就是其中之一。为了更好地解释超常儿童的创造力与智力的本质关系，施建农（1995）曾提出了创造性系统模型。该模型认为个体对创造性作业的态度起

到开关的作用，控制着智力导入量，兴趣和动机等因素通过影响态度进而影响创造性活动中的智力导入量（intelligence current）。

一、研究背景

在研究超常儿童的创造性时，许多心理学家试图从认知心理学的角度探讨创造性的本质（Sternberg，1988；Langley & Jones，1988；Schank，1988），试图将创造性活动纳入认知活动的范畴，把创造性活动看成是智力活动的一个维度（Treffinger，1988；Sternberg & Lubart，1993；Shi，1995；施建农，徐凡，1997b）。但同时又有越来越多的研究者认识到，活动主体的个性因素在创造性活动中起着关键作用，因此个性因素一直是许多创造性理论或模型所关心的问题（Taylor，1988；Urban，1991，1995）。Sternberg（1988）认为，个性的一些方面在创造性活动中起着与认知功能同样重要的作用。确实，许多研究也发现，创造性个体的一些个性特征经常与创造性成就密切相关（Dellas & Gaier，1970；Barron & Harrington，1981）。

Sternberg（1988）在进一步解释个性对于创造性活动的重要性时指出，个性中的兴趣和动机是使人们从事创造性活动的驱力。兴趣源于对事物探究的好奇心，是个体从事创造性活动的原动力（内驱力），基于外部奖励的动机是外驱力。兴趣和动机可以驱使创造性个体集中注意于所从事的作业上，使其将能力用于感兴趣的领域（Delcourt，1993）。

尽管关于创造性的各种理论模型或假设基本上都涉及智力与个性两方面的因素，但大多数学者只是分析创造性的结构，或分析其成分、探讨其特征等，即使涉及个性或社会性因素，也往往将它们看成是静态的元素，很少将各个因素作为动态的变量加以考察，因此在智力、个性或其他因素影响创造性活动的作用机制方面，现有的许多理论模型或假设给人的启示较少。

为了探讨个性与智力和创造性的关系以及个性影响创造性活动的作用机制，施建农（1995）在其创造性系统模型中提出了创造性活动中"智力导入量"的概念，并提出了控制智力导入量的开关机制的假设。从测量的角度来看，如果上述假设成立，创造性测验的成绩应该与特定的兴趣和动机有显著相关关系。为验证这一假设，本研究以超常儿童和常态儿童为被试，考察儿童的智力、兴趣、动机与创造性思维的关系。

二、方法

被试来自不同中小学的小学五年级与初中一年级的超常学生和常态学生，共244人，平均年龄分别为10岁和12岁，其中超常学生120人，常态学生124人，都是男女各半。本研究使用鉴别超常儿童认知能力测验对超常儿童和常态儿童进行区分，超常儿童是测验得分在95百分位以上的儿童，而常态儿童是普通学校的学龄儿童。

本研究采用周林、施建农和查子秀（1993）修订的创造性能力测验，以测量图形、数字与实用创造性思维的流畅性和独创性；采用个性问卷测量个体在科学技术领域参与创造性活动的兴趣和动机。本研究中，创造性能力测验和个性问卷的分半信度系数为0.75—0.86，结构效度系数为0.72—0.84。测验为纸笔测验，测验和问卷调查同时进行，均一次完成。

三、结果

（一）超常儿童与常态儿童创造性思维的比较

对创造性能力测验结果进行统计分析后发现，超常儿童在图形、数字与实用创造性思维三个分测验上的流畅性和独创性成绩都显著高于常态儿童（表2-5）。

表2-5 超常儿童与常态儿童创造性思维流畅性、独创性的比较

创造性思维指标	$M1$	$n1$	$M2$	$n2$	t	p
图形流畅性	4.84	120	2.04	123	9.042	0.000
图形独创性	321.58	120	278.28	124	2.790	0.006
数字流畅性	2.74	113	1.11	110	6.235	0.000
数字独创性	13.01	120	8.05	124	5.349	0.000
实用流畅性	8.10	120	6.88	124	2.833	0.005
实用独创性	5.00	120	4.12	124	4.110	0.000

注：$M1$、$n1$和$M2$、$n2$分别代表超常组和常态组的平均得分、被试量（部分样本的数据有缺失，故两组儿童在不同任务中的被试量不同）

（二）创造性思维与智力水平的相关

从表 2-6 的结果可以看出，总体而言，被试在各项创造性思维上的成绩与认知测验成绩之间有显著相关关系，但是除了图形创造性思维的流畅性以外，其他各项的相关系数都很小，在 0.17—0.19。当对超常组和常态组分别进行考察时，除图形创造性思维的流畅性以外，无论是超常组还是常态组，各项的相关系数都很小，而且有一半左右的相关不显著，这与国外的一些研究结论相近（Yamamoto & Chimbidis，1966）。对于图形创造性思维的流畅性与认知成绩之间的相关较高，还有待进一步的研究。

表 2-6　创造性思维与智力水平的相关

项目	图形流畅性	图形独创性	数字流畅性	数字独创性	实用流畅性	实用独创性
超常组	0.42***	0.19*	0.04	0.04	0.13	0.12
常态组	0.34***	0.14	0.27**	0.19*	0.15	0.17*
总体	0.43***	0.19**	0.17*	0.17**	0.17**	0.19**

（三）创造性思维与兴趣、动机的相关

从表 2-7 可以看出，无论是超常儿童还是常态儿童，创造性思维与兴趣和动机之间都有较高的相关关系，而且都达到了显著水平。

表 2-7　创造性思维与兴趣、动机的相关

分组	项目	图形流畅性	图形独创性	数字流畅性	数字独创性	实用流畅性	实用独创性
超常组	兴趣	0.60***	0.67***	0.49**	0.34*	0.32*	0.47**
	动机	0.52**	0.27*	0.48**	0.41*	0.35*	0.42*
常态组	兴趣	0.71***	0.70***	0.65***	0.44**	0.49**	0.51**
	动机	0.66***	0.58***	0.24*	0.31**	0.53***	0.45**

（四）高兴趣、高动机与低兴趣、低动机儿童之间创造性成绩的比较

我们将得分较高的前 20% 和得分较低的后 20% 的被试分别作为高兴趣、高动机组和低兴趣、低动机组，比较结果见表 2-8。从表 2-8 可以看出，无论是图形、数字还是实用创造性思维，高兴趣组的成绩均高于低兴趣组，而且两组差异

在统计上达到显著水平。高动机组除了在数字创造性思维上与低动机组的差异接近显著（p=0.062）以外，在其他两项上的成绩都显著高于低动机组。

表 2-8　高兴趣、高动机组与低兴趣、低动机组的比较

分组	创造性思维类型	M1	n1	M2	n2	t	p
兴趣	图形	3.93	29	2.40	43	2.52	0.013
	实用	9.83	29	5.65	43	5.01	0.000
	数字	2.41	27	1.33	39	2.48	0.015
动机	图形	4.49	39	2.49	35	3.33	0.002
	实用	9.05	39	6.28	35	3.25	0.002
	数字	2.43	37	1.53	30	1.88	0.062

注：$M1$ 和 $n1$ 分别为高兴趣组、高动机组的平均得分和被试量，$M2$ 和 $n2$ 分别为低兴趣组、低动机组的平均得分和被试量

（五）超常儿童和常态儿童在不同兴趣、动机水平上的分布情况

为了考察具有不同兴趣和动机水平的被试的智力水平，我们将得分较高的前20%和得分较低的后20%的被试分别作为最高组和最低组，进一步分析了两组被试的智力分布情况，结果见表2-9和表2-10。这一结果表明，兴趣和动机水平是独立于智力水平的。

表 2-9　兴趣成绩最高和最低组中的被试分布情况

分布情况		图形		数字		实用	
		超常组	常态组	超常组	常态组	超常组	常态组
兴趣	最高组	16	18	11	13	17	10
	最低组	19	17	26	24	15	24
p		0.364		0.048		0.058	

表 2-10　动机成绩最高和最低组中的被试分布情况

分布情况		图形		数字		实用	
		超常组	常态组	超常组	常态组	超常组	常态组
动机	最高组	23	26	13	16	20	17
	最低组	15	14	21	20	17	13
p		0.162		0.814		0.021	

四、分析与讨论

关于创造力与智力的关系问题，多年来一直存有争议。

一方面，直观的经验和事实告诉人们，创造性与智力之间似乎有着密不可分的关系，特别是在自然科学领域取得重大创造性成就的人都具有很高的智力。因此，许多研究者在定义智力超常时，往往把创造性看作一个关键的成分（Treffinger，1988；Sternberg & Lubart，1993；Shi，1995），或认为创造力是智力的一个维度（Runco & Albert，1990；Albert & Runco，1988；Feldhusen & Treffinger，1990；Renzulli，1978；Runco，1993）。我国有关超常儿童的研究结果也表明，超常儿童的创造性思维能力显著高于常态儿童（查子秀，1990；施建农，查子秀，1990；施建农，查子秀，周林，1995）。本研究结果再一次证明了超常儿童的创造性思维显著高于常态儿童。

另一方面，许多相关研究的结果发现，儿童的创造性测验成绩与智力测验成绩之间的相关不高（Yamamoto & Chimbidis，1966），或者是很低（Barron & Harrington，1981；Tannenbaum，1983）。尤其是当智商大于等于120时，儿童的创造性思维（流畅性、独创性）得分与斯坦福-比奈智商之间的相关系数小于或者等于0.12（Fuchs-Beauchamp，Karnes，& Johnson，1993）。本研究发现，除了图形创造性思维的流畅性与智力之间具有中等偏低的相关以外，其他各项的相关系数都很小，超常组的相关系数更小，且大部分不显著，这与国外的许多研究结果相似。

有人认为当智商大于等于120，智力和创造力可能表现为完全不同的两码事（Sternberg & Lubart，1993），还有人认为目前的大多数创造力测验和智力测验在内容上的侧重点各有不同，所以会出现两种测验成绩之间的低相关（Young，1985；Sternberg & Lubart，1993）。但无论是哪种解释，都不能很好地解释出现上述现象的真正原因，更不能解释创造性与智力的真正关系。

我们认为人是社会的人，是生活在某一群体中并受到特定文化影响的、具有情绪体验的个体，因此在研究人的创造性时，需要对创造性活动中的一些影响因素及其相互作用的过程加以考虑。如果上述假设成立，那么创造性测验的成绩应该与特定的兴趣和动机有显著相关关系，本研究的结果支持了这一假设。

同时，本研究发现，无论是超常儿童还是常态儿童，他们的创造性思维成绩都与兴趣、动机得分有显著相关关系，而且兴趣和动机水平较高的学生的创造性成绩明显高于兴趣和动机水平较低的学生。先前研究表明，兴趣和动机是影响个体态度或倾向的主要因素，会影响个体在创造性活动中的效能（Delcourt，1993；Bandura，1977）。而兴趣和动机随时会受到个体需要或社会机制的影响，进而增大或降低个体在创造性行为中的智力导入量。认识到这一点对于超常儿童的教育和培养是非常重要的，这将使人们努力创设某种适宜的社会环境或建立一种能增强个体创造性效能的机制，从而激励人们创造力的充分发挥。

五、小结

根据本研究所得的结果，我们可以得出如下结论。

1）超常儿童的图形、数字与实用创造性思维的流畅性和独创性成绩都明显高于常态儿童。

2）超常儿童和常态儿童的创造性思维与兴趣、动机之间有显著相关关系，兴趣和动机得分较高的被试的创造性思维得分显著高于兴趣和动机得分较低的被试。

3）超常儿童中有相当一部分处于低兴趣和低动机水平，而常态儿童中有相当一部分处于高兴趣和高动机水平。

第三节 创造力和智力关系的理论模型

一、超常儿童创造力与智力的关系

在这一部分中，我们首先探讨了创造力和智力关系存在的一些争议，并指出一些社会性因素可能无法让超常儿童最大限度地发挥其创造力。其次，我们用一些公式表述了创造力和智力之间的数理关系。最后，我们探讨了创造力和智力的关系能够为超常儿童的培养与教育所带来的启示。

（一）创造力和智力关系的理论描述

1. 超常儿童智力与创造力关系的现存争议

在超常儿童研究领域中存在着许多有争议的问题，超常儿童的创造力与智力的关系问题就是其中之一。一方面，越来越多的研究者认识到，创造力是儿童超常表现的一个重要方面，是构成超常特征的关键成分，是智力的一个维度；另一方面，许多相关研究的结果却表明，超常儿童的创造力与其智力之间很少存在相关关系或相关很低。

对此，学界通常有两种解释：一种解释是，当智力水平达到某一程度后（如智商大于等于120），创造力与智力可能表现为完全不同的两码事，或者说创造力是独立于智力的；另一种解释是，目前的大多数创造力测验和智力测验在内容上的侧重各不相同，也就是说，由于研究者所用的工具测量的是不同的方面，因此，创造力和智力之间没有高相关关系。

这两种解释似乎各有其理，但仔细推敲，我们可以发现它们之间的矛盾之处。如果是由测验内容引起的低相关，又为何要当智力达到某一程度后，创造力和智力才相互独立呢？

2. 社会性因素对二者关系的重要影响

究竟应该怎样解释超常儿童的创造力与智力之间的关系呢？这个问题的根本在于对创造力的正确认识，即是否考虑到个体创造力如何受到社会性因素的影响。

人是社会的人，属于某一特定群体，并受到特定文化的影响。人的创造力只有在社会活动中才能体现出来，且必须受到社会的评价和影响，而创造性活动离不开智力活动。因此可以认为，一个人的创造力应该是智力活动的一种表现，是人通过一定的智力活动，在现有知识和经验的基础上，通过一定的重新组合和独特加工，在头脑中形成新产品的形象，并通过一定的行动使之成为新产品的能力。它受到个体所在环境的影响，并在很大程度上依赖于一个人的个性，在本质上是由创造性态度、创造性行为和创造性产品，以及其他影响因素组成的。创造性行为是核心，包括创造性思维、创造性习惯和创造性活动。创造力的最后表现形式是创造性产品，这种产品必然会受到社会的评价，而来自社会积极或消极的评价又会反过来进一步促进或阻碍个体创造力的发挥。

（二）创造力和智力的数理推导

根据创造力的上述定义，如果用 C 表示创造力，用 I 表示智力，用 P 表示个性品质，用 S 表示社会环境因素，用 Tm 表示投入的时间，用 Ts 表示不同的作业，用 Ic 代表个体在创造性活动中的智力导入量，那么，就有以下复合函数存在

$$\begin{cases} f(C) = f(Ic, Ts) \\ f(Ic) = f(I, P, S, Tm) \end{cases} \quad (2\text{-}1)$$

如果用 k（$k=1，2，3，\cdots n$）表示被试所从事的某个作业或任务，用 n 表示被试同时从事的作业数，用 Ic_k 表示被试在第 k 个作业中的智力导入量，那么就有

$$Ic = \sum_{k=1}^{n}(Ic_1 + Ic_2 + Ic_3 + \cdots + Ic_k) \quad (2\text{-}2)$$

根据式（2-1），由于在特定条件下，I、P、S 是一定的，因此有

$$f(Ic_k) = f(Tm_k) + a \quad (2\text{-}3)$$

其中 a 为常数。于是，在操作上通过测定每一时刻的 Tm_k 就能得到一个对应的 Ic_k。对于特定的作业或任务来说，Ts 是不变的，因此就有

$$f(C_k) = f(Ic_k) + b \quad (2\text{-}4)$$

其中 b 为常数。

（三）创造力和智力关系的启示

依据上述理论和公式，我们就可以比较容易地理解在现实社会中，为什么有些智商很高的人的创造力却没有人们期望得那么高。关于这一点，已得到一些研究结果的支持。例如，美国学者 Reis（1987）曾经对一些高智商的女性进行了调查。研究发现，许多被认为超常的女性，她们的创造性成就明显低于同等超常的男性。这种现象在以往被归因于性别差异，但 Reis 认为，这种归因是有偏见的，女性的创造性成就低于男性，是因为她们没有与男性同样的机会将自己的才能用于受社会评价的事业上，也就是说，她们在受社会评价的作业 Ts_k 上的智力导入量 Ic_k 要明显地少于男性。事实上，这些女性总是比男性花更多的时间与精力在家庭、孩子和照顾自己丈夫上，这些事情是不会被作为创造性成就的标志而受到社会的高度评价的。也就是说，通常人们在评价某个人的创造力的高低时，是不会把他在家务事上的投入列入评价范围的。这种现象在中国也同样存在。如果某

一个体能把自己的智力更多地投入到受社会评价的目标或作业中，那么他就更有可能被认为是具有高创造性成就的人。

二、创造力心理学与杰出人才培养

要真正实现"培养具有创新能力的杰出人才"这个目标，还有很多理论问题要探讨，有很多观念要调整，有很多具体问题要解决，有很漫长的路要走。本部分首先将概要介绍关于创造力的各种理论并做简要评论，重点介绍创造力系统理论，即把创造力看成是一个由个体和环境交互作用、共同成长和发展的动态系统，创造力的表达或杰出人才的出现不应被简单地看成是个体的特征，而应该是个体和环境交互作用的结果，是需要在一定时间进程中由量变到质变的累积过程；然后将从个体的创造力、家庭对创造性人才发展的影响及社会文化等因素对人才发展的影响等方面探讨与杰出人才培养有关的问题。

（一）有关创造力的理论

创造力是一个极具吸引力、特别受人青睐却很复杂、很难界定的概念。斯滕博格[1]（2004）把创造力看成"是一种产生具有新颖性（如独创性和新异性等）和适切性（有用的、适合特定需要的）产品的能力"，而持有系统观的研究者越来越倾向于把创造力看成是一个复杂的系统（Ziegler，2005；施建农，1995；Shi，2004），是一种个体及其所在环境交互作用时表现出来的产生新颖性和适切性产品的复杂现象。创造力心理学则是一门运用多学科方法研究创造力的复杂现象的学科。

斯滕博格（2004）对创造力的各种理论观点进行梳理后，归纳为六种：①神秘主义观点，或创造力的神赋论，即认为创造力是由神赋予某些人的特殊恩赐；②实用主义观点，即认为只要能促进创造力，不管是什么理论或机制都可以；③精神分析主义观点，即认为创造力是人们无意识愿望的表达；④心理测量学观点，即认为创造力是可以通过普通人在思维中表现出的发散性、独特性等来加以测量的；⑤认知心理学观点，即认为问题解决过程是创造力的核心，强调问题解

---

[1] 因音译不同，本书对"斯滕伯格""斯滕博格"不做统一。

决过程中的认知过程和脑机制；⑥人格和社会学观点，即强调人格、动机和社会环境变量对创造力的影响。

斯滕博格（2004）对上述六种理论观点一一做了评论。他认为，神秘主义观点可以解释一切，但实际上就是一种不可知论，传达了"创造力是不可以被研究"的观点；实用主义观点一切以实用为原则，但实际上属于做什么而不知道其原理是什么的一种类型；精神分析主义观点过分强调了无意识的作用而忽略了意识的主观能动性；心理测量学观点在方法上增加了创造力研究量化的可能性，但其测量到的所谓创造力的几个方面究竟是不是人们或社会所期望的创造力仍值得怀疑；认知心理学观点在探索创造性思维的认知机制或神经机制时，忽略了这些机制发生的外界环境或条件，从而拉大了研究与现实之间的距离；人格和社会学观点强调创造性个体的人格特征和环境因素的作用，但实际上那些在高创造力个体身上表现出来的所谓创造性人格特征或动机特征在很多普通人身上也有，而环境因素更是所有身处其中的人共有的。

关于认知心理学和认知神经心理学，特别是顿悟的脑机制研究，近年来取得了不少成果（Kuo et al., 2009；罗劲，2004）。但在实验室里研究的所谓顿悟实际上具有很大的人为性，如为了记录顿悟瞬间的大脑活动，研究者让被试解决一些类似谜语的问题，并在被试思考一段时间后仍不能解决时，突然告诉被试答案，此时，被试会突然出现被称为"Aha"的反应，大脑扣带前回（anterior cingulate cortex）和左侧前额皮层（left lateral frontal cortex）等区域有明显激活（Luo & Niki, 2003）。基于谜语范式或其变式对顿悟进行研究而发表的文章不少，其中有不少发表在影响因子比较高的刊物上。可以说，这一范式让人们对探讨顿悟的脑机制看到了一丝希望，同时也让人思考，这种人为制造的"顿悟"离真正的创造性问题解决过程中突然出现的"顿悟"究竟有多远？有研究者认为，这种人为制造的"顿悟"实际上是一种"领悟"（傅小兰，2004）。但有一点是明显的，那就是思考者在现实情境下进行思考时，可能会同时受到很多外界因素的影响，此外，这种人为制造的"顿悟"可能并不是让人直接得到答案，或是得到与答案有关线索的直接提示，而是受到其他因素甚至不知道具体是什么因素的影响而产生的。

显然，创造力的发生不能被看成是单因素影响的结果。Sternberg 和 Lubart（1991，1996）提出了创造力投资理论。他们认为，有创造力的人是那种"愿意并能够把专业想法'低买高卖'的人"。"低买"是指寻求一种人们尚不知道的想法或人们尚不感兴趣的想法，但这些想法却蕴含着巨大的发展潜力。通常，当这些想法被首次提出时，会遇到阻力。创造性个体坚持面对这样的阻力并逐渐以"高价"卖出，且转向下一个新的不为人熟悉的想法（Sternberg & Lubart，1999）。根据创造力投资理论，创造力需要智力能力（intellectual ability）、知识、思维风格（thinking style）、个性、动机和环境这六种资源的整合。这六种资源中的知识、个性、动机和环境都是大家熟悉的，不需要多加解释。只有智力能力和思维风格需要稍加解释，Sternberg（1985）认为有三种智力能力是最重要的，即跳出传统思维束缚的综合能力、辨别哪种想法值得追求的分析能力、知道如何去说服别人并以自己认为合适的价格把想法"卖"给别人的实用-情境（practical-contextual）能力。关于思维风格，Sternberg（1997）提出了立法型（legislative）、司法型（judicative）和执法型（executive）三种不同类型的思维风格，其中立法型思维风格对于创造力是最为重要的。

越来越多的研究者把创造力看成是一个系统，而不是某个人的特征或品质。例如，Csikszentmihalyi认为创造力是由个人、领域（field）和专业（domain）组成的一个系统。专业是一个符号系统，对创造性产品起到保存和传递的作用，领域是由影响和控制某个专业的一群人组成的，这些人扮演着"守门人"的角色，对促进或阻碍某个专业的发展起到关键作用。所以，在Csikszentmihalyi看来，提高创造力的最好办法是改变环境条件，而不是怎么让人们的想法更有创意（Csikszentmihalyi，1997）。德国心理学家Ziegler提出的行动（actiotope）模型则强调个体与环境的交互作用对创造力的重要性。他认为杰出或卓越（excellence）不是个体的特征，而是个体和环境交互作用的结果。在研究创造力或杰出人才时，研究者应持有的态度或观点是行动定向的（action-oriented），而不是个性特征定向的（trait-oriented）、因人而异的、全局的、系统的和连续渐变的（Ziegler，2005）。该模型主要强调个体、环境及两者的交互作用。随后，为了便于理解和实际操作，Ziegler和Phillipson（2012）对actiotope模型做了简化。简化后的模型在个体方面突出了行动技能系统（action repertoire）、目标（goal）、主观行动空间（subjective action space）几个方面。根据actiotope模型，创造力的表现是在特定环境条件下，在个体拥有的主观行动空间中设定一系列目标，并通过一系列与目标相关的行动，一步步实现目标的过程（Ziegler, Vialle, & Wimmer，2012）。

国内学者施建农同样把创造力看成是一个系统，并把创造力看成是智力活动的一种表现形式（施建农，1995）。他把智力看成是一种潜能，把创造力看成是潜能的外显表达，而个性和环境等因素则是调节和控制潜能表达的影响因素。为此，他提出了智力导入量的概念和控制智力导入量的开关机制（施建农，1995；Shi，2004）。杰出的创造力可以被看成是"一棵智慧树在一种合适的环境下长大成材"的过程（Zhang，Chen，& Shi，2012），是个体和环境同时成长变化的过程。对于个体来说，树苗或小树在与环境的交互作用中长大成材；而对于环境来说，其从一个没有树或只有小树的环境变成了拥有参天大树的环境。无论是个体的成长、环境的变化，还是个体与环境的交互作用，都是在时间进程中发生的，都需要时间的累积，是一个由量变到质变的过程。任何伟大创造力的产生或杰出人才的出现，都不是急功近利的结果。正如《资治通鉴》中所说的"夫事未有不生于微而成于著"。

（二）个体的创造力

虽然不同社会对杰出人才的定义不尽相同，但杰出人才普遍具有很高的创造力。在个体层面上，创造力可以被看成是智力的一种表现形式（施建农，1995；Shi，2004；Guilford，1967，1986）。

美国斯坦福大学的 Cox（1926）曾经对 1450—1850 年的 3000 多个传记进行了研究，从中筛选出 301 位历史杰出人物，并对他们的智商进行了估算，结果发现，这些杰出人物都具有很高的智商。例如，歌德的估计智商是 210，经 Flynn（1987，1999）效应校正后的智商是 188，其他的名人还有莱布尼茨 205（183）、帕斯卡 195（173）、牛顿 190（168）、伏尔泰 190（168）、贝多芬 165（143）、巴尔扎克 155（133）、培根 180（158）、伽利略 186（163）等。

Terman 于 19 世纪 20 年代开始对 1528 名智商在 140 以上的加利福尼亚儿童进行了长达几十年的追踪研究，结果也表明，与随机选取的同时代儿童相比，这些超常个体在成人期身体健康，并具有正常的人格；少数个体在成长过程中表现出超常儿童典型的负性特征，如敏感和孤僻等，但绝大多数个体的社会适应良好；除了有很好的学业成绩外，这些超常个体通常有很好的职业，且获得的各种奖项多于常态个体，成年期的离婚率低于常态个体（Terman，1926；Terman & Oden，1947；Oden，1968）。

虽然 Terman 和 Cox 的研究告诉人们，早期高智商的人到成年期取得成就的水平显著高于常态个体，且智力更多地取决于先天相对稳定的特质，但智力特质能否使个体在现实中表现出创造力，则受到个体内外诸多因素的影响。Cox（1926）的研究还发现，动机、决心（determination）和坚持性（persistence）也是这些杰出人物取得高成就的重要影响因素。

智力不仅是创造力所必需的，还与社会经济指标密切相关。Herrnstein 和 Murray（1994）统计了美国不同智商水平的人口与其就业情况等社会经济指标的关系，如表 2-11 所示。

表 2-11　智商与社会经济指标的关系　　　　单位：%

项目	智商				
	<75	75—90	90—110	110—125	>125
美国人口分布	5	20	50	20	5
30 岁前结婚的百分比	72	81	81	72	67
每年至少失业一个月的比例（男性）	12	10	7	7	2
婚后 5 年内离婚的比例	21	22	23	15	9
生低智商孩子的比例（母亲）	39	17	6	7	—
非法生育的比例（母亲）	32	17	8	4	2
处于贫困的比例	30	16	6	3	2
进过监狱的比例（男性）	7	7	3	1	0
长期需要社会救济的比例（母亲）	31	17	8	2	0
高中失学的比例	55	35	6	0.4	0

注：上述数据是针对非西班牙裔白人而言的

总体上讲，智商越高，失业率越低，社会经济状态越好。所以，提高高智商人口的比例不仅有利于提高社会的整体创造力水平，还有利于提高国家的整体社会经济地位。这可能也是为什么很多国家特别鼓励引进高智商（高素质）人口，甚至鼓励高学历的人多生孩子的主要原因之一。除智力外，知识经验对于创造力来说也非常重要。关于知识对创造力是否有积极作用的问题，学术界颇有争议，但 Sternberg 认为，专业领域的知识对于创新是必需的，如果一个人对自己的专业领域都不知道，就根本谈不上创新（Sternberg，1988，1997；斯滕博格，2004）。当然，僵化的知识或教条地使用知识则可能导致思维刻板和不能超越固有的框架。与知识密切相关的是技能和练习。威斯伯格（2005）在总结了众多研究者对著名音乐家、画家、诗人等成才过程的研究结论后指出，刻意练习和丰富的专业领域知识是创造力所必需的，他还充分地肯定了杰出人才发展遵循"十年规则"的说法。所谓"十年规则"，是指一个具有天赋的个体，如果要在某个领域做出杰出的成就，必须要在该领域潜心研究或专注练习10年左右。这个"十年规则"与中国的"面壁十年""十年磨一剑"同出一辙。

对于个性与创造力的关系，也有大量的研究进行了探讨。很多研究结果证明了个性特征对创造力的重要性。费斯特（2004）把艺术创造力和科学创造力做了区分并分别探讨了它们与人格特征的关系。他在分析了41个涉及艺术创造力与人格关系的研究后归纳出，艺术创造力往往与对经验的开放性、冲动、幻想、情绪不稳定、缺乏责任感、雄心、独立、怀疑标准、成就动机、自大、内向、缺乏温情等密切相关。他在分析了36个涉及科学创造力与人格关系的研究后归纳出，科学创造力往往与对经验的开放性、思维灵活性、成就动机、独立、自信、自制、内向、专断、雄心和驱力等有密切关系。不过，值得注意的是，创造性个性特征可能在普通人身上也随处可见。所以，可以这么说，高创造力的人可能具有这些个性特征，但具有这些个性特征的人不一定具有高创造力。

研究者之所以关心动机与创造力的关系，是因为特别想知道是什么力量激发和维持创造者从事创造性工作，甚至到废寝忘食的疯狂程度。根据精神分析学派观点，创造性行为是为了减缓由其他不可接受的需要所导致的紧张状态。例如，精神分析家Freud认为，成年人可以将多余的性欲能量升华或转移到社会更易接受的方面，包括创造力的表达；而其他精神分析家则认为，创造力可能由某种需要所驱动，这种需要是为了抑制下意识的攻击性或破坏性的冲动（转引自：Collins & Amabile，1999）。但人本主义心理学家Maslow（1968）则认为，人的创造动机源于自我实现的需要。那些基本需求已经得到满足的人会自发地表现出自我实现的创造力。著名的创造力测量专家Torrance则认为，创造的动力来源于个体对自己所从事的活动具有深切的热爱，并且对工作本身感到愉悦。按照他的说法，"创造性个体认为他们所进行的创造性活动本身就是一种回报，而且这是最重要的回报"（Torrance，1962）。

我们认为，从个体发展的角度来看，创造力的动机来自满足好奇心的内部需要。人类个体与生俱来就有对发生在周围的新异刺激做出本能反应的倾向，即朝向反射。这种指向新异刺激的本能反应具有十分重要的生存意义，也是人类个体好奇心的基础。因此，好奇心是与生俱来的，只是在成长过程中由于外部各种原因的影响而被压抑了。那些没有被压抑的好奇心逐渐成为人们从事创造性工作的动力。动机分为内部动机（intrinsic motivation）和外部动机（extrinsic motivation）。源于自身内部需要的动机是内部动机，而源于外在要求或压力的动机是外部动机。在现实生活中，当外部动机能够转换成内部动机时，这种外部动机就是增益性的动机，对创造力的发挥起到积极的推动作用，反之则是损益性的动机，会阻碍个体创造力的发挥。动机会影响人的态度，而态度又决定了个体智力能量的导向。因此，态度、智力和创造力的关系，可以用如下示意图来表示（图2-1）。

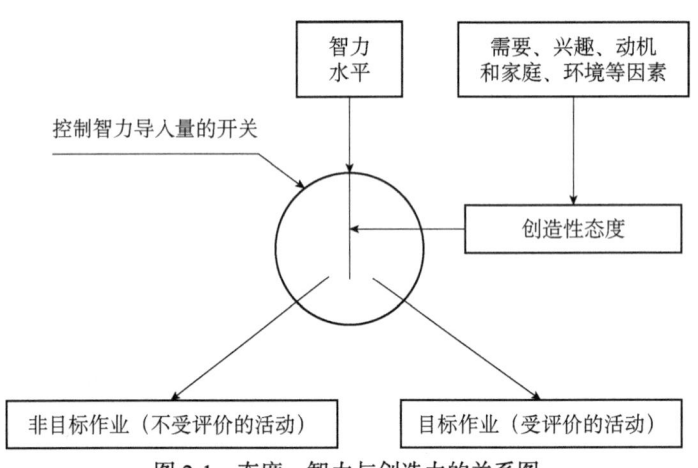

图2-1 态度、智力与创造力的关系图

为了解释它们之间的关系，施建农（1995，2004）提出了"智力导入量"的概念。一个人在现实生活中要面对很多种选择，或者说有选择从事很多种工作的可能性，有些工作是自己感兴趣的，但可能不受外界赞赏；有些工作可能是外界特别看好的，但自己不感兴趣；当然，也有些工作既是自己感兴趣的，又是社会所需要的。个体在面对不同的选择时，会有一个无形的开关将其智力资源自动地分配于不同的方面。正如诺贝尔奖获得者西蒙所说，"目标的选择是由偏好和价值观决定的"（转引自：Dasgupta，2003）。对于社会需要同时自己又感兴趣的工作，个体会以最大的热忱参与其中并能最大限度地发挥自身的才能，以取得最好的成绩。这就可以很好地解释为什么现实生活中有些人智商很高，但终其一生都碌碌无为，而有些人智商不是很高，通过努力还是取得了很高的成就。这就是所谓的"勤能补拙"，或是爱迪生所说的，"超常等于1%的天赋加99%的勤奋"（转引自：Rosanoff，1932）。而那些智商很高又特别勤奋的人，往往能取得很高的创造性成就。

（三）社会对创造力的影响

家庭是社会的组成单元，学校是社会对其下一代进行有目的、有计划的系统教育和培养的主要场所，并且学校的教育目标是由社会设定的，教育理念、教育方式和教育内容都会受到当时社会政治、经济、文化、传统和制度等因素的影响，因此，我们把家庭和学校放在社会这个大环境中一起讨论。家庭、学校和社会与个体创造力的关系可以用图2-2来表达。

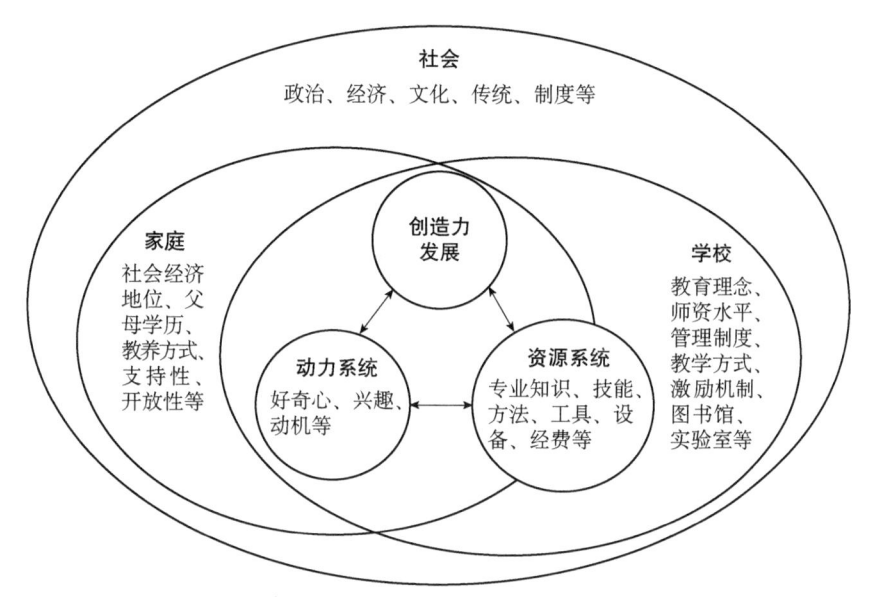

图 2-2　个体创造力与家庭、学校和社会的关系示意图

生活在家庭、学校和社会中的每个人首先会受到家庭的影响，随后会受到学校（包括幼儿园、小学、中学和大学）的影响，而无论是家庭还是学校都会受到社会大环境的影响。个体的好奇心、兴趣、动机等对创造力起到动力作用，在个体成长过程中会同时受到来自家庭和学校等方面的直接影响，而作为资源系统的专业知识、技能、方法、工具、设备和经费等方面，虽然也与家庭的影响密切相关，但更多地受到学校的教育理念、师资水平、管理制度、教学方式、激励机制，以及图书馆、实验室等的影响。

学校教育是社会对人才培养的缩影。钱学森教授去世不久，安徽高校的11位教授联合《新安晚报》就"为什么我们的学校总是培养不出杰出人才"的问题给新任教育部部长袁贵仁先生及全国教育界发出了公开信。信中提及"应试教育、学术腐败、论文抄袭"等在教育界普遍存在的问题，呼吁全社会重视教育改革，重视我国人才培养中存在的问题。[①]关于"钱学森之问"，很多人都在思考，都在寻找答案。事实上，回答该问题的关键在于怎么理解"杰出人才"。我们不能否认我国教育过去所取得的巨大成就，包括但不限于培养出了大量的杰出人才，但是一些问题也需要引起我们的足够重视。

实际上，中国文化中的"杰出人才"与西方社会的"杰出人才"具有不完全相同的含义，或者说中国社会几千年来形成的对于"杰出人才"的评价标准与西方社会的评价标准并不相同。例如，米开朗基罗的传世之作"大卫"被美学界看成是人体美的标准之一，一直是美术专业学生临摹的对象，而与大卫同时代的我国惠山泥塑则代表着另一种雕塑艺术。如果说"大卫"赤身裸体地展示了人体的自然美，那么惠山泥人包裹着的则是中国人的含蓄之美。两者都是"美"，但它们的差别在于，西方人眼里的这种自然美，在我们古人看来是见不得人的东西，只有包裹起来才算美，即所谓的含蓄美。在这种把性、人体加以神秘化和庸俗化的文化下，生理学和人体解剖学是很难有发展空间的。

显然，包括所有传统、价值观、政治、经济、宗教、技术力量、语言和交流等在内的文化，在特定的社会、时间会作用于生活在其中的特定的人（Ludwig, 1992）。由于文化和利益的不同，我们对事物的看法也不完全相同。比如，即使被看成是创造力最高成就奖的诺贝尔奖，我们在很大程度上更认同诺贝尔物理学、化学、医学生理学和经济学奖，对诺贝尔文学奖有一定的分歧，而对诺贝尔和平奖则存在很大的分歧。几千年来中国历代君王强调的是"君君，臣臣，父父，子子"的等级价值观，强调的是级权，评价人的标准是主观判断，特别是上级的主观判断，或者说，我国几千年来建立起来的是一套基于统治阶级利益的主观评价标准。虽然中华人民共和国成立后，社会制度和政治、经济、文化都发生了质的变化，但几千年来社会所形成的对人才判断的价值取向却已根植于人们的意识形态中，在现实中仍在不同程度上影响着社会对人才或杰出人才的评价。而西方社会，特别是在文艺复兴之后，逐渐走向自由、民主和开放，崇尚对自然规律的探索，逐渐建立起了基于自然法则的相对客观的评价标准。这里的"客观"主要是指法则和制度。

根据诺贝尔经济学奖获得者提出的观点，以及大量的心理学和行为学研究，

---

① 佚名.2009-11-12.让我们直面"钱学森之问".济南时报：第 A35 版.

人是不完全理性的决策者（Simon，1955；Kahneman & Tversky，1984）。人的判断和决策会受到情绪、情景、态度和价值观等因素的影响，主观的判断容易造成误差。由于情绪、情景因素的多变性和随机性，主观判断出现的误差更像随机误差。而法则和制度虽然也是由人制定的，但在根据法则或制度进行评判时可以减少受情绪、情景和态度等主观因素影响所造成的误差。当然，法则或制度也可能不合适或有误差，这是毫无疑问的。不过，法则或制度的误差属于系统误差，而系统误差比随机误差更容易找到原因，从而更容易得到校正。

因此，在杰出人才的培养中，特别重要的是人才制度的建立和管理机制的完善（程郁，王胜光，2010），建立客观的人才评价标准；在建立和完善人才制度的同时，在全社会营造有利于创造力发挥的文化氛围。根据 Arieti（1976）的归纳，适宜创造力的文化应具有这样一些特征：①文化或物质手段的便利；②对各种文化刺激的开放；③注重正在生成的而不只是已经存在的事物；④无差别地让所有人使用文化手段；⑤允许接受不同的甚至相对立的文化刺激；⑥对不同观点的容纳和兴趣；⑦注重重要人物的相互影响；⑧对鼓励或奖励的提倡。

（四）小结

创造力是一个动态发展的复杂系统。创新教育和创新人才培养是一个复杂的系统工程，需要从社会制度、文化建设、教育理念、管理体制、家庭教育、课程内容和教学模式等方面加以调整和改革。有系统、有计划的长期追踪研究对揭示人才发展的规律具有十分重要的作用。国家应该有针对性地持续支持杰出人才发展与培养的长期追踪研究。创新教育教学则应以学生为中心，考虑个体差异的客观性，给予学校更多的自主性和灵活性，以便在教学中真正实施因材施教。人才的培养首先是人的培养，拔尖创新人才的培养首先要培养大量高素质的人。这需要在全社会营造尊重科学、实事求是、追求真理的学术氛围，在我国，营造一种对创造力表达具有支持性的环境是当前杰出人才培养最迫切需要的。

第三章
超常儿童的社会性发展

近些年来,社会对于儿童和青少年群体的社会性发展的关注逐渐增多,人们越来越深刻地认识到社会性因素对于取得学业和事业成就的重要作用。以往许多研究表明,人的成就大小、终身发展的差异,更多地表现为非智力因素的差异。

国内外许多专家学者对智力超常儿童进行研究时也注意到了这一点。对于智力超常的儿童群体,众多研究都重点关注与他们智力相关的因素,如前文提到的信息加工、注意、记忆、认知控制等认知过程或者心理活动。但除此之外,超常儿童群体的社会性发展也备受大众关注。有人认为高智商儿童"智商高、情商低",即高智商的儿童可能会更加孤僻、不合群,更容易出现极端情绪;也有人认为,高智商儿童非常聪明,认知更加灵活,在社会性方面发展也会比同龄孩子好。

那么事实情况究竟如何呢?相比于同龄常态儿童,超常儿童在自我概念(self-concept)、情绪(emotion)、成就动机(achievement motivation)等社会性因素发展上有哪些差异?这些因素对他们的学业成就有何作用?超常儿童接受的特殊加速教育对他们的社会性发展有什么影响?以下研究对这些问题进行了讨论。

第一节　超常儿童的自我概念发展

自我概念作为心理学中的一个重要概念，受到了研究者的广泛关注。自我概念被描述为一个人对自己的知识、才能、竞争力、外表和社会接受度的态度、感觉与感知（Byrne，1986），被认为是一个多维度和多层次的结构（Marsh，Richards，& Barnes，1986）。一个人的自我概念是通过人际互动和在社会环境中被评价的经验逐步形成的，是一个多维度、多层次的结构或系统。

对于儿童和青少年来说，自我概念的发展并不是呈一条上升的直线，而是有许多高峰和低谷。Marsh（1994）的研究发现，一般自我概念的得分和大多数分量表的得分在7—9年级开始下降，9年级后上升。自我概念的发展对于青少年早期和中期的学生来说似乎呈一条U形曲线，7年级时自我概念相对较高，8、9年级时下降，10、11年级时上升（Marsh，1989）。中国学者发现的结果也比较相似，最低点位于13—14岁（周国韬，贺岭峰，1996）。

自我概念是一个重要的心理因素，有关中国儿童自我概念的发展以及自我概念与学习成绩之间关系的研究已经广泛展开。众多研究发现，儿童的自我概念和学校成绩之间存在相互影响（Garzarelli，Everhart，& Lester，1993；Ghazvini，2011）。国内研究者也发现，具有积极自我概念的学生在学校成绩方面高于具有消极自我概念的学生（刘晓明，郭占基，王丽荣，1991）。

在超常领域，自我概念对超常教育的重要性已获广泛认同。但超常儿童的自我概念和常态儿童相比有何差异，不同研究的结果仍有所不同。一方面，一些研究发现，超常儿童的自我概念水平通常较高（Mulcahy，Wilgosh，& Peat，1991）。另一方面，也有研究没有发现高智力的学生和普通学生在自我概念上有明显的差异。有研究者报告，超常和常态青少年的自我概念差异是由年龄导致的（李颖，施建农，2005）。这可能因为超常儿童的自我概念受到了所处环境的影响。在中国，超常儿童大多处于同质化班级中。有报告指出，在同质化的特殊班级就读的超常儿童，在小学、中学、以及在大学阶段往往能取得更好的成就（Shi & Zhai，2004）。然而，虽然超常儿童群体的自我概念水平较一般同龄人高，但同质化的特殊班级对超常儿童的自我概念的影响仍不清楚。自我概念是通过人际互动和在社会环境中被评价的经验而逐渐形成的。在中国的超常教育中，超常群体内部发生的情况，特别是超常群体自我概念的发展变化大多被忽略。根据社会比较理论，个人的自我概念会因情况的不同而改变，因为社会参考框架在不同情况下是不同的。有研究者指出，当超常学生被安排在一个同质化的超常班时，他们的自我概念水平会有所下降，这种现象被称为 BFLPE（Marsh et al., 1995）。中国的超常儿童实验班中是否也会出现这样的效应？本节对这个问题进行了讨论。

一、超常实验班儿童的自我概念发展

（一）研究背景

国内以往对超常儿童自我概念的研究主要是对自我概念的总体测量，这很可能会掩盖超常儿童与常态儿童之间的差异。在考察超常儿童与常态儿童的自我概念时，应该以多等级、多侧面自我概念理论为指导。本研究对超常实验班儿童的自我概念各部分进行了测量，并且与同龄常态儿童的自我概念进行了对比。

（二）方法

1. 被试

本研究以北京市某中学的两个超常儿童实验班的学生作为超常组被试，其中超常高年级组 31 人（年龄范围为 12.5—13.5 岁），超常低年级组 30 人（年龄范围为 10.5—11.5 岁）。同时，在同一所中学的普通班中随机抽取与超常高年级组学生年龄范围相匹配的普通学生 50 人（年龄范围为 12.5—13.5 岁）作为超常高年级组常态对照组（简称高年级组对照组），再从北京市某小学随机抽取与超常低年级组学生年龄范围相匹配的普通学生 60 人（有效被试 50 人，年龄范围为 10.5—11.5 岁）作为超常低年级组常态对照组（简称低年级组对照组）。

2. 研究方法

本研究使用问卷的方式对儿童的自我概念进行测量。

3. 研究工具

本研究采用修订的 Song-Hattie 自我概念量表的中文版本进行测量，该量表共

35题，采用利克特6点计分，1表示"完全不像自己"，6表示"完全像自己"，得分越高表明自我概念越积极。该量表分为身体、能力、同伴、家庭、成绩、表现、自信7个维度，其中能力、成绩、表现自我概念构成学业自我概念，身体、同伴、家庭、自信自我概念构成非学业自我概念，7个维度的得分之和构成总体自我概念。修订后的量表具有良好的信度和效度。

（三）结果

表3-1结果显示，超常高年级组在自我概念各维度上的得分均低于高年级组对照组。在身体、同伴、成绩、自信、非学业自我概念和总体自我概念得分上的差异非常显著。而超常低年级组除了在能力得分上低于低年级组对照组外，在其他维度上均高于低年级组对照组，但差异不显著。

表3-1 超常儿童与同年龄的常态儿童在自我概念各维度上的差异比较（$M \pm SD$）

项目	身体	同伴	能力	家庭	成绩	自信	表现	学业自我概念	非学业自我概念	总体自我概念
超常高年级组	17.68±3.35	20.97±4.60	22.84±4.43	25.90±4.48	22.97±4.68	22.03±4.29	19.06±5.66	64.87±13.75	86.58±13.07	151.45±26.42
高年级组对照组	20.45±4.08	25.02±3.75	23.91±3.59	27.25±3.35	26.63±2.99	24.76±3.41	19.73±4.99	70.27±9.37	97.49±10.25	167.76±17.34
t	-3.19**	-4.35**	-1.20	-1.56	-3.90**	-3.19**	-0.56	-1.93	-4.21**	-3.06**
超常低年级组	20.01±3.30	22.73±3.82	23.03±3.48	26.50±3.41	25.30±3.81	23.67±3.69	21.33±4.47	69.66±10.79	92.91±11.41	162.57±21.63
低年级组对照组	19.73±5.50	22.72±5.09	23.54±5.38	25.77±5.23	24.16±4.63	23.06±5.73	20.94±6.69	68.90±13.49	91.28±17.40	158.97±31.82
t	0.29	0.01	-0.52	0.76	1.14	0.52	0.32	0.26	0.51	0.55

（四）讨论

本研究结果显示，超常高年级组的自我概念测量结果均较同龄常态学生更差，而超常低年级组学生的结果大多比同龄常态学生更好，但差异不显著，其原因可能如下。

超常高年级组学生的自我概念各维度低于对照组，可能是因为超常高年级组学生已经经历了两年的超常教育，在入学之前他们是其所在学校的佼佼者，是老师表扬、家长喜爱、同学羡慕的对象。而到了超常班之后，每位同学均非常优秀。社会比较理论表明，由于这种转变，个体的自我概念水平会降低。而超常低年级组学生在自我概念绝大部分维度上的得分均较高，原因可能在于，在我们测试之时，他们刚入学不到半年时间，只经历过一次期中考试，可能仍处于被超常班录取的成功的喜悦当中，同学之间能力的相互比较还不是十分明显，他们对自己的判断可能更多的还是基于自己在以前学校的成功经历，因此他们保持了较高水平的自我概念。

（五）结论

本研究的结果显示，刚进入超常低年级组的学生在自我概念方面与同年龄的常态学生没有显著差异，但是经过几年学习后，超常高年级组学生的自我概念较同年龄的常态学生更差。

二、9—13岁超常实验班儿童的自我概念发展

（一）研究背景

本研究希望在典型的中国文化中测试 BFLPE 的普遍性，并招募来自超常实验班的儿童和普通班的常态儿童参与。本研究假设，在中国文化中的超常儿童不仅存在 BFLPE，而且这些超常儿童在超常班停留的时间越长，他们的自我概念水平就越低。

（二）方法

1. 被试

本研究选取了 33 名 9 岁（男生 20 人，女生 13 人）、30 名 11 岁（男生 21 人，女生 9 人）和 31 名 13 岁（男生 23 人，女生 8 人）的超常儿童为研究对象，另外选取了一组常态儿童作为对比，包括 50 名 11 岁儿童（男生 25 人，女生 25 人）和 139 名 13 岁儿童（男生 77 人，女生 62 人）。9 岁的常态儿童没有被包括在内，因为他们不能完全理解调查问卷中的描述。被试的年龄情况见表 3-2。

表 3-2 被试的年龄情况

年龄	超常儿童 M	超常儿童 SD	常态儿童 M	常态儿童 SD
9 岁	9.02	0.43	—	—
11 岁	11.04	0.52	10.74	0.31
13 岁	13.15	0.38	13.0	0.28

2. 研究方法

本研究使用问卷的方式对儿童的自我概念进行测量。

3. 研究工具

本研究采用修订的 Song-Hattie 自我概念量表的中文版本进行测量。

4. 研究程序

本研究采用修订的 Song-Hattie 自我概念问卷在教室里对所有儿童进行了调查，没有时间限制，所有儿童都在 40min 内完成了作答。

（三）结果

1. 描述性统计结果

超常儿童和常态儿童在自我概念的 7 个方面，以及学业自我概念、非学业自我概念和总体自我概念上的得分情况如表 3-3 所示。

2. 单因素分析结果

本研究设计了 3 个自变量，分别为年龄（超常组为 9 岁、11 岁、13 岁，常态组为 11 岁、13 岁）、性别（男、女）、智力水平（超常组、常态组），以及 7 个因变量（能力、表现、成绩、家庭、同伴、身体和自信），同时采用多元方差分析来考察自变量对因变量的主要影响。

结果表明，年龄和智力水平的主效应都不显著，但性别的主效应显著，$F(7, 267)=5.55$，$p=0.000$。为了控制性别的效应，我们又以年龄和智力水平为自变量，以性别为协变量进行了多元方差分析。结果表明，当性别作为协变量被控制时，年龄和智力水平之间的交互作用变得显著，$F(7, 271)=2.53$，$p=0.015$。以年龄和性别为自变量，以智力水平为协变量的多元方差分析结果显示，当智力水平作为协变量被控制时，年龄和性别的交互作用变得显著，$F(14,$

表 3-3 超常儿童和常态儿童的自我概念得分

项目	超常组 9岁 男生	超常组 9岁 女生	超常组 9岁 合计	超常组 11岁 男生	超常组 11岁 女生	超常组 11岁 合计	超常组 13岁 男生	超常组 13岁 女生	超常组 13岁 合计	常态组 11岁 男生	常态组 11岁 女生	常态组 11岁 合计	常态组 13岁 男生	常态组 13岁 女生	常态组 13岁 合计
身体	20.60 (4.99)	20.77 (4.53)	20.67 (4.74)	20.01 (2.97)	20.00 (4.18)	20.01 (3.30)	17.17 (3.30)	19.13 (3.27)	17.68 (3.35)	19.08 (5.38)	20.37 (5.65)	19.73 (5.50)	19.30 (4.51)	20.44 (3.91)	19.80 (4.28)
同伴	21.55 (5.86)	26.73 (4.31)	23.59 (5.83)	22.95 (4.14)	22.22 (3.11)	22.73 (3.82)	20.17 (4.49)	23.25 (4.40)	20.97 (4.60)	20.38 (5.19)	25.07 (3.81)	22.73 (5.09)	22.79 (4.43)	25.08 (3.89)	23.81 (4.33)
能力	22.19 (5.73)	26.00 (3.34)	23.69 (5.22)	23.70 (3.24)	21.44 (3.68)	23.03 (3.48)	22.13 (4.62)	24.88 (3.27)	22.84 (4.43)	21.53 (6.25)	25.55 (3.39)	23.54 (5.38)	23.29 (4.03)	24.19 (3.81)	23.69 (3.94)
家庭	26.70 (2.75)	26.92 (5.22)	26.79 (3.84)	26.62 (3.41)	26.22 (3.60)	26.50 (3.41)	25.04 (4.83)	28.38 (1.85)	25.90 (4.48)	25.24 (5.30)	26.29 (5.19)	25.77 (5.23)	25.95 (3.57)	27.53 (3.11)	26.66 (3.45)
成绩	23.43 (5.25)	27.85 (1.99)	25.17 (4.76)	25.43 (3.92)	25.00 (3.74)	25.30 (3.81)	21.87 (4.53)	26.13 (3.76)	22.97 (4.68)	23.36 (5.10)	24.96 (4.06)	24.16 (4.63)	25.08 (3.92)	26.42 (3.52)	25.68 (3.79)
自信	22.69 (4.38)	25.31 (3.54)	23.72 (4.22)	24.19 (3.68)	22.44 (3.61)	23.67 (3.69)	21.39 (4.09)	23.88 (4.61)	22.03 (4.29)	20.91 (6.54)	25.21 (3.81)	23.06 (5.73)	23.44 (4.24)	24.53 (3.33)	23.92 (3.89)
表现	20.95 (5.50)	22.54 (5.94)	21.58 (5.64)	22.38 (4.44)	18.89 (3.69)	21.33 (4.47)	18.04 (5.43)	22.00 (5.58)	19.06 (5.66)	20.24 (6.13)	21.63 (7.26)	20.94 (6.69)	19.22 (5.01)	19.78 (4.65)	19.47 (4.84)
学业自我概念	66.56 (15.33)	76.38 (10.22)	70.43 (14.23)	71.51 (10.52)	65.33 (10.74)	69.66 (10.79)	62.04 (13.50)	73.00 (11.65)	64.87 (13.75)	65.13 (14.62)	72.66 (11.32)	68.90 (13.49)	67.59 (11.01)	70.40 (10.07)	68.84 (10.66)
非学业自我概念	91.54 (13.70)	99.73 (12.44)	94.77 (13.64)	93.77 (11.38)	90.89 (11.90)	92.91 (11.41)	83.78 (12.58)	94.63 (11.61)	86.58 (13.07)	85.61 (18.85)	96.94 (14.00)	91.28 (17.40)	91.48 (13.03)	95.58 (10.76)	94.20 (12.41)
总体自我概念	158.10 (26.20)	176.12 (20.10)	165.20 (25.28)	165.29 (21.23)	156.22 (22.46)	162.57 (21.63)	145.83 (25.55)	167.63 (22.78)	151.45 (26.42)	150.74 (32.54)	167.20 (29.46)	158.97 (31.82)	159.07 (22.13)	167.97 (19.13)	163.04 (21.24)

注：括号外是平均数，括号内是标准差

540）=1.93，p=0.021。在这两种情况下，年龄和智力水平的主效应仍然不显著，而性别的主效应则一直显著。进一步分析年龄和智力水平的交互作用，结果显示，超常儿童自我概念水平的轻微下降和常态儿童自我概念水平的轻微上升都很显著。换言之，超常儿童的自我概念水平随年龄增长而逐渐下降，常态儿童的自我概念水平则随年龄增长而逐渐上升。

本研究还展现了 3 个自变量及其交互作用对 7 个因变量中每个变量的影响。结果表明，年龄和智力水平对自我概念的所有 7 个方面都没有显著影响，而性别对同伴［$F(1, 273)$=26.45，p=0.000］、能力［$F(1, 273)$=12.56，p=0.000］、成绩［$F(1, 273)$=16.28，p=0.000］和自信［$F(1, 273)$=11.03，p=0.001］自我概念的影响显著，而对家庭自我概念的影响很小。年龄和智力水平对成绩自我概念的交互作用显著，$F(1, 273)$=4.40，p=0.037。另外还发现，年龄、性别和智力水平对同伴［$F(1, 273)$=4.67，p=0.033］、能力［$F(1, 273)$=8.33，p=0.004］、自信［$F(1, 273)$=7.17，p=0.008］和表现［$F(1, 273)$=5.53，p=0.019］自我概念有显著的交互作用。看来，儿童在这些方面的自我概念受到了年龄、性别和智力水平的影响，但相互作用的机制很复杂。

最后，为了全面了解自变量对学业自我概念和非学业自我概念以及总体自我概念的影响，本研究以年龄、性别和智力水平为自变量，以学业自我概念、非学业自我概念和总体自我概念为因变量进行了多元方差分析。结果表明，性别对学业自我概念［$F(1, 273)$=10.90，p=0.001］、非学业自我概念［$F(1, 273)$=14.68，p=0.000］和总体自我概念［$F(1, 273)$=12.75，p=0.000］的影响是显著的。没有发现年龄和智力水平的显著影响，也没有发现年龄和性别、年龄和智力水平、性别和智力水平之间的交互作用。

3. 不同年龄组的自我概念

对于常态儿童，独立样本 t 检验结果显示，11 岁组的自我概念得分略高于 13 岁组，但两组只有在成绩自我概念上的得分差异是显著的，t=2.08，p=0.041。对于超常儿童，对年龄的事后分析结果显示，尽管 9 岁组的得分略高，但 9 岁组和 11 岁组在自我概念的任何方面都没有显著差异。9 岁组和 13 岁组在身体（p=0.003）、同伴（p=0.033）、成绩（p=0.051）自我概念上出现了显著或边缘显著的差异。11 岁组和 13 岁组在身体（p=0.021）和成绩（p=0.044）自我概念上有显著差异，11 岁组在这些方面的得分都高于 13 岁组。

从学业自我概念、非学业自我概念和总体自我概念角度来看，11 岁组和 13

岁组的常态儿童之间没有显著差异。对于超常儿童，11岁组在学业自我概念、非学业自我概念和总体自我概念方面的得分略低于9岁组；而13岁组在非学业自我概念方面的得分略低于11岁组，且显著低于9岁组（$p=0.012$）；13岁组在总体自我概念方面的得分略低于11岁组。9岁组和13岁组的差异更大，且在总体自我概念上有显著差异（$p=0.028$）。

（四）讨论

1. 同质化超常班与超常儿童的自我概念

本研究的一个假设是，超常儿童在同质化的超常班学习的时间越长，自我概念水平就越可能下降。该假设得到本研究结果的部分支持。部分支持是因为超常儿童在自我概念各方面的得分从9岁到13岁都有所下降，9岁和11岁之间没有明显差异，13岁和11岁之间则有一些明显差异。

根据社会比较理论和其他有关BFLPE的研究结果，学业自我概念应主要受针对超常儿童的特别培养方式的影响，因为在同质班的超常儿童比在异质的普通班在学术上更有竞争力，13岁超常儿童的成绩自我概念得分明显低于11岁组和9岁组，印证了这个效应。但一般来说，非学业自我概念水平的下降可能不是由BFLPE解释的，相反，它可能反映了这一时期儿童自我概念水平下降的遗传性发展倾向。为了进一步测试超常班对超常儿童自我概念的BFLPE，有必要对超常班样本进行为期数年的纵向研究，以了解他们的自我概念是否有所改变。对超常班的超常儿童和普通混合班的超常儿童进行自我概念的比较研究，对测试BFLPE也至关重要。

2. 超常儿童与常态儿童的比较

本研究假设超常儿童的自我概念水平比常态儿童高。然而，该假设被本研究结果所否定。11岁超常儿童的自我概念在各方面及总体上都略高于同龄的常态儿童，但差异并不明显。一个可能的原因是，这批11岁的超常儿童是刚入读的学生。他们可能仍受以往混合普通班的成功经验的影响，可能没有足够经验在竞争激烈的针对超常儿童的特别课程中接受挑战。然而，13岁组超常儿童的自我概念在各方面均低于常态儿童，其中两组在身体、同伴和成绩自我概念方面有显著差异。这个结果可以用BFLPE来解释。在入读超常班之前，他们的能力和学业成绩都比混合班的同学优越，这增强了他们的自信心。然而，当他们入读同质化的超常班时，参考框架改变了，每个超常儿童身边都有很多其他同样优秀的同学。在超常班学习两年后，他们之前的优越感已不复存在。同时，他们将很快参加大学入学考试，比常态高中毕业生早3年或4年高中毕业。这种明显的压力也会拉低他们的自我概念水平。因此，他们的自我概念水平比同龄的常态学生低。

超常儿童的自我概念水平从9—13岁持续下降，他们的自我概念水平比常态儿童更低。这个结果对于超常儿童的教育者起到重要的警醒作用：当超常儿童的学校表现超速发展时，他们的自我概念可能不会同时加快发展。事实上，他们的自我概念水平会下降。考虑到自我概念对学生的个性发展非常重要，帮助超常特别班的儿童建立正面的自我概念，与提高他们的学业成绩同样重要。

（五）结论

本研究对9—13岁的超常儿童自我概念进行了测量，结果显示，超常儿童的自我概念从9—13岁持续下降。同时，超常儿童的自我概念水平比常态儿童更低，由此在中国超常儿童群体中验证了BFLPE。

（六）小结

以上研究结果发现，超常班加速教育在帮助超常儿童获得更好学业成绩的同时，并不能保证其他心理能力同样快速发展，超常高年级组学生有着更低的自我概念水平。这提醒我们，在对超常儿童的教育中，除了应关注其学业发展外，也应格外注意和重视其心理健康状态，通过采用科学的教学方式，帮助这些学生坚定自我价值，建立自我认同。

第二节　超常儿童的情绪发展

良好的情绪对于儿童的健康发展是至关重要的。人们可能对超常儿童有一种刻板印象，认为他们有更多的情绪症状，社交能力更差。有的学者认为，由于高敏感性和独特性，超常儿童会经历更高水平的压力，而高水平的压力与健康问题息息相关，因此超常儿童可能更容易出现心理问题（Silverman，1993）。然而，另外一些证据显示，高智力有助于超常儿童的社会心理适应和情绪调节（Janos & Robinson，1985）。超常儿童有较好的认知能力，如自我调节、持续注意、元认知、认知灵活性，这有助于他们的情绪识别和调节，因此，他们会表现出较少的情绪问题（Neihart，1999）。然而，探讨超常儿童情绪发展的研究较少，此外，有关超常儿童情绪的研究呈现出矛盾的结果。超常儿童的情绪和同龄常态儿童相比有何差异，至今还没有定论。以下两个研究分别对超常儿童两种常见的负面情绪，即焦虑（anxiety）和抑郁（depression）进行了讨论。

一、超常实验班儿童的状态-特质焦虑情绪及发展

（一）研究背景

焦虑是一种比较常见的负面情绪，学生的焦虑情绪一般源于对学业、同伴关系、家庭关系以及其他生活中事件的过分担心。超常实验班儿童面临着比同龄普通班儿童更大的升学压力和更早进行考试的压力，可能会伴随更高水平的焦虑情绪。本研究探究了实验班超常儿童和普通班常态儿童的状态-特质焦虑情绪差异。

（二）方法

1. 被试

本研究以北京市某中学的两个超常儿童实验班的学生作为超常组被试，其中超常高年级组 31 人（年龄范围为 12.5—13.5 岁），超常低年级组 30 人（年龄范围为 10.5—11.5 岁）。同时，在同一所中学的普通班中，随机抽取与高年级组超常学生年龄范围相匹配的普通学生 50 人（年龄范围为 12.5—13.5 岁）作为超常高年级组常态对照组（简称高年级组对照组），再从北京市某小学随机抽取与低年级组超常学生年龄范围相匹配的普通学生 60 人（有效被试 50 人，年龄范围为 10.5—11.5 岁）作为超常低年级组常态对照组（简称低年级组对照组）。

2. 研究方法

本研究使用问卷的方式对儿童的焦虑情绪进行测量。

3. 研究工具

本研究采用状态-特质焦虑问卷进行测量,该量表共 40 个题目,在我国已有广泛的应用,信度和效度较好。

(三)结果

由表 3-4 可以看出,超常高年级组无论是在状态焦虑还是特质焦虑上均高于高年级组对照组,而超常低年级组在状态焦虑和特质焦虑上均低于低年级组对照组,组间比较均有显著差异。

表 3-4 超常与同年龄的常态儿童状态-特质焦虑得分比较($M±SD$)

项目	状态焦虑	特质焦虑
超常高年级组	35.61±10.06	39.93±7.52
高年级组对照组	30.78±8.33	34.06±6.81
t	2.34*	3.61**
超常低年级组	30.67±6.64	34.24±7.15
低年级组对照组	35.59±9.20	38.57±9.33
t	−2.52*	−2.11*

(四)讨论

超常高年级组学生在状态焦虑和特质焦虑方面均显著高于同龄常态学生。这可能是因为超常班的学生要在 4 年时间内修完初高中课程,时间紧、难度大,15 岁左右就和应届的高三学生一起参加高考,而且面临着考名校的压力。高年级组的超常学生即将参加高考,他们所承担的心理压力过大,导致焦虑水平较高,这一点应当引起超常教育工作者及家长的足够重视。超常低年级组学生刚刚入学,成绩分流还不是很明显,所学知识难度还不大,他们的学习能力还足以应对当前的学习任务,因此他们的焦虑水平要比同龄孩子低。

(五)结论

本研究结果显示,刚进入超常低年级组学生的焦虑水平显著低于同龄常态学生,但是经过几年学习后,超常高年级组学生的焦虑水平显著高于同龄常态学生。

二、超常儿童和常态儿童的抑郁情绪及发展

（一）研究背景

抑郁也是一种常见的负面情绪。抑郁情绪通常伴随着负性情感和负性认知方式，心情低落、快感缺失是抑郁情绪的常见体现（汪向东，王希林，马弘，1999）。在儿童青少年期，抑郁和焦虑经常同时或者先后存在，都是体现儿童心理健康的重要指标。本研究对全国范围内的超常儿童和常态儿童的抑郁水平进行了调查。

（二）方法

1. 被试

本研究共在全国范围内抽样 10 025 名儿童，其中有效样本为 9124 人（占 91%）。儿童按智力类型可分为两组：超常组（每个年龄组内智力测试分数前 5% 的儿童，为 434 名）和常态组（从智力测试分数在 25%—75% 的儿童中随机抽取 10% 的儿童，为 478 名）。儿童根据年龄可分为青春期前期（9—11 岁）、青春期早期（12—14 岁）和青春期后期（15—18 岁）3 个发展阶段。不同组别儿童的人口学信息见表 3-5。

表 3-5　不同组别儿童的人口学信息

发展阶段	类型	平均年龄/岁	平均智力分数/分	n
青春期前期	超常组	10.57	54.67	156
	常态组	10.44	43.20	183
青春期早期	超常组	13.46	57.98	127
	常态组	13.32	46.88	145
青春期后期	超常组	16.21	59.04	151
	常态组	16.37	48.85	150

2. 研究方法
本研究使用问卷的方式对儿童的抑郁情绪进行测量。

3. 研究工具
1）儿童抑郁问卷：该问卷在以前对中国样本的研究中被证明是可靠和有效

的。在本研究中，其 Cronbach's α 系数为 0.88。

2）RSPM：该量表是测试智力的传统工具，相对独立于言语知识，适用于年龄跨度大的人群。

（三）结果

不同组别儿童的抑郁得分情况如表 3-6 所示。以发展阶段和智力类型作为自变量，以抑郁得分作为因变量进行方差分析，结果发现，发展阶段的主效应显著，$F(2, 854)=30.28$，$p<0.001$，$\eta^2=0.066$；智力类型的主效应显著，$F(1, 854)=8.5$，$p<0.01$，$\eta^2=0.01$，超常儿童的抑郁得分明显低于常态儿童的抑郁得分；性别的主效应和任何交互作用都不显著。事后比较表明，青春期后期的抑郁得分明显高于前两个发展阶段，$p<0.01$；青春期早期的抑郁得分明显高于青春期前期，$p=0.01$。

表 3-6 不同组别儿童的抑郁得分

发展阶段	智力类型	$M(SD)$
青春期前期	超常组	35.77（8.29）
	常态组	38.16（8.36）
青春期早期	超常组	38.49（7.03）
	常态组	39.93（8.19）
青春期后期	超常组	41.41（7.58）
	常态组	42.55（7.65）

根据儿童抑郁问卷 46 分的临界值，超常儿童和常态儿童患抑郁症风险的数量和比例如表 3-7 所示。超常组有 18.8% 的儿童有患抑郁症的风险，常态组有 25.3% 的儿童有患抑郁症的风险。超常组和常态组的抑郁症患病率有显著差异（$\chi^2=5.52$，$p=0.019$）。

表 3-7 不同类型儿童抑郁风险的数量及比例

项目	抑郁症风险的数量（比例）	
	无风险	有风险
超常组	350（81.2%）	81（18.8%）
常态组	348（74.7%）	118（25.3%）

注：部分样本的数据有缺失，故两组儿童的被试量与各自的样本总数不一致

（四）讨论

本研究结果发现，不管是超常儿童还是常态儿童，随着年龄的增长，其抑郁情绪均逐渐增多。另外，本研究发现与同龄常态儿童相比，超常儿童的抑郁程度更低，并且患抑郁症风险的比例也更低。这可能是因为超常儿童具有更高的认知灵活度，这更有助于他们进行情绪调节；也可能是因为高智力使他们更容易地解决生活和学业上的问题，使他们这方面的压力减小。总体来看，超常儿童的抑郁情绪比常态儿童少。

（五）结论

本研究结果发现，不管是超常儿童还是常态儿童，随着年龄的增长，其抑郁情绪均逐渐增多。与同龄常态儿童相比，超常儿童的抑郁程度更低，并且患抑郁症风险的比例也更低。

（六）小结

本节介绍了关于超常儿童情绪问题的一些探索，我们可以发现，超常班加速教育在帮助儿童获得更好学业成绩的同时，也给儿童带来了更大的压力和更高的焦虑，这提醒我们应该更加重视他们的心理健康状态。同时，高智力又给超常儿童带来了更好的认知灵活性和更高的调节能力，这可能有助于他们调节情绪，因此他们比同龄常态儿童有更少的抑郁情绪。这两个研究结果丰富了我们对超常儿童情绪发展的理解，也为未来继续就特异儿童情绪问题进行探讨提供了帮助。

第三节 超常儿童的成就动机

成就动机是一种很重要的社会性动机，对于个体的生活和工作有很大的推动作用（Nygård，1975）。成就动机是人们在做事情时，力图完成目标、获得成功的内部动机（孙煜明，1993）。研究者认为，成就动机主要由两部分组成，即追求成功（Ms）和避免失败（Mf）两种取向（叶仁敏，Hagtvet，1992）。追求成功取向的个体通常表现为有更高的工作、学习积极性和更强烈的进取心；避免失败取向的个体往往表现为回避任务和目标，避免一切可能失败的结果。有学者认为，自我概念和成就动机是儿童学业成就的最重要的影响因素（刘晓明，郭占基，王丽荣，1991；沈烈敏，郭继东，1999）。儿童的成就动机是在他们的成长过程中逐渐形成的，受到了家庭、学校和社会环境的影响。超常儿童是否会因为他们的高智力而拥有更高的成就动机呢？

一、研究背景

高智力儿童通常比同龄常态儿童更擅长学习，并且有更好的学业成绩。进入超常实验班后，他们学习初高中知识的时程被缩短，比同龄儿童更早参加高考，并且经常听到身边父母和老师对他们考入名校的期待。在这种情况下，他们是因此产生了更高的成就动机，希望追求更高的学业和生活目标，还是因此害怕考试失败，回避退缩呢？本研究对超常实验班儿童的成就动机进行了测量。

二、方法

1. 被试

本研究以北京市某中学的两个超常儿童实验班的学生作为超常组被试，其中超常高年级组31人（年龄范围为12.5—13.5岁），超常低年级组30人（年龄范围为10.5—11.5岁）。同时，在同一所中学的普通班中随机抽取与高年级组超常学生年龄范围相匹配的普通学生50人（年龄范围为12.5—13.5岁）作为超常高年级组常态对照组（简称高年级组对照组），再从北京市某小学随机抽取与低年级组超常学生年龄范围相匹配的普通学生60人（有效被试50人，年龄范围为10.5—11.5岁）作为超常低年级组常态对照组（简称低年级组对照组）。

2. 研究方法

本研究使用问卷的方式对儿童的成就动机进行测量。

3. 研究工具

本研究采用信效度较好的成就动机量表，该量表包括追求成功取向与避免失败取向两部分，共30道题。在施测的过程中，采用利克特6点计分，让学生进行选择。

三、结果

超常儿童与同年龄常态儿童在成就动机上的差异比较如表3-8所示。超常高年级组在追求成功取向上的得分低于高年级组对照组，但差异不显著，而在避免失败取向上的得分显著高于高年级组对照组；与之相反，超常低年级组在追求成功取向上的得分高于低年级组对照组，而在避免失败取向上的得分低于低年级组对照组，但两项差异均不显著。

表3-8 超常儿童与同年龄常态儿童在成就动机上的差异比较（$M\pm SD$）

项目	追求成功取向	避免失败取向
超常高年级组	65.45±10.51	43.43±11.82
高年级组对照组	69.43±10.07	35.25±12.89
t	−1.69	2.81**
超常低年级组	68.83±11.56	37.57±14.62
低年级组对照组	66.43±14.88	41.07±16.84
t	0.75	−0.92

四、讨论

超常高年级组学生的避免失败取向显著高于对照组，可能是由他们过于在乎考试成败造成的。有研究指出，考试能使学生避免失败的倾向加剧（沈烈敏，2001）。在超常班这个学生能力基本相当的群体中，一部分学生会接受不了他们此时在班中的地位，因而会回避失败和由失败带来的消极情绪。而超常低年级组学生的早期经验大多是积极的成功体验，他们对自己有强烈的自信心，对待事情喜欢冒险，愿意接受困难和挑战，因此他们追求成功的动机较强烈，而避免失败的动机较弱。

五、结论

本研究的结果显示，刚进入超常低年级组的儿童和同龄常态儿童的成就动机没有显著差异，但超常高年级组儿童比同龄常态儿童更加希望避免失败。

六、小结

本节内容展现了超常儿童的成就动机水平与同龄儿童的对比情况，丰富了我们对超常儿童群体的了解。我们可以发现，随着进入超常实验班的时间增长，儿童变得越来越倾向于避免失败。这提醒我们，超常班的环境可能对于超常儿童来说更具挑战性和竞争性，反而不利于他们成就动机的培养。我们可以帮助这些儿童学习如何正确面对成功和失败，使其以更从容的心态面对失败和挑战，争取未来新的成功。

第四节　超常儿童和常态儿童的学业表现

前文已对超常儿童的情绪、动机等社会性因素进行了介绍，这些因素对于学生的学业表现是十分重要的。学习是一个复杂的过程，虽然智力已被广泛证明可以预测学生的学业表现，然而，社会性因素等非智力因素同样不可忽视。

情绪智力（emotional intelligence，EI）是个体在日常生活和工作中表现出来的感受、控制和调节自身及他人情绪的一种综合能力，对个体的心理健康、生活幸福感等都有重要的影响。在学习过程中，不同的学习任务可能带来不同的感受，有时个体会遇到困难、压力、焦虑等负面情绪，情绪智力可以帮助个体消除这些负面情绪的影响，从而使其有更优秀的学业表现。但对于同样的任务，并非所有人都会产生相同的情绪，例如，对于超常儿童来说，他们有更高的智力水平，能够更加轻松地完成对于普通人来说相对困难的任务，因此研究者预测情绪智力对超常儿童学业表现的作用会相应减弱，进一步来说，一般智力和情绪智力对超常儿童和常态儿童的学业表现可能有不同的影响，本节对此进行了探索。

一、研究背景

流体智力是智力的一般因素（G因素），通常是指个体自出生就具有的智力，它不会被知识或经验所影响（Carroll，1993）。许多实证研究清楚地表明，流体智力在预测学业表现方面起着重要作用（Agnoli et al., 2012；Colom & Flores-Mendoza, 2007；Farsides & Woodfield, 2003）。因此我们认为，超常儿童比常态儿童可能有更出色的学业表现。

近年来，情绪智力对学业表现的作用得到关注，大多数研究表明，情绪智力与学业成绩有中等程度的相关关系（Di Fabio & Palazzeschi, 2009；Mavroveli et al., 2009；Petrides, Frederickson, & Furnham, 2004；Qualter et al., 2012；Song et al., 2010）。根据已有研究，情绪智力可以分为两种：特质情绪智力和能力情绪智力。特质情绪智力被定义为一组自我感知和行为倾向，涉及一个人识别、处理和利用情绪信息的能力（Petrides, 2011）；而能力情绪智力是指人们感知和表达情绪、接近或产生促进思维的情绪、理解和推理情绪以及调节自身和他人情绪的实际能力（Mayer，1997）。此外，特质情绪智力通过自我报告问卷来测量，属于人格范畴；而能力情绪智力通过对最高任务测验的正确反应来测量，属于认知能力范畴（Petrides & Furnham, 2001）。与能力情绪智力相比，特质情绪智力代表了一个比识别情绪的能力更复杂的构念，包括由人格主导的各种元素（如共情、冲动和自信）以及社会智能和个人智能等因素（Agnoli et al., 2012）。此外，由于缺乏真正客观的标准来对情绪智力的项目进行评分，能力情绪智力的操作性定义受到了影响（Petrides, Frederickson, & Furnham, 2004），而特质情绪智力的测量则更为简单明了。因此，本研究着重关注特质情绪智力与学业表现之间的关系。

特质情绪智力可以将有学习障碍的学生与对照组区分开来（Reiff et al., 2001），许多研究发现特质情绪智力可以预测学生的学业表现，例如，Parker等（2004）发现，特质情绪智力与个体从高中到大学的学习成绩之间有中等程度的相关关系（$r=0.20$，$p<0.05$）。Mavroveli 和 Sánchez-Ruiz（2011）调查了7—12

岁（三至六年级）儿童的特质情绪智力和学校成绩（阅读、写作和数学）之间的关系，发现三年级学生的特质情绪智力和数学成绩之间存在中等程度的显著相关关系，但是特质情绪智力与四至六年级学生的学业成绩没有相关关系。基于特质情绪智力与学业表现之间关联的实证研究，Perera（2016）提出，特质情绪智力对学业表现的影响可能归因于认知、动机和人际过程。此外，值得注意的是，Ferrando等（2011）发现，即使控制了11—12岁青少年的人格因素，特质情绪智力和学业表现之间仍存在显著的正相关关系，这表明特质情绪智力虽然是一种人格构念，但它并不是简单的"新瓶装旧酒"。情绪智力在本质上是否属于"智力"，以及情绪智力在传统智力之上是否有单独的预测效应，研究者对此仍然存在争议。为了解决以上问题，许多研究者开始同时考察流体智力和特质情绪智力在预测学业表现方面的作用，并探讨了特质情绪智力是否在流体智力之上对学业表现有单独的额外预测作用。Ferrando等（2011）证实了在控制流体智力后，特质情绪智力在预测11—12岁儿童的学业成绩方面有独特的作用。Di Fabio和Palazzeschi（2015）也发现，与流体智力和人格所解释的方差相比，特质情绪智力在高中毕业班学生的学业成就中增加了一定比例的增量方差。然而，目前仍不清楚特质情绪智力相对于流体智力的额外作用是否能预测更低年龄儿童的学业成就。因此，本节不仅旨在简单地探索特质情绪智力与学业成就之间的关系，还旨在研究在小学年龄段儿童中特质情绪智力相对于流体智力单独的额外作用。

　　研究者同时考察了流体智力和情绪智力对学业表现的影响，非常有趣的发现是特质情绪智力对流体智力和学业表现之间的关系具有调节作用（Petrides，Frederickson，& Furnham，2004）。具体来说，Petrides、Frederickson和Furnham（2004）根据650名学生的流体智力和特质情绪智力得分，将其划分为四个极端组：第一组为低智商/低特质情绪智力组；第二组为低智商/高特质情绪智力组；第三组为高智商/低特质情绪智力组；第四组为高智商/高特质情绪智力组。他们发现，在低智商的两组中，高低特质情绪智力的学生在学业表现上有显著差异，但在高智商的两组中，没有发现高低特质情绪智力的学生在学业表现上有显著差异，这表明高特质情绪智力可能与低流体智力的学生有更好的学业表现有关。这已经被Agnoli等（2012）证实，他们发现对于8—11岁儿童来说，在低或中等流体智力的学生中，特质情绪智力与更好的学业成绩存在正相关关系，但在高流体智力的学生中没有发现这种关系。此外，一项五年的纵向研究（Qualter et al.，2012）发现，能力和特质情绪智力对英国青少年学业成就具有长期影响，能力情绪智力调节了认知能力对十一年级学生成绩的影响，而特质情绪智力对十一年级男生的成绩有直接影响。然而，这些研究的被试都是常态儿童，很少有研究探讨流体智力和特质情绪智力对超常儿童学业表现的影响。此外，这些研究中的常态儿童被人为地划分为高智商组和低智商组，然而，这些高智商组不能代表真正的高智商个体（如超常儿童）。因此，本研究纳入超常儿童，以此来进一步探究在不同智力水平的儿童中特质情绪智力和学业表现之间是否会有不同的关系。此外，Agnoli 等（2012）发现，特质情绪智力与不同科目成绩的关系不同，虽然特质情绪智力调节了流体智力对语言成绩的影响，但流体智力和特质情绪智力对数学成绩没有交互作用。Petrides、Frederickson 和 Furnham（2004）进一步指出，这可能是因为某些学科更多涉及情感相关问题（如英文文学、艺术、设计等），使得特质情绪智力的作用更大。因此，本研究选择三个科目（数学、语文和英语）来全面探讨特质情绪智力和流体智力在学业成绩中的作用。

综上，本研究旨在探索流体智力和特质情绪智力在预测超常儿童和常态儿童的学业成绩方面的作用。假设如下：第一，超常儿童比同龄的常态儿童有更卓越的学业成绩（数学、语文和英语）；第二，流体智力和特质情绪智力在预测超常儿童和常态儿童的学业成绩上具有不同的作用，常态儿童的学业成绩与流体智力和特质情绪智力都存在正相关关系，而超常儿童的学业成绩主要与流体智力存在正相关关系；第三，在常态儿童中，特质情绪智力在流体智力之上对学业成绩有额外的预测作用，即与流体智力所解释的方差相比，特质情绪智力在预测学业成绩上增加了一定比例的增量方差。

二、方法

1. 被试

两组儿童（同一所小学的三至五年级）参与了本研究，根据智商对其进行分组。超常儿童（共 80 名，36 名男生和 44 名女生，年龄范围为 8.68—11.91 岁，平均年龄为 10.16 岁）来自一个名为"超常实验班"的超常教育项目，该项目专门为超常儿童提供更丰富的教育，每年根据多种标准和方法从大约 2000 名候选人中招募 20—40 名 7 岁儿童（施建农，徐凡，2004；Shi & Zha，2000）。常态儿童（共 104 名，45 名男生和 59 名女生，年龄范围为 8.33—11.63 岁，平均年龄为 10.02 岁）从同一所学校的普通教育班中选出。

两组儿童在性别和年龄上没有显著差异。常态儿童和超常儿童在流体智力分数上有显著差异[$t(182)$=7.57,p<0.001,常态组：M=42.09,SD=3.68；超常组：M=51.20,SD=3.04]，而在特质情绪智力得分上没有显著差异[$t(182)$=−0.02,p>0.05,常态组：M=3.92,SD=0.45；超常组：M=3.92,SD=0.44]。所有被试都没有临床疾病和未矫正的视力障碍。

2. 研究工具

1) RSPM，该测验是对非语言推理能力的测量，被认为相对独立于特定文化或教育背景下的具体学习过程。该测验由60个项目组成，要求被试从8个可能的答案中只选择一个回答。计算流体智力的分数，每个项目计1分（分数范围为0—60分）。RSPM在许多研究中显示出足够好的信度，例如，在Di Fabio和Palazzeschi（2009）的研究中，该测验的信度为0.74。在本研究中，该测验的Cronbach's α系数为0.81。

2) 特质情绪智力问卷-儿童版（Trait Emotional Intelligence Questionnaire-Child Form，TEIQue-CF），该问卷是专门针对8—12岁的儿童开发的，全面覆盖了与儿童情绪相关的人格特征。该问卷包括75个简短的陈述（如"我总是能够找到词语来表达我的感受"），采用利克特5点计分（从"完全不同意"到"完全同意"）。该问卷具有足够好的内部一致性信度（0.76）和3个月的重测信度（0.79）（Mavroveli et al., 2008）。本研究使用该问卷的中文版本，分别计算每个被试的特质情绪智力的总分和9个维度的得分。在本研究中，该问卷总体的信度很高（Cronbach's α=0.91），各维度的信度如下：适应性（0.68）、情绪表达（0.76）、情绪感知（0.71）、自我激励（0.73）、自尊（0.68）、低冲动性（0.79）、同伴关系（0.67）、情绪调节（0.76）和情感倾向（0.82）。所有被试均使用纸笔完成问卷。

3) 学业成绩

采用数学、语文和英语学科的期末考试成绩来代表学生的学业成绩。这些成绩在学期末由学校办公室提供，每科的分数范围为0—100分。因为被试来自三个不同年级的两类班级（同一年级的超常学生和常态学生采用相同的试卷进行期末考试），所以本研究对所有学生的学业成绩进行了标准化处理（Z分数）。

3. 研究程序

事先向学校的校长和教师告知研究目的。首先，学生完成RSPM，该测试按照标准化指导语进行小组施测。随后,由一名教师和一名助手进行特质情绪智力问卷-儿童版的测试,向学生阅读和解释填写要求,如果学生在理解测试方面有困难,则向其提供进一步的说明。所有被试都在自己的教室里独立完成问卷调查。所有测试共持续 50min 左右。

三、结果

表 3-9 报告了超常儿童和常态儿童的学业成绩、RSPM 和特质情绪智力问卷-儿童版得分的描述性统计结果。超常儿童在所有科目上的表现都优于同龄的常态儿童,包括数学(t=4.44,p<0.001)、语文(t=4.99,p<0.001)和英语(t=5.44,p<0.001)。此外,超常儿童的自尊得分显著高于常态儿童(t=2.50,p=0.013),而常态儿童比超常儿童有更低的冲动性(t=−2.98,p=0.003)。

表 3-9　两组儿童年龄、流体智力、特质情绪智力和学业成绩的描述性统计

变量	超常儿童 M	超常儿童 SD	常态儿童 M	常态儿童 SD	t 检验 t	t 检验 p
年龄	10.16	0.90	10.02	0.89	1.08	ns
Z 分数:数学	0.35	0.54	−0.27	1.17	4.44	0.000
Z 分数:语文	0.39	0.54	−0.30	1.15	4.99	0.000
Z 分数:英语	0.42	0.29	−0.33	1.20	5.44	0.000
RSPM 总分	51.20	3.04	42.09	3.68	7.57	0.000
特质情绪智力总分	3.92	0.44	3.92	0.45	0.18	ns
适应性	4.07	0.66	3.99	0.61	0.86	ns
情绪表达	3.59	0.81	3.60	0.77	−0.07	ns
情绪感知	4.04	0.64	3.98	0.55	0.68	ns
自我激励	4.22	0.54	4.28	0.59	−0.72	ns
自尊	4.00	0.60	3.75	0.72	2.50	0.013
低冲动性	3.26	0.72	3.57	0.70	−2.98	0.003
同伴关系	4.22	0.58	4.14	0.58	1.01	ns
情绪调节	3.72	0.60	3.86	0.60	−1.63	ns
情感倾向	4.04	0.80	4.01	0.91	0.21	ns

注:ns 表示 p 值不显著,下同

表 3-10 和表 3-11 分别列出了超常儿童和常态儿童的流体智力、特质情绪智力和学业成绩之间的相关。结果显示，在超常儿童中，数学、语文和英语成绩两两之间存在正相关关系；所有成绩都与流体智力分数呈正相关；英语成绩与特质情绪智力总分的相关边缘显著，与情感表达和自我激励呈显著相关；而数学和语文成绩与特质情绪智力总分和各维度得分均没有显著相关关系。在常态儿童中，数学、语文和英语成绩两两之间呈正相关，并与流体智力分数和特质情绪智力总分呈正相关。

表 3-10 超常儿童流体智力、特质情绪智力和学业成绩之间的相关

变量	1	2	3	4	5	6	7	8	9	10	11	12	13	14
1. Z 分数：数学	1													
2. Z 分数：语文	0.31**	1												
3. Z 分数：英语	0.37**	0.31**	1											
4. RSPM 总分	0.46**	0.24**	0.10*	1										
5. 特质情绪智力总分	0.08	0.05	0.19#	−0.18*	1									
6. 适应性	0.01	−0.06	0.05	0.21	0.59**	1								
7. 情绪表达	0.06	0.09	0.23*	−0.27*	0.72**	0.42**	1							
8. 情绪感知	0.03	−0.05	0.07	0.17	0.68**	0.44**	0.53**	1						
9. 自我激励	0.14	0.10	0.23*	0.16	0.68**	0.38**	0.47**	0.44**	1					
10. 自尊	0.14	−0.04	0.16	0.11	0.68**	0.26*	0.48**	0.34**	0.50**	1				
11. 低冲动性	0.13	−0.01	0.13	0.18	0.48**	0.08	0.22	0.26*	0.28*	0.13	1			
12. 同伴关系	−0.06	−0.04	0.15	−0.23*	0.76**	0.43*	0.50**	0.42**	0.39**	0.56**	0.16	1		
13. 情绪调节	0.02	0.12	0.03	0.21	0.73**	0.33**	0.33**	0.43**	0.43**	0.47**	0.36**	0.51**	1	
14. 情感倾向	0.12	0.18	0.11	0.08	0.74**	0.24*	0.36**	0.35**	0.42**	0.49**	0.38**	0.53**	0.62**	1

注：#表示边缘显著，下同

表 3-11 常态儿童流体智力、特质情绪智力和学业成绩之间的相关

变量	1	2	3	4	5	6	7	8	9	10	11	12	13	14
1. Z分数：数学	1													
2. Z分数：语文	0.59**	1												
3. Z分数：英语	0.62**	0.59**	1											
4. RSPM总分	0.49**	0.42**	0.36**	1										
5. 特质情绪智力总分	0.25*	0.32**	0.31**	0.07	1									
6. 适应性	0.32**	0.32**	0.32**	0.10	0.51**	1								
7. 情绪表达	0.19	0.21*	0.31**	0.10	0.73**	0.44**	1							
8. 情绪感知	0.15	0.15	0.10	0.05	0.64**	0.40**	0.53**	1						
9. 自我激励	0.23*	0.28**	0.27**	0.11	0.71**	0.25**	0.37**	0.38**	1					
10. 自尊	0.08	0.09	0.10	−0.04	0.73**	0.25**	0.46**	0.45**	0.40**	1				
11. 低冲动性	−0.02	0.24*	0.14	−0.13	0.55**	0.09	0.34**	0.21*	0.50**	0.25*	1			
12. 同伴关系	0.21*	0.20*	0.25*	0.10	0.75**	0.35**	0.45**	0.36**	0.50**	0.52**	0.24*	1		
13. 情绪调节	0.16	0.30**	0.20*	0.10	0.65**	0.16	0.35**	0.37**	0.45**	0.44**	0.38**	0.42**	1	
14. 情感倾向	0.20*	0.21*	0.19	0.02	0.77**	0.24**	0.46**	0.33**	0.49**	0.62**	0.35**	0.54**	0.44**	1

通过6项线性回归分析来确定流体智力和特质情绪智力对学业成绩的贡献，结果见表3-12和表3-13。流体智力分数和特质情绪智力问卷的9个维度得分同时进入每个线性回归模型中，以预测学业成绩。结果显示，超常儿童的数学和语文成绩的整体模型均具有统计学意义，英语成绩模型的统计学意义不显著（数学：$R^2=0.35$，$F=2.87$，$p=0.003$；语文：$R^2=0.28$，$F=2.06$，$p=0.033$；英语：$R^2=0.17$，$F=1.05$，$p=0.414$），常态儿童的数学、语文和英语成绩的模型均具有统计学意义（数学：$R^2=0.39$，$F=4.45$，$p<0.001$；语文：$R^2=0.33$，$F=3.42$，$p<0.001$；英语：$R^2=0.28$，$F=2.70$，$p=0.004$）。只有流体智力能预测超常儿童的学业表现，而流体智力和特质情绪智力都能预测常态儿童的学业表现。具体来说，流体智力分数和适应性可以显著地预测常态儿童的数学成绩；流体智力分数和适应

性、低冲动性可以正向预测常态儿童的语文成绩；流体智力分数和适应性、情绪表达能够预测常态儿童的英语成绩。

表 3-12 超常儿童流体智力和特质情绪智力对学业成绩的线性回归系数

变量	数学成绩 B	t	p	语文成绩 B	t	p	英语成绩 B	t	p
年龄	−0.14	−1.29	ns	−0.20	−1.75	ns	−0.06	−0.45	ns
性别	−0.15	−1.40	ns	−0.17	−1.43	ns	−0.13	−1.03	ns
流体智力	0.51	4.50	0.000	0.25	2.08	0.021	0.23	1.77	0.051
适应性	0.11	0.91	ns	−0.06	−0.44	ns	−0.02	−0.12	ns
情绪表达	0.04	0.31	ns	0.17	1.16	ns	0.24	1.48	ns
情绪感知	−0.01	−0.09	ns	−0.15	−1.08	ns	−0.05	−0.36	ns
自我激励	0.05	0.34	ns	0.10	0.72	ns	0.16	1.04	ns
自尊	0.24	1.65	ns	−0.16	−1.07	ns	0.07	0.43	ns
低冲动性	0.13	1.10	ns	−0.20	−1.60	ns	0.15	1.08	ns
同伴关系	−0.19	−1.25	ns	−0.15	−0.98	ns	0.13	0.77	ns
情绪调节	−0.02	−0.12	ns	0.28	1.82	ns	−0.15	−0.90	ns
情感倾向	0.07	0.48	ns	0.28	1.72	ns	−0.11	−0.61	ns

表 3-13 常态儿童流体智力和特质情绪智力对学业成绩的线性回归系数

变量	数学成绩 B	t	p	语文成绩 B	t	p	英语成绩 B	t	p
年龄	0.08	0.85	ns	0.14	1.48	ns	0.05	0.50	ns
性别	0.30	3.32	0.001	0.08	0.84	ns	0.14	1.43	ns
流体智力	0.43	4.65	0.000	0.38	3.94	0.000	0.32	3.13	0.002
适应性	0.24	2.44	0.017	0.28	2.64	0.010	0.19	1.70	0.042
情绪表达	0.06	0.49	ns	0.19	1.67	ns	0.25	1.92	0.048
情绪感知	−0.05	−0.44	ns	−0.53	−0.53	ns	−0.18	−1.54	ns
自我激励	0.07	0.60	ns	0.12	0.12	ns	0.06	0.48	ns
自尊	−0.14	−1.12	ns	−0.84	−0.84	ns	−0.14	−1.04	ns
低冲动性	−0.03	−0.30	ns	2.04	2.04	0.035	0.15	1.32	ns
同伴关系	0.06	0.52	ns	−0.21	−0.21	ns	0.10	0.77	ns
情绪调节	−0.01	−0.03	ns	1.19	1.19	ns	0.02	0.16	ns
情感倾向	0.17	1.38	ns	0.66	0.66	ns	0.01	0.10	ns

此外，为了进一步确定特质情绪智力是否在流体智力的基础上对智力常态儿童的学业成绩有额外的预测作用，本研究分别以数学、语文和英语成绩为因变量进行了三次分层回归分析（表 3-14）。第一步，加入人口统计学变量；第二步，加入智商分数；第三步，交替加入特质情绪智力总分和各维度得分。结果显示，在控制了性别和年龄后，流体智力分别单独解释了数学、语文和英语成绩 18%、13% 和 7% 的变化。在第三步控制了流体智力和人口统计学变量后，特质情绪智力总分仍然可以显著解释较大的变化，分别解释了数学、语文和英语成绩 7%、10% 和 9% 的变化；特质情绪智力的各维度得分可以显著地解释数学、语文和英语成绩 15%、19% 和 18% 的变化，具有较大的额外解释作用。

表 3-14 智力常态儿童分层线性回归结果

变量		数学成绩			语文成绩			英语成绩		
		第一步	第二步	第三步	第一步	第二步	第三步	第一步	第二步	第三步
第一步	年龄	0.08	0.02	0.05	0.12	0.07	0.10	0.03	−0.14	0.02
	性别	0.16	0.16	0.24**	−0.05	−0.05	0.04	−0.02	−0.20	0.06
	R^2	0.04			0.02			0.01		
第二步	流体智力		0.44***	0.42***		0.37**	0.35***		0.29*	0.27**
	R^2		0.22***			0.15**			0.08*	
	ΔR^2		0.18***			0.13**			0.07*	
第三步①	特质情绪智力总分			0.29**			0.32***			0.31**
	R^2			0.29**			0.25***			0.17**
	ΔR^2			0.07**			0.10***			0.09**
第三步②	适应性			0.26*			0.29**			0.24*
	情绪表达			0.04			−0.01			0.23*
	情绪感知			−0.01			−0.05			−0.17
	自我激励			0.13			0.05			0.14
	自尊			−0.18			−0.14			−0.13
	低冲动性			−0.06			0.21*			0.05
	同伴关系			0.06			−0.01			0.08
	情绪调节			0.05			0.18			0.06
	情感倾向			0.18			0.10			0.02
	R^2			0.37***			0.34***			0.26**
	ΔR^2			0.15***			0.19***			0.18**

注：①指加入特质情绪智力的总分；②指加入特质情绪智力各维度得分

四、讨论

本节旨在探讨流体智力和特质情绪智力对超常儿童和常态儿童学业成绩的预测作用。与预期一致,超常儿童在学业上的表现优于常态儿童,包括数学、语文和英语学科,这与以往直接关注流体智力与学业表现关系的研究结果一致(Busato et al.,2000;Lounsbury et al.,2003)。显然,学习主要是一种认知活动,流体智力起着非常重要的作用(Ferrando et al.,2011)。本研究从不同智力水平儿童的角度提供了有关流体智力和学业成绩之间关系的新证据。

线性回归结果显示,流体智力和特质情绪智力在预测超常儿童和常态儿童的学业成绩上发挥了不同的作用,具体表现为超常儿童的学业成绩只与流体智力有关,而常态儿童的学业成绩则与流体智力和特质情绪智力都有关。这些结果与 Petrides、Frederickson 和 Furnham(2004)的研究一致,他们以常态学生(平均年龄为 16.5 岁)的 1 个标准差为标准,将儿童分为低智商组和高智商组,发现不同于低智商组学生,特质情绪智力对高智商组学生的成绩没有影响。以下两个原因可以解释流体智力和特质情绪智力在预测超常儿童和常态儿童学业成绩上的不同作用:一方面,超常儿童的智力能够满足学科的要求,因为他们有更高的流体智力水平;另一方面,常态儿童的智力难以满足学科的要求,他们必须利用除流体智力外的其他资源(如特质情绪智力)以应对学业情境。高特质情绪智力使得这些儿童能够更有效地应对学习过程中的情绪压力和焦虑(Petrides,Frederickson,& Furnham,2004)。但在某种程度上,这些结果与 Agnoli 等(2012)的研究不一致,他们的结果显示,特质情绪智力和流体智力在预测学业成绩上的交互作用只表现在语言成绩上,而非数学成绩,而本研究则在数学和语言类学科(语文和英语)成绩上都发现了这种交互作用。这种差异可能源于以下原因:第一,尽管两个研究中的被试均为年龄相近的学龄儿童(8—11 岁),但他们来自不同的国家,Agnoli 等(2012)的研究选择的是意大利儿童,而本研究选择的是中国儿童。第二,与意大利小学生相比,同龄的中国小学生的数学焦虑,即对数学成绩的紧张或恐惧感更低(Ashcraft & Kirk,2001)。因为中国非常重视数学教育,甚至从幼儿园开始就很重视,所以,高智商的学生不需要特质情绪智力来缓解完成数学任务时的焦虑,他们高水平的流体智力足以应对数学的学科要求。第三,Agnoli 等(2012)以常态儿童为基准,将儿童分为高智商组(+1SD

和低智商组（-1SD），而本研究直接选择超常儿童和常态儿童，这扩大了不同智力水平的组间差距。因此，本研究结果可能更具有说服力。

根据线性回归分析，流体智力和特质情绪智力在预测不同学科的学习成绩上没有交互作用。然而，根据相关分析结果，超常儿童的英语成绩与情绪表达和自我激励（特质情绪智力的两个维度）存在显著的正相关关系，与特质情绪智力总分的相关边缘显著；而常态儿童的英语成绩与特质情绪智力总分和5个维度得分（适应性、情绪表达、自我激励、同伴关系和情绪调节）均呈正相关，两组儿童之间略有差异。本研究使用了两种不同语言的成绩：母语成绩（语文）和外语成绩（英语）。毫无疑问，与母语相比，外语对于8—11岁的小学儿童来说要难得多。当智力不足以应对英语学习的诸多挑战时，即使是超常儿童，想在英语学科上取得高成绩也可能需要更多的复杂资源，而更高的特质情绪智力可以帮助他们应对偶尔由英语学习中的困难任务引发的焦虑。这些研究结果显示，流体智力对超常儿童的学业表现十分重要，特质情绪智力对学业表现的影响也不应被忽视，特别是在外语学习方面（在本研究中属于更高难度的科目）。

分层回归分析的结果显示，即使控制了流体智力，特质情绪智力仍然对常态儿童的学业成绩有单独的预测作用，这与先前的研究一致（Agnoli et al., 2012; Ferrando et al., 2011; Petrides, Frederickson, & Furnham, 2004）。具体来说，数学成绩主要与适应性有关，适应性和低冲动性可以正向预测语文成绩，而英语成绩主要受适应性和情绪表达的影响，这表明适应性是智力常态儿童学业成绩的一个重要预测因素。特质情绪智力中的适应性涉及儿童对他们适应新环境和陌生人的程度的自我认知（Mavroveli et al., 2008）。本研究的样本是8—11岁的儿童（三至五年级），他们在日常生活中仍然会面临新的学习情境（即越来越难的课程任务）。此外，低冲动性和情绪表达也是特质情绪智力的重要维度。Valiente等（2013）发现，在青少年早期样本中，冲动性是学业成就的即时和纵向预测因素。情绪表达被定义为儿童对自己有效表达情绪的能力的自我认知（Mavroveli et al., 2008），本研究中与其相关的结果与先前的研究一致（Malik & Shujja, 2013; Yahaya et al., 2011）。

本研究有一些局限性。首先，被试为中国儿童，由于文化差异，一些结果可能无法推广到其他国家。其次，Di Fabio和Palazzeschi（2009）指出，与自我报告的情绪智力相比，基于能力的情绪智力可以解释更大比例的增量变异。因此，未来可以将能力情绪智力与自我报告的特质情绪智力结合起来，更全面地探究超常儿童和常态儿童的情绪智力与学业成绩之间的关系。最后，在探讨流体智力、特质情绪智力与常态儿童和超常儿童学业成绩之间的关系时，本研究并未涉及影响机制，也缺乏纵向数据。

五、小结

本研究结果显示，超常儿童比同年龄的常态儿童有更好的学业成绩。流体智力和特质情绪智力在预测超常儿童和常态儿童的学业成绩上有不同的作用，超常儿童的学业成绩只与流体智力有关，而常态儿童的学业成绩则与流体智力和特质情绪智力都有关。在预测常态儿童的学业成绩时，特质情绪智力在流体智力的基础上有额外的预测作用。

流体智力和情绪智力作为认知和情感因素的典型代表，都对学业表现有重要的预测作用。通过研究，我们理解了二者在超常儿童和常态儿童的学业表现中的相互作用。在超常教育中，研究者越来越认识到情绪健康对超常儿童的重要性（Lubinski & Benbow, 2000; Zeidner, 2017）。研究显示，由于特殊的发展轨迹，超常儿童面临更多的情绪挑战，与同龄人相比有着更强烈的感受（Winkler & Voight, 2016）。情绪智力因其强烈的情感性、同理心和情感表达等特点，直接影响到超常儿童能否有效地应对情绪挑战和实现自我发展（Bar-On, 2007）。因此，不管是对于常态儿童还是超常儿童来说，情绪智力都理应得到重视，应让他们学会更好地发现、体会和利用情绪，以促进认知和情感能力的发展，帮助他们提升学业表现。

第四章
超常儿童的认知神经科学研究

  本章将介绍超常儿童出色认知能力的神经基础。本章第一节将展现，超常儿童的注意资源分配效率更高，新近研究发现，超常儿童的注意资源分配策略更灵活，可以根据难度和任务类型进行相应调整，在保证较好解决问题的前提下充分利用注意资源；第二节将展现，相比于常态儿童，超常儿童拥有更成熟的冲突抑制能力，它被广泛认为与一些大脑的神经电位有关，对多动症儿童的后续研究也支持了这一结果。

第一节　超常儿童的注意资源分配效率

科学研究者一直在探索智力的本质。通过梳理众多注意资源分配的研究可以看出，相比于常态儿童，超常儿童能分配更少的注意资源来完成相当或更出色的任务。我们课题组在 2022 年发现，在高级认知活动中，超常个体的注意资源分配策略更灵活；超常个体可以依据难度和任务类型进行相应调整，确保注意资源的充分利用；与一般智力个体相比，在确定规律的问题解决任务（利用性任务，如几何类比任务）中，在任何难度下，超常个体均分配相当或更少的注意资源；而在事先不知道规律的问题解决任务（探索性任务，如心理折纸任务）中，在低难度下，超常个体会分配相当的注意资源，在中高难度下，超常个体会分配更多的注意资源以更好地解决问题（Lu et al.，2022）。

一、超常儿童与常态儿童的事件相关低频活动

本研究采用 ERP 技术，对 18 名常态儿童和 18 名超常儿童的听觉 ERP 数据进行了时频分析。结果发现，智力超常儿童在 MMN 成分中的 δ 活动显著大于常态儿童，而在源于刺激驱动的额叶注意机制的 P3a 成分中，超常儿童的 δ 和 θ 活动均显著大于常态儿童。本研究结果进一步支持低频脑活动可以作为智力和认知功能的基础，并且可以利用频谱脑电时频分析技术来探索与智力相关脑活动的一些新的领域。

（一）研究背景

研究表明，超常个体拥有高效的大脑，能用更少的时间完成认知任务，比一般人表现得更好。超常个体也有更好的专注力和记忆能力，智力被认为是个体注意微小变化的特殊能力。超常个体有更快的神经处理速度和更有效的神经激活功能。

已有研究探讨了智力与脑活动的关系，并发现 θ 频段能量（4—6Hz）与情景记忆加工和工作记忆成绩密切相关（Schmid，Tirsch，& Scherb，2002）。以往研究主要集中在脑电活动与复杂认知加工之间的关系，截至 2010 年，鲜有研究探讨脑电活动与大脑自动加工之间的关系。

在听觉 ERP 中，MMN 是自动加工最重要和最敏感的指标之一，即使在被试不注意声音的情况下也能被诱发出来。被试对新奇的声音刺激进行无意识注意，会引发另一个 ERP 成分，即 P3a 成分。P3a 是一个在刺激呈现后 200—300ms 出现的正峰值，反映了注意力不自主地转移到声音刺激变化上。

ERP 的时频分析技术有助于分离叠加在时域 ERP 中的不同频率成分，该技术有助于区分知觉和认知加工的特定时间过程中的不同频率通道。事件相关的 δ 活动可能反映了信号匹配的神经过程，而 θ 活动与集中注意的神经过程相关。本研究采用时频分析方法，探讨了超常儿童和常态儿童大脑自动加工过程中与事件相关的低频活动（δ 活动：0.5—4Hz，θ 活动：4—8Hz）。

（二）方法

本研究采用 ERP 技术来考察不同智力水平儿童神经自动加工的特征，以了解不同智力水平儿童初级自我调控加工的神经机制。

1. 被试

超常组有 18 名儿童（男生 10 人，女生 8 人，年龄范围为 11.4—12.4 岁，平均年龄为 11.8 岁）。常态组有 18 名儿童（男生 9 人，女生 9 人，年龄范围为 11.2—12.2 岁，平均年龄为 11.7 岁），他们是从普通班级中随机抽取而来的。所有被试都没有神经或精神疾病史，均为右利手。

2. 研究设计

本研究采用 2（智力水平：超常组、常态组）×2（大脑前后电极分布：前部、后部）×3（大脑左右电极分布：左、中、右）的混合实验设计。

3. 研究工具

实验材料为中文字符/ka/、/ta/和 120 种不同的新异声音。所有的声音刺激均呈现 100ms（包括 5ms 的升降变化），/ka/和/ta/的声强为 9dB，新异刺激的声强为 55—79dB（平均值为 61.9dB）。共有 3 个区组，每个区组有 400 个实验刺激，刺激间隔为 1000ms；在每个区组中，标准刺激/ka/、偏差刺激/ta/和新异刺激呈现的频率分别为 0.8、0.1 和 0.1。每个区组开始时至少呈现 4 个标准刺激，在每个偏差刺激或新异刺激呈现前至少有 2 个标准刺激。

4. 研究程序

在脑电信号采集过程中，被试舒服地坐在椅子上，观看自己挑选的无声动画片，同时，通过耳机向被试呈现听觉刺激。为获得被试在非注意条件下的大脑自动加工反应，给被试的指导语是：尽可能安静地、认真地看自选的动画片，不要去听耳机里的声音，实验结束后，主试要针对动画片里的细节进行提问。每个被试都能理解实验要求，实验时长大约为 35min。实验采用鼻尖参考的连续 EEG 记录数据（使用的是 SynAmps2 放大器，数字滤波为 0.05—100Hz，采样率为 1000Hz，头皮阻抗小于 5kΩ），之后进行离线分析。实验采用银/氯化银电极，并根据国际 10-20 系统（International 10-20 System）放置以下电极作为采集点：F3-Fz-F4、FC3-FCz-F4、C3-Cz-C4、CP3-CPz-CP4、P3-Pz-P4、PO3-POz-PO4 和 O1-Oz-O2。记录水平眼电的电极放置于双眼外眦，记录垂直眼电的电极放置于左眼眼眶上下 2cm 处。对 EEG 进行分段，每段为 900ms，其中选择刺激呈现前 100ms 作为基线，并进行基线矫正，30Hz 作为低通滤波截止频率，同时采用零相移（zero phase shift）转换滤波；其中因眨眼或身体动作引起的超过 100μV 的脑电伪迹都被剔除。

（三）结果

对于选取 ERP 的波幅和潜伏期进行 2（智力水平：超常组、常态组）×2（大脑前后电极分布：前部、后部）×3（大脑左右电极分布：左、中、右）的三因素方差分析。MMN 和 LDN 表现的是大脑对偏差刺激与标准刺激之间差异的自动反应，eMMN（early MMN，早期 MMN）和 P3a 表现的是大脑对新异刺激与标准刺激之间差异的自动反应；标准刺激、偏差刺激和新异刺激引起的脑电活动呈现在表 4-1 中。

表 4-1 不同智力水平的 MMN、LDN、eMMN 和 P3a 波峰潜伏期和波幅

智力水平	MMN 潜伏期	MMN 波幅	LDN 潜伏期	LDN 波幅	eMMN 潜伏期	eMMN 波幅	P3a 潜伏期	P3a 波幅
超常组	311.50 (49.02)	-3.79 (1.70)	480.22 (39.51)	-3.96 (1.77)	168.09 (18.87)	-4.28 (1.77)	329.65 (27.94)	3.57 (2.58)

续表

智力水平	MMN 潜伏期	MMN 波幅	LDN 潜伏期	LDN 波幅	eMMN 潜伏期	eMMN 波幅	P3a 潜伏期	P3a 波幅
常态组	298.57（41.04）	-3.25（1.48）	507.65（62.31）	-3.62（1.50）	171.3（25.19）	-3.82（1.27）	338.75（26.82）	2.94（1.88）

注：潜伏期的单位为 ms，波幅的单位为 μV；括号外为平均数，括号内为标准差

1. 对偏差刺激的反应

超常儿童的 LDN 潜伏期显著短于常态儿童，$F(1, 34)=23.37$，$p=0.002$；超常儿童有更大的 MMN 波幅 [$F(1, 34)=21.98$，$p=0.002$] 和 LDN 波幅 [$F(1, 34)=9.34$，$p=0.018$]。

在 LDN 波幅上，智力水平和大脑前后电极分布的交互作用显著 [$F(1, 34)=7.17$，$p=0.028$]，进一步分析表明，超常儿童在大脑前部比在大脑后部有更大的 LDN 波幅，而常态组则相反。两组儿童中都存在大脑后部 MMN 的波幅差异更大 [$F(1, 34)=153.07$，$p<0.001$]。所有方差分析均经 Greenhouse-Geisser 校正。两组儿童由偏差刺激所引起的脑电活动如图 4-1 所示。

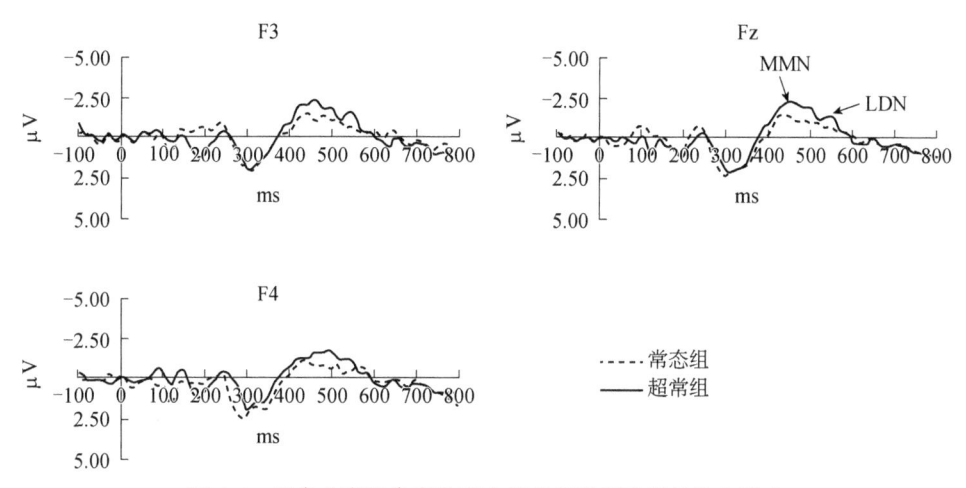

图 4-1 超常儿童和常态儿童由偏差刺激所引起的脑电活动

2. 对新异刺激的反应

新异刺激在两组儿童中都在 eMMN 后引起了 P3a 成分的活动。对于 eMMN 的波幅，智力水平 [$F(1, 34)=13.24$，$p=0.008$]、大脑前后电极分布 [$F(1, 34)=16.68$，$p=0.005$] 和大脑左右电极分布 [$F(2, 34)=9.32$，$p=0.011$] 的主

效应都显著。对于 eMMN 的潜伏期，大脑前后电极分布 [$F(1, 34)$=384.01，$p<0.001$] 和大脑左右电极分布 [$F(2, 34)$=14.8，$p=0.003$] 的主效应都显著，但智力水平的主效应不显著。对于 P3a 的潜伏期，大脑前后电极分布的主效应显著 [$F(1, 34)$=35.48，$p=0.001$]，而且智力水平和大脑前后电极分布的交互作用显著 [$F(1, 34)$=16.03，$p=0.004$]，进一步分析表明，与常态儿童相比，在大脑前部，超常儿童的 P3a 潜伏期更长；而在大脑后部，超常儿童的 P3a 潜伏期更短。同时，对于 P3a 波幅，智力水平 [$F(1, 34)$=5.81，$p=0.047$]、大脑前后电极分布 [$F(1, 34)$=293.7，$p<0.001$] 和大脑左右电极分布 [$F(2, 34)$=10.29，$p=0.008$] 的主效应都显著。两组儿童由新异刺激引起的脑电活动如图 4-2 所示。

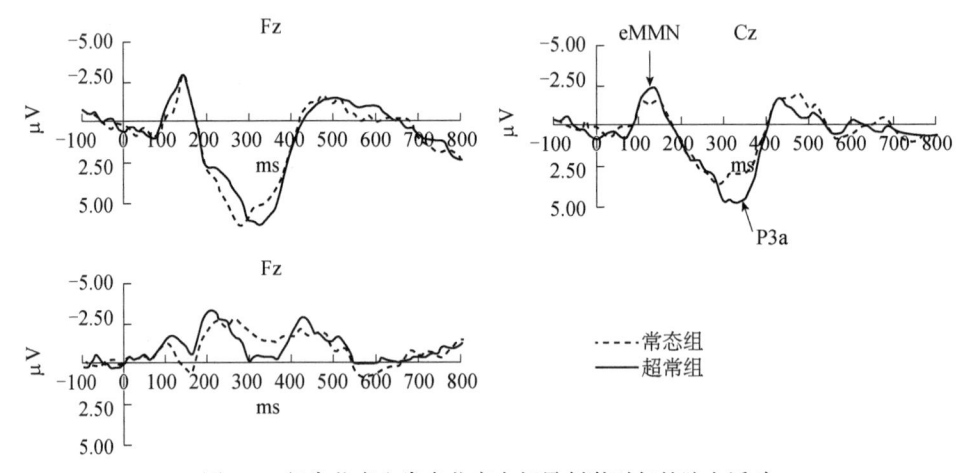

图 4-2 超常儿童和常态儿童由新异刺激引起的脑电活动

（四）讨论

本实验结果表明，在面对偏差刺激时，超常儿童的 MMN 和 LDN 波幅显著大于常态儿童，超常儿童的 LDN 波峰潜伏期显著短于常态儿童；在面对新异刺激时，超常儿童比常态儿童有更大的 eMMN 和 P3a 波幅。这在某种程度上证明了超常儿童有更好的自动加工能力，并能自动地将注意力转移到辨别刺激之间的差别上，说明超常儿童可以更好地进行自我调控，可以更好地应对熟悉情境中突然出现的新异刺激，并且可以对新异刺激进行更好的调节和反应。Jaušovec N 和 Jaušovec K（2000）在研究脑电活动与智力之间的关系时发现，超常组比常态组有更正常的脑电波形，而且在注意条件下，超常组有更大的 P3a 波幅和更短的潜伏期，本实验的结果进一步证明在非注意条件下，超常儿童也同样表现出更短的潜伏期和更大的波幅。本实验的结果进一步支持了智力的神经效能假设（neural efficiency hypothesis of intelligence），即超常个体有更快的神经加工速度和更高效的神经活动功能。本实验发现，LDN潜伏期随智力分数的增高而缩短，支持了前人"高效大脑有高智力"的说法。本实验中，P3a的潜伏期和波幅都与智力有紧密联系，同时P3a的潜伏期又是测量刺激评价过程的指标，本实验结果可以从侧面证明超常儿童可以更快地辨别信息之间的差别，这表明他们有更优秀的中央神经系统和更加高效的前额叶功能。截至2010年，自我控制能力的研究已经开始涉及较少需要或根本不需要意识控制的自我调控，如对新异性刺激的评价、无意识目标追求（non-conscious goal striving）等神经自动加工过程。有学者认为，许多行为的自发性会对自我调控行为起到一定的补充作用，只有需要积极自我调控的行为才需要调控资源（regulatory resources），自动的行为反应是不依赖于调控资源的，甚至当自我调控资源减少的时候，个体也可以做出自动的行为反应（Schmeichel，Vohs，& Baumeister，2003）。本实验结果可以为自动加工与自我调控过程中个体对新异刺激的神经加工特点和规律提供一定的实证依据。

（五）小结

青少年期的超常儿童在静息状态下的α频段活动水平低于同龄常态儿童，其结果与大学生对照组相似（Alexander，O'Boyle，& Benbow，1996）。该结果可能表明相比于同龄常态儿童，青少年期的超常儿童脑发育更为成熟。

自我调控是一个可以在临床或教育中进行干预的因素，本研究的一些结果和发现可以为相关人员在临床实践中更好地指导与培养儿童良好的自我调控能力和行为提供坚实的理论基础。

二、任务难度对儿童智力和神经效能影响的ERP研究

本研究考察了任务难度、智力和神经效能对儿童基本认知任务表现的影响。23名儿童根据RAPM分为两组，在两种难度下完成选择反应时任务，记录ERP，计算P225、N380与LPC（late positive component，晚期正成分）的潜伏期

和波幅。结果表明，超常儿童的 LPC 潜伏期较短，可能反映他们有更快的加工速度。超常儿童的 P225 和 N380 波幅更大，可能表明他们的注意分配更有效。本研究中未发现任务难度对大脑-智力关系的调节作用。

（一）研究背景

在大脑与智力的关系中，大量证据表明 ERP 潜伏期与智力呈负相关（Haier et al., 1992, 1988; Neubauer, Freudenthaler, & Pfurtscheller, 1995; Jaušovec N, Jaušovec K, & Gerlič, 2001）。这可以通过神经效能假说来解释，该假说认为高智力者的大脑更高效。一些研究表明，大脑-智力关系会受到认知任务难度的影响（Neubauer & Fink, 2003; Neubauer et al., 2005）。

探索任务难度对大脑-智力关系影响的早期研究是在成人中进行的，这些结果尚未在儿童中得到验证。在这里，我们选取不同智力水平的儿童作为被试，评估任务难度对大脑-智力关系的影响。

为了操纵信息处理的难度，我们使用了 Stauder 任务，同时记录了 ERP。在该任务中，被试需要判断两组彩色矩形是否对应。该任务可以提供关于准确性和信息处理速度的信息。本研究的一个主要假设是超常组比常态组表现出更高的神经效率；另一个假设是，智力与大脑激活水平的关系不会受到任务难度的影响。

（二）方法

1. 被试

根据 RAPM 成绩，23 名儿童被分为两组。超常组包括成绩在 95%以上的 6 名男孩和 6 名女孩，他们的年龄为 10.1—10.7 岁（平均年龄为 10.4±0.3 岁）。常态组包括 6 名男孩和 5 名女孩，成绩位于第 50 百分位，他们的年龄为 10.2—10.6 岁（平均年龄为 10.4±0.2 岁），所有被试都是通过招募广告在北京一所小学招募到的。所有被试都没有神经或精神疾病史，视力或矫正视力正常，均为右利手。

2. 研究设计

本研究主要采用 2（智力水平：超常组、常态组）×2（任务难度：简单、困难）的混合实验设计。

3. 研究工具

选择反应任务中，刺激材料呈现在一个大方框中，该方框由两个上方区域和一个下方区域组成，每个区域内包含三个矩形，被试需要判断下方区域是否包含上方区域的所有矩形。在简单试次中，目标矩形只有颜色特征；在复杂试次中，目标矩形包含颜色和几何形状特征。对于图 4-3 所示的例子，简单试次的正确答案为"是"，复杂试次的正确答案为"否"。所有刺激都呈现在屏幕中心。被试单独接受测试。一半被试按左键做出肯定判断，按右键做出否定判断；对于另一半被试，判断与按键之间的对应关系相反。实验由一台微型计算机控制。刺激是使用基于窗口的唤起程序生成的。刺激显示在 17 英寸的惠普彩色显示器（刷新率为 85Hz，分辨率为 1024 像素×768 像素）上。

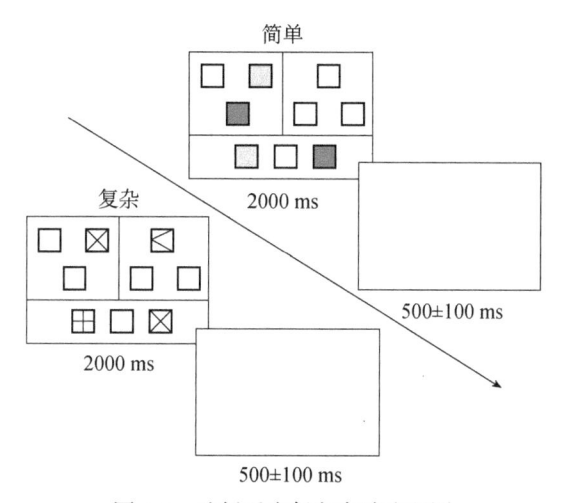

图 4-3 选择反应任务实验流程图

注：方框颜色由浅至深分别对应白、红、蓝

4. 研究程序

测试刺激呈现 2000ms。刺激间隔随机呈现 400—600ms。对于每个难度条件，在 ERP 记录开始之前，呈现 20 个练习试次。每个区组内试次的呈现顺序是伪随机的。要求被试又快又好地做出反应。

（三）结果

1. 行为数据

两组儿童的反应时和正确率的描述统计结果如表 4-2 所示。

表 4-2　超常儿童和常态儿童的反应时和正确率的描述统计结果

智力水平	反应时（ms）		正确率（%）	
	简单	复杂	简单	复杂
超常组	1158.02（44.61）	1236.24（45.10）	0.94（0.03）	0.91（0.02）
常态组	1170.78（46.60）	1257.52（47.11）	0.81（0.03）	0.79（0.02）

采用混合设计方差分析，以智力水平作为被试间因素，以任务难度作为被试内因素，结果如下。

在反应时方面，智力水平的主效应不显著 [$F(1, 21)=0.057, p>0.05$]。任务难度的主效应显著 [$F(1, 21)=24.806, p<0.01$]，简单试次的反应时显著短于困难试次的反应时。任务难度与智力水平之间无显著的交互作用 [$F(1, 21)=0.063, p>0.05$]。

在正确率方面，智力水平的主效应显著 [$F(1, 21)=10.202, p<0.01$]，超常组的正确率高于常态组。任务难度的主效应不显著 [$F(1, 21)=3.165, p>0.05$]。任务难度与智力水平的交互作用不显著 [$F(1, 21)=2.886, p>0.05$]。

2. 脑电结果

采用 2（智力水平：超常组、常态组）×2（任务难度：简单、复杂）×10（电极分布：AF3、AF4、F3、F4、FC3、FC4、Fz、FCz、Cz、CPz）的混合方差分析，结果如下。

对于 LPC 潜伏期，任务难度的主效应显著 [$F(1, 21)=4.391, p<0.01$]，简单试次的潜伏期更短。智力水平的主效应显著 [$F(1, 21)=6.217, p<0.01$]，超常儿童的潜伏期更短。电极分布的主效应也显著 [$F(9, 189)=7.660, p<0.01$]。其余效应没有达到显著水平。

对于 P225 波幅，任务难度的主效应显著 [$F(1, 21)=4.619, p<0.05$]，简单试次中的波幅更小。智力水平的主效应显著 [$F(1, 21)=5.838, p<0.05$]，常态组的波幅显著小于超常组。电极位置的主效应显著 [$F(9, 189)=9.864, p<0.05$]。任务难度与电极位置的交互作用显著 [$F(9, 189)=15.795, p<0.01$]。智力水平和任务难度 [$F(1, 21)=3.221, p>0.05$]、智力水平和电极位置 [$F(9, 189)=0.985, p>0.05$]，以及智力水平、任务难度和电极位置 [$F(9, 189)=2.556, p>0.05$] 的交互作用均不显著。

对于 N380 波幅，任务难度的主效应显著 [$F(1, 21)=5.593, p<0.05$]，

简单试次中的波幅更大。智力水平的主效应显著 $[F(1, 21)=8.560, p<0.01]$，超常儿童的波幅更大。电极位置的主效应也显著 $[F(9, 189)=12.491, p<0.01]$。任务难度和电极位置的交互作用显著 $[F(9, 189)=7.799, p<0.01]$。其他交互作用均不显著。

对于 LPC 波幅，电极位置的主效应显著 $[F(9, 189)=25.896, p<0.01]$。任务难度和电极位置的交互作用显著 $[F(9, 189)=16.873, p<0.01]$。其余主效应与交互作用均不显著。

（四）讨论

本研究有两个主要目标：第一，试图在超常儿童和常态儿童中检验神经效能假说；第二，试图验证任务难度对认知神经方面的影响。

正如预期的那样，智力水平对 P225、N380 和 LPC 波幅均有显著影响。在儿童中发现的 LPC 成分可能与在成人被试中发现的 P3 成分相近。在任何难度条件下，超常儿童的 LPC 潜伏期比常态儿童短，这一发现与早期的研究一致。潜伏期与智力的负相关关系可以为神经效能假说提供支持。

本研究中的 P225 和 N380 成分可能分别对应 ERP 的 P2 和 N2 成分。以往研究发现，二者均反映了注意资源分配水平。对于常态儿童来说，更小的 P225 波幅可能反映出他们在完成任务时调用了较少的注意资源；对于超常儿童而言，更大的 N380 波幅可能意味着他们的注意分配更有效。

与预期相反的是，在任何一种难度条件下都没有发现 LPC 波幅的组间差异。一种可能的解释是，P225 和 N380 的波幅差异可能是因为智力容易影响任务执行早期阶段的信息加工效率。另一种可能的解释是，即使在同一年龄组内，不同的儿童也可能使用不同的认知策略。ERP 结果不能告诉我们不同智力儿童使用了什么策略。

和预期相符的是，简单任务的反应时短于困难任务，这表明任务难度操纵有效。在反应时上，智力水平的主效应，以及智力水平与其他自变量的交互作用均没有达到显著水平（可能是因为样本量较小）。然而，值得一提的是，这些结果符合预期，即常态儿童比超常儿童的反应时更长，这种智力水平的差异在困难任务中（分别为 1257.52ms 和 1236.24ms）比在简单任务中（分别为 1170.78 ms 和 1158.02 ms）更显著。正确率的组间显著差异表明，常态儿童和超常儿童采用了不同的策略，表现出不同的信息加工效率。

本研究发现了任务难度对大脑活动的影响，即更难的任务需要更多的时间，P225 的波幅更大，N380 的波幅更小。然而，本研究中没有结果支持任务难度会影响智力和大脑活动之间的关系，在两种任务难度条件下，两组被试的 ERP 数据之间均存在显著差异。

（五）小结

本研究结果支持神经效能假说，表明成人智力和大脑活动之间的负相关关系也在儿童中存在。本研究发现，任务难度对大脑活动有一定的影响，但没有发现任务难度对大脑-智力关系的调节作用。后续研究使用类似的初级认知任务也发现，相比于常态儿童，超常儿童在执行任务期间的大脑神经活动水平更低（Hilger et al., 2020）。

本研究结果可以为临床实践中对发育性障碍患者的诊断和干预提供指导。

第二节 超常儿童抑制功能的电生理相关因素

抑制功能是最重要的认知控制能力之一，与选择性注意和行为调节相关。抑制功能的发展受到额叶成熟度的影响，顶叶与执行控制相关，这两个脑区也被认为是人类流体智力的神经基础。根据以往研究结果，抑制功能可能与人类智力有密切的关系。那么，是否存在与抑制功能和智力相关的电生理指标呢？

优秀的反应抑制是超常儿童高级认知能力的重要组成部分。本研究通过在 Go/NoGo 任务期间记录 ERP 来研究超常儿童的反应抑制。15 名超常儿童和 15 名常态儿童参加了本研究。结果显示，超常儿童的 Go-P3 潜伏期较短，他们加工 Go 刺激的速度较快，这一发现与以前的研究一致。与同龄常态儿童相比，超常儿童的 NoGo-P3 潜伏期更短，而两组儿童在 NoGo-N2 潜伏期上不存在显著差异。这些结果表明，超常儿童在加工 NoGo 刺激时表现出更高的抑制能力，这种优势来自抑制后期，即反应评估。

一、研究背景

在视觉搜索、记忆、推理和执行功能等信息处理领域，超常儿童的得分高于常态儿童。例如，张琼和施建农（2005）的研究结果显示，与常态对照组相比，超常儿童在视觉搜索任务中的 P3 潜伏期和反应时更短。然而，智力的组间差异不仅源于加工相关信息的能力，还源于抑制无关信息或不适当优势反应的能力。此外，抑制能力对于智力是必不可少的。以前研究中常用的 Stroop 任务要求被试必须抑制或忽略无关信息，但该任务通常会混淆认知抑制和反应抑制。本研究旨在探索超常儿童的反应抑制。反应抑制能力一般通过 Go/NoGo 任务测量，该任务通常包含需要按键反应的 Go 刺激和不需要按键反应的 NoGo 刺激。主要有两种 ERP 成分与 Go/NoGo 任务的反应抑制有关：一种是在刺激呈现后约 200—300ms 的负性成分 N2，NoGo 刺激呈现后，该成分的波幅更大（NoGo-N2），在额叶区域最大，N2 成分可能代表反应抑制或冲突监测过程；另一种是在刺激呈现后 300—500ms 的正性成分 P3，同样，在 NoGo 刺激呈现后，该成分的波幅更大（NoGo-P3），在前额中央区最大，P3 成分被认为与反应抑制有关，标志着抑制过程的后期，即反应评估或成功抑制反应。在大脑活动和智力之间的关系中，速度-智力假说认为"更高效的大脑有着更高的智商"。还有一种神经效能假说认为，智力影响的不是大脑工作的努力程度，而是大脑工作效率。这两种假说都强调了超常个体的加工速度更快。本研究旨在利用 ERP 技术寻找一个生理指标来解释超常儿童和常态儿童反应抑制的差异，并预期超常儿童比常态儿童表现出更短的 N2 和 P3 潜伏期。

二、方法

1. 被试

30 名 11—12 岁的儿童参加了本实验，15 名超常儿童来自实验中学的超常班，15 名常态儿童来自同学校的普通班级。所有儿童均为右利手，身体健康，无神经或精神疾病史，视力或矫正视力正常。

两组儿童没有年龄差异 $[F(1, 28)=0.44, p>0.05]$。超常儿童的 RSPM 分数显著高于常态儿童 $[F(1, 28)=92.83, p<0.01]$。

2. 研究设计

本研究采用 2（智力水平：超常组、常态组）×2（刺激类型：Go 刺激、NoGo 刺激）的混合设计。

3. 研究工具

本研究使用数字抑制（Digit Go/NoGo）任务。刺激材料是两个白色数字"1"和"9"，背景为黑色，在屏幕中央呈现刺激，垂直视角为 2.6°，水平视角为 1.8°。刺激呈现 50ms，刺激间隔 1000—1300ms。每个试次呈现其中一个数字，要求被试在"9"出现的时候按"Z"键（Go），在"1"出现的时候不按键（NoGo）。"1"和"9"出现的概率各半。要求被试又快又准地做出反应。测验成绩为漏报率和虚报率，分别对应 Go 试次和 NoGo 试次中的错误率。

4. 研究程序

被试以放松的姿势坐在椅子上，两眼注视屏幕中央。共有 144 个试次，分成 2 个区组，区组间有 1—2min 休息时间。正式实验前有 20 次练习。按键要求在被试间进行了平衡。用 E-prime 1.0 软件呈现刺激并收集行为数据。

在被试完成任务的过程中记录其 EEG 数据，记录电极为氯化银电极，固定于 64 导电极帽。位于左眼上下眼眶 1cm 处的电极记录垂直眼电，位于左右眼角外 1cm 处的电极记录水平眼电。电极与头皮间的阻抗小于 5kΩ。信号经放大器放大，滤波带通为 0.05—100Hz，采样频率为 500Hz。脑电记录时以左侧乳突作为参考电极，同时记录右侧乳突；数据处理时，根据双侧乳突进行再参考运算。对 EEG 数据进行离线处理。采用 30Hz 低通数字滤波，采用内置于 Neuroscan 软件中的回归程序对眼电伪迹进行矫正，按照图片呈现前 200ms 和呈现后 1000ms 对脑电进行分段。脑电事件的电压超过 ±50μV 即被去除，以排除其他原因的伪迹造成的影响。对于 N2 和 P3 成分，测量其波峰潜伏期和波幅，测量和分析以下 9 个电极：F3、Fz、F4、C3、Cz、C4、P3、Pz 和 P4。

三、结果

（一）行为结果

超常儿童与常态儿童抑制任务的行为数据如表 4-3 所示。

表 4-3　超常儿童与常态儿童抑制任务的行为数据

智力水平	漏报率（%）	虚报率（%）	反应时（ms）
超常组	0.20（0.78）	5.63（3.17）	365.19（44.78）
常态组	1.47（1.80）	10.87（8.42）	380.30（46.54）

注：括号外为平均数，括号内为标准差

该部分采用 2（智力水平：超常组、常态组）×2（刺激类型：Go 刺激、NoGo 刺激）的混合方差分析。

超常儿童与常态儿童在反应时上没有显著差异 $[F(1, 28)=0.82, p>0.05]$。超常儿童在 Go 试次中的错误率低于常态儿童 $[F(1, 28)=6.28, p<0.05]$，在 NoGo 试次中的错误率也低于常态儿童 $[F(1, 28)=5.07, p<0.05]$。

（二）脑电结果

该部分采用 2（智力水平：超常组、常态组）×2（刺激类型：Go 刺激、NoGo 刺激）×3（电极位置：额叶、顶叶、中央区）的混合方差分析。

对于 N2 波幅，刺激类型的主效应显著 $[F(1, 28)=26.74, p<0.01]$，NoGo 刺激的波幅（1.76±0.47μV）大于 Go 刺激的波幅（0.83±0.46μV）。刺激类型和电极位置的交互作用显著 $[F(2, 56)=11.50, p<0.001]$，事后检验结果显示，刺激类型的效应在中央区最大（$t=3.53, p<0.001$，Go：3.95±0.73μV；NoGo：0.68±0.68μV），且大于额叶（$t=2.98, p<0.01$，Go：2.59±0.68μV；NoGo：4.26±0.80μV）和顶叶（$t=3.17, p<0.01$，Go：1.12±0.90μV；NoGo：0.35±0.89μV）的效应。智力水平的主效应不显著 $[F(1, 28)=0.45, p>0.05]$，智力水平和刺激类型的交互作用也不显著 $[F(1, 28)=0.44, p>0.05]$。

对于 N2 潜伏期，智力水平的主效应不显著 $[F(1, 28)=0.45, p>0.05]$。刺激类型和电极位置的交互作用显著 $[F(2, 56)=3.42, p<0.05]$。与 Go 刺激相比，NoGo 刺激下额叶的 N2 潜伏期较短（Go：298.31±7.68ms；NoGo：284.18±7.37ms），而中央区（Go：252.58±10.62ms；NoGo：270.96±6.95ms）和顶叶（Go：205.00±4.63ms；NoGo：211.64±5.36ms）的潜伏期较长。刺激类型的主效应不显著 $[F(1, 28)=0.49, p>0.05]$，智力水平和刺激类型的交互作用也不显著 $[F(1, 28)=0.13, p>0.05]$。

对于 P3 波幅，刺激类型的主效应显著 $[F(1, 28)=8.63, p<0.05]$，Go 刺激下的 P3 波幅（12.22±0.61μV）比 NoGo 刺激下的波幅（10.60±0.62μV）大。刺激类型和电极位置的交互作用显著 $[F(2, 56)=29.04, p<0.001]$，NoGo 刺激下额叶的 P3 波幅更大（$t=2.42, p<0.05$，Go：6.16±0.83μV；NoGo：8.08±1.08μV），而在中央区（$t=3.53, p<0.01$，Go：15.34±0.74μV；NoGo：12.50±0.84μV）和顶叶（$t=3.17, p<0.01$，Go：15.15±1.04μV；NoGo：11.22±0.96μV），Go 刺激下的 P3 波幅大于 NoGo 刺激下的波幅。智力水平的主效应不显著 $[F(1, 28)=1.83, p>0.05]$，智力水平和刺激类型的交互作用也不显著 $[F(1, 28)=0.85, p>0.05]$。

对于 P3 潜伏期，智力水平的主效应显著 $[F(1, 28)=4.67, p<0.05]$，超常儿童的 P3 潜伏期（377.24±34.76ms）比常态儿童的潜伏期（422.95±74.12ms）短。刺激类型和电极位置的交互作用显著 $[F(2, 56)=5.41, p<0.01]$。与 Go 刺激相比，NoGo 刺激诱发的额叶 P3 成分的潜伏期更短（Go：449.51±19.75ms；NoGo：419.73±18.61ms），而在中央区（Go：406.16±16.71ms；NoGo：423.73±18.33ms）和顶叶（Go：340.39±8.34ms；NoGo：361.13±17.87ms），两种刺激条件下的潜伏期差异不显著 $[F(1, 28)=0.03, p>0.05]$，智力水平和刺激类型的交互作用不显著 $[F(1, 28)=1.18, p>0.05]$。

四、讨论

本研究的 ERP 结果在三个方面与以往研究一致。

首先，所有儿童都表现出明显的 NoGo-N2 效应，即与 Go 刺激相比，NoGo 刺激诱发了更大的 N2 波幅。该结果与以往研究（Donkers & Van Boxtel, 2004; Johnstone et al., 2005, 2007）一致。

其次，NoGo 刺激在中央区、顶叶引发的 P3 波幅显著小于 Go 刺激，在额叶则相反，Go 刺激比 NoGo 刺激诱发了更大的 P3 波幅。脑发育研究表明，随着年龄的增加，NoGo-P3 比 Go-P3 的分布更有向额叶移动的趋势。

最后，与常态儿童相比，超常儿童的 Go-P3 潜伏期较短。使用视觉搜索任务的研究也发现了类似结论。P3 潜伏期是加工速度的指标。本研究发现的 P3 潜伏期随着智力升高而缩短的结果也支持了 P3 潜伏期与智力密切相关。

本研究最重要的发现是，与常态儿童相比，超常儿童的 NoGo-P3 潜伏期较短。NoGo-P3 被认为是反应抑制的指标，这说明超常儿童可以更快地抑制 NoGo 刺激，并具有更强的抑制能力。我们的研究结果为抑制能力与智力密切相关的假设提供了证据，证明了抑制能力对超常儿童认知表现的重要性。这些结果也为速度–智力假说和神经效能假说提供了新的证据。神经效能假说认为，超常儿童不仅在信息加工方面，而且在反应抑制方面表现出更高效的神经激活。该生理结果与以往关于精神病患者的研究结果（Bokura，Yamaguchi，& Kobayashi，2005；Shucard，McCabe，& Szymanski，2008）一致。

与预期相悖的是，N2 潜伏期没有出现组间差异。该发现支持了 NoGo-N2 和 NoGo-P3 之间的功能性分离假说。NoGo-N2 可能代表反应冲突的检测或对抑制需求的认知，NoGo-P3 与反应评估或成功抑制反应有关。超常儿童的优秀反应抑制功能可能来自抑制的后期，体现在 P3 潜伏期的组间差异上。

本研究的一个局限性是所有被试均为右利手。左利手儿童的反应模式是否与本研究结果相似，还有待进一步探索。

五、小结

超常儿童具有更快的抑制速度，表现为 NoGo-P3 潜伏期更短，这是与反应抑制相关的优秀行为表现的基础。ERP 结果进一步表明，超常儿童较强的反应抑制能力可能来自反应抑制的后期阶段，即评估反应或成功抑制反应。

近年关于多动症儿童的 ERP 研究也发现，多动症儿童在抑制任务中与一般健康儿童在 P3 成分上存在显著差异（Hilger，2020），因此脑电可以作为抑制功能的辅助测量工具。ERP 研究对于理解儿童抑制功能的生理基础有着重大意义。

矛盾冲突是人们在日常生活中经常会遇到的情景，当两种不同的价值体系或行为要求同时出现时就会触发矛盾冲突，个体必须在这样的情景下克服冲突进而做出正确的反应。自我调控是个体可以在临床或教育中进行操作的项目，本研究中的一些发现为相关人员在临床实践中更好地指导与培养儿童良好的自我调控能力和行为提供了良好的基础。

此外，对智力进行测量和评估一直是智力研究的主要任务之一。智力测验发展至今已有近百年的历史，各种智力测验工具层出不穷，但是这些测验工具基本上都是在西方文化背景下形成的。由于文化因素的影响，其公平性常常受到人们的怀疑和批评。抑制功能与智力之间的关系有可能为智力测验的公平性提供新的解决方案。使用抑制功能的任务作为智力评估工具，不仅操作简单，测验时间短，而且很少受到文化因素的影响。既然抑制功能与智力之间具有内在联系，那么就有可能发展出一种训练方法，对智力核心成分进行一定训练，以稳定提高个体的智力水平。

第五章
其他超常儿童研究

前面我们探讨了超常儿童的认知、创造力、情绪情感等发展特点，并对认知神经科学的相关研究进行了综述。超常儿童的能力发展可能会受到源于家庭、社会等的诸多因素的影响，例如，处于偏远地区或经济困难家庭的孩子可能缺乏潜能发掘的机会，社会认知偏见可能会使超常儿童面临负面的评价和偏见等。本章将探讨其中一种影响因素，即城乡流动对超常儿童的影响。

此外，除了智力超常之外，还有在其他特殊领域，如音乐、美术等方面具有超常才能的人，本章将结合以往研究，继续探讨音乐超常儿童的智力、创造力发展情况等。

第一节　处境不利的超常儿童

农村向城市的流动是中国改革时代的一个显著特征。第七次全国人口普查结果显示，居住在城镇的人口占 63.89%，居住在乡村的人口占 36.11%，与 2010 年的普查相比，城镇人口增加 2 亿余人，乡村人口减少 1 亿余人[①]，体现了城乡流动数目庞大，其中包含农村人口进城务工子女随迁的情况。根据以往研究，城乡流动可能不利于儿童的发展，但步入城市有可能会给超常儿童提供良好的教育环境。根据第七次全国人口普查数据，2020 年，中国 0—17 岁流动儿童有 7109 万人，占儿童总数的比例为 23.9%[②]，而以往研究较少关注这类人群中的超常儿童。由此，对这些城乡流动超常儿童的研究将加深我们对流动经历对其发展影响的理解。本研究结果也显示了从农村到城市的流动对于超常儿童来说是一把"双刃剑"。

一、研究背景

一系列的研究表明，迁移可能不利于儿童发展。有研究者应用元分析方法来调查从农村到城市迁移的儿童的发展（Wang & Mesman，2015），他们发现，与当地城市儿童相比，中国国内的城乡流动儿童的情感幸福感较低，社交和学校功能较差，这与关于跨国移民家庭命运的理论和经验证据非常一致（McLoyd，1990；Stevens & Vollebergh，2008）。在认知能力方面，有学者发现从农村到城市流动的移民儿童在发散性思维和创造性倾向方面的得分明显低于城市儿童（Shi et al.，2012，2013）。

然而，我们应该认识到，移民并不总是会导致负面后果。儿童的社会经济地

[①] 国家统计局. 2021-05-11. 第七次全国人口普查公报（第七号）——城乡人口和流动人口情况. http://www.stats.gov.cn/sj/tjgb/rkpcgb/qgrkpcgb/202302/t20230206_1902007.html.

[②] 焦晶娴. 2023-07-28.《流动儿童蓝皮书》呈现：随父母流动儿童减少　因求学流动儿童比例增加. http://news.cyol.com/gb/articles/2023/07/28/content_AjLVL4szLo.html.

位在城市条件下会有很大改善（Liang & Chen，2007）。此外，从农村到城市的迁移有助于儿童改变世界观，提升其抱负水平，使其获得新的生活视角（Toyota，Yeoh，& Nguyen，2007）。因此，一些从农村到城市的流动儿童，特别是那些超常儿童，可能会从这种流动中受益，因为以前的研究表明，聪明的人能够迅速适应新环境（Lehman & Erdwins，2004）。

典型的超常儿童是迅速掌握知识和表现出卓越问题解决能力的人。他们做事情比其他大多数儿童早一点、快一点、好一点，且在视觉搜索（Kranzler，Whang，& Jensen，1994；Zhang et al.，2006）、执行功能（Duan et al.，2009；Liu et al.，2007）、记忆（Colom，Jung，& Haier，2007；Coyle，2003）和注意力任务（Johnson，Im-Bolter，& Pascual-Leone，2003；Shi et al.，2013）方面表现得更好。关于儿童的发展，自然要同时考虑遗传和环境的影响。个体本身的智力优势对超常儿童大有裨益，而环境（家庭、学校和同伴）对他们的发展有相当不同和更复杂的影响。然而，在以往的研究中，大部分的超常儿童选自城市地区。对于生活在不同条件下的超常儿童，如从农村向城市流动的超常儿童，则很少有人关注。2020年，中国有0—17岁流动儿童7109万人[①]。即使我们把超常儿童认定为智力处于前1%的儿童，这意味着中国有35.8万名从农村到城市的流动儿童为超常儿童。虽然这是一个巨大的数字，但人们对这一群体却很少关注。研究这些从农村向城市流动的超常儿童，有助于加深我们对于流动经历对儿童发展影响的理解。

从理论上讲，城乡流动的超常儿童既具有城乡流动儿童的特征，又具有超常儿童的特征。一方面，如上所述，超常儿童将受益于他们的高智商分数，并在许多认知测试中显示出优越性（Calero et al.，2007；Colom，Jung，& Haier，2007；Coyle，2003；Duan et al.，2009；Shi et al.，2013；Zhang et al.，2006），不过他们是否拥有优于平均水平的注意力仍是一个问题。另一方面，虽然已有研究指出，迁移经历对儿童发展有负面影响（Calero et al.，2013；Wiedl et al.，2014），但有从农村到城市流动经历的超常儿童仍有可能从这种迁移中受益。为此，我们对9—10岁从农村到城市流动的超常儿童（简称流动超常儿童）、从农村到城市流动的普通儿童（简称流动普通儿童）、在城市中的超常儿童（简称城市超常儿童）进行了一套评估7种不同类型注意力的测试。

[①] 焦晶娴. 2023-07-28.《流动儿童蓝皮书》呈现：随父母流动儿童减少 因求学流动儿童比例增加. http://news.cyol.com/gb/articles/2023/07/28/content_AjLVL4szLo.html.

二、方法

(一) 被试

本研究的被试是 87 名儿童。其中有 26 名流动超常儿童（18 名男生，8 名女生，平均年龄为 9.71±0.35 岁），30 名流动普通儿童（20 名男生，10 名女生，平均年龄为 9.66±0.64 岁），以及 31 名城市超常儿童（16 名男生，15 名女生，平均年龄为 9.89±0.48 岁）。三组之间在年龄（$F=1.64$，$p=0.200$）和性别（$\chi^2=2.28$，$p=0.321$）上没有统计学差异。

我们从北京一所小学的实验超常班招募流动超常儿童，他们源于所谓的"农民工子弟学校"（又称打工子弟学校），但还没接受过超常教育。流动普通儿童是从北京的一所打工子弟学校招募的。城市超常儿童是从北京的一所公立学校招募的，他们是当地居民，接受的是规范的教育，在瑞文高级渐进矩阵测试中处于一级水平。

(二) 研究工具

为了全面评估注意力质量，本研究进行了 7 项注意力测试，包括警觉、专注性注意、保持性注意、空间注意、分配性注意、注意转换和监控注意的测试。测量警觉、专注性注意、分配性注意和注意转换的任务源于注意力表现测试，该测试是根据 Sturm 和 Zimmermann（2002）的注意力理论开发的；保持性注意的测量采用的是经典的持续操作测试（Continuous Performance Test，CPT）（Conners et al.，2003）；空间注意的测量采用的是多维注意测试（Schweizer，Moosbrugger，& Goldhammer，2005）。星星计数测试被用来测试监控注意（De Jong & Das-Smaal，1990）。

所有的测试都是使用 E-prime1.0 软件施测的，所有的刺激都在电脑屏幕上呈现。

1. 警觉任务

警觉是通过反应时任务来评估的。目标是屏幕上的一个大"X"。被试被要求保持警觉，并尽快按下一个键以对目标做出反应。目标之间的时间间隔在 500—2000ms 随机变化。

2. 专注性注意任务

专注性注意是通过一项识别任务来研究的。目标是两张图片，被试可以很容易地将其从其他三张非目标图片中分辨出来。被试被要求将注意力集中在目标图片上，并在目标出现时尽快按下反应键。目标之间的时间间隔在1000—2000ms随机变化。

3. 保持性注意任务

保持性注意是用一个数字任务来检查的。目标是数字9，前面是数字1。被试被要求注意每个数字，并在目标出现时按下反应键。数字之间的时间间隔为1000ms，每个数字呈现200ms。

4. 空间注意任务

空间注意是通过位置检测任务来测量的。被试被要求在目标点出现在四个圆圈中的一个时按下相应的键。在目标点出现之前，一个箭头在屏幕上出现1000—1500ms，这可能有助于提示目标位置。

5. 分配性注意任务

分配性注意是用视觉和听觉的双重任务来测量的。在视觉任务中，目标是一个由四个"x"组成的正方形。听觉任务的目的是检测两个相同音调的蜂鸣声。被试被要求同时执行这两项任务。

6. 注意转换任务

注意转换也是用位置检测任务来评估的，但目标刺激物总是在转换。在第一个试次中，被试被要求检测一个字母是出现在右边还是左边。在第二个试次中，被试被要求检测一个数字的位置。第三个试次中的目标是一个字母，第四个试次中的目标是一个数字，目标呈现以这种方式交替进行，直到任务完成。

7. 监控注意任务

监控注意是用星星计数测试来检查的。被试被要求从最先出现的数字开始数，根据屏幕上星星呈现的数学符号，以向前或向后的方向计数。

（三）实验程序

为了证明三组之间的智力差异，被试在实验前在教室里完成了卡特尔文化公平测试。用单因素方差分析比较原始分数，发现这三组之间存在显著差异，

$F=114.44$，$p<0.001$，$\eta^2=0.748$。LSD 分析显示，流动普通儿童的分数（$M=25.17$，$SD=3.24$）明显低于智力优秀的城市超常儿童（$M=34.90$，$SD=2.23$，$p<0.001$）和流动超常儿童的分数（$M=33.79$，$SD=2.35$，$p<0.001$），而流动超常儿童和城市超常儿童之间没有显著差异（$p=0.157$）。

在智力测试后大约一周，我们安排被试完成注意力任务。他们在第一次评估时完成了警觉、分配性注意和监控注意任务，在第二次评估时完成了专注性注意、保持性注意、注意转换和空间注意任务。完成所有这些测试需要 60—70min。每项任务结束后，被试都有一段休息时间。为了确保每个被试都能理解这些任务，我们将他们以 4—6 人为一组，以小组的形式来完成实验。实验者对每项任务进行了详细介绍，每个被试在正式测试前都有机会进行练习。3 名接受过这些任务培训的心理学研究生收集了实验数据。

三、结果

（一）反应时分析

首先，我们采用独立样本 t 检验来研究流动超常儿童和流动普通儿童在这 7 项注意力任务中的反应时差异（表 5-1）。在以下注意力测试中，流动超常儿童的反应时明显短于流动普通儿童：警觉，$t(54)=-3.93$，$p<0.001$，$\eta^2=0.22$；注意转换，$t(54)=-2.78$，$p=0.008$，$\eta^2=0.125$；空间注意，$t(54)=-3.99$，$p<0.001$，$\eta^2=0.23$；分配性注意，$t(53)=-2.35$，$p=0.02$，$\eta^2=0.095$。我们采用 Bonferroni 校正，将所有的阈值设定为 0.025（0.05/2），因为在目前的研究中，所有的数据都被比较了两次。

表 5-1　流动超常儿童和流动普通儿童在 7 项注意力任务上的反应时和 t 值

组别	警觉	专注性注意	注意转换	空间注意	监控注意	保持性注意	分配性注意
流动超常儿童	332.82（9.97）	607.54（11.86）	1 270.19（48.02）	709.91（32.59）	38 980.33（1726.58）	358.22（12.97）	871.88（23.92）
流动普通儿童	402.13（13.97）	594.92（8.20）	1 517.68（71.79）	964.57（52.31）	45 920.27（4410.84）	321.94（9.87）	954.48（25.40）
t	−3.93***	0.90	−2.78**	−3.99***	−1.47	2.26	−2.35*

注：括号外为平均数，括号内为标准差

我们采用同样的方法来比较流动超常儿童和城市超常儿童的反应时（表 5-2），在这 7 项注意力任务上，两组之间都没有显著差异。

表 5-2 流动超常儿童和城市超常儿童在 7 项注意力任务上的反应时和 t 值

组别	警觉	专注性注意	注意转换	空间注意	监控注意	保持性注意	分配性注意
流动超常儿童	332.82（9.97）	607.54（11.86）	1 270.19（48.02）	709.91（32.59）	38 980.33（1726.58）	358.22（12.97）	871.88（23.92）
城市超常儿童	345.04（8.82）	597.74（8.78）	1 309.89（54.40）	625.40（21.74）	34 896.63（1373.53）	350.18（9.16）	867.46（15.20）
t	-0.92	0.68	-0.54	2.16	1.87	0.52	0.16

注：括号外为平均数，括号内为标准差

（二）正确率分析

我们采用独立样本 t 检验来研究流动超常儿童与流动普通儿童在 7 项注意力测试中的正确率差异（表 5-3）。结果显示，流动超常儿童在以下注意力测试中的表现明显优于流动普通儿童：监控注意，$t(54)=4.60$，$p<0.001$，$\eta^2=0.272$；保持性注意，$t(52)=3.29$，$p<0.01$，$\eta^2=0.166$；分配性注意，$t(53)=6.31$，$p<0.001$，$\eta^2=0.415$。

表 5-3 流动超常儿童和流动普通儿童在 7 项注意力任务上的正确率和 t 值

组别	警觉	专注性注意	注意转换	空间注意	监控注意	保持性注意	分配性注意
流动超常儿童	1.00（0.00）	0.94（0.01）	0.90（0.02）	0.96（0.00）	0.69（0.04）	0.92（0.02）	0.89（0.02）
流动普通儿童	0.96（0.02）	0.91（0.02）	0.84（0.03）	0.96（0.01）	0.41（0.05）	0.78（0.04）	0.64（0.03）
t	2.15	1.33	1.61	0.69	4.60***	3.29**	6.31***

同时，我们在流动超常儿童和城市超常儿童之间进行了同样的比较（表 5-4）。结果显示，在专注性注意 [$t(54)=-4.55$，$p<0.001$，$\eta^2=0.319$] 和注意转换 [$t(55)=-3.67$，$p<0.01$，$\eta^2=0.218$] 任务上，流动超常儿童的表现明显比城市超常儿童差。

表 5-4 流动超常儿童和城市超常儿童在 7 项注意力任务上的正确率和 t 值

组别	警觉	专注性注意	注意转换	空间注意	监控注意	保持性注意	分配性注意
流动超常儿童	1.00（0.00）	0.94（0.01）	0.90（0.02）	0.96（0.00）	0.69（0.04）	0.92（0.02）	0.89（0.02）
城市超常儿童	1.00（0.00）	0.99（0.00）	0.96（0.03）	0.97（0.01）	0.79（0.02）	0.95（0.01）	0.85（0.02）
t	−0.13	−4.55***	−3.67**	−1.81	−2.28	−1.51	1.44

此外，我们采用因子分析来测试这三个群体的注意结构。我们能够为流动超常儿童提取 3 个因子，为城市超常儿童提取 1 个因子，为流动普通儿童提取 2 个因子。这些分类因素如表 5-5 所示。

表 5-5 三组因素分析

注意种类	流动超常儿童 因子1	流动超常儿童 因子2	流动超常儿童 因子3	城市超常儿童 因子1	流动普通儿童 因子1	流动普通儿童 因子2
警觉	0.393	0.821	0.164	0.542	0.576	0.575
专注性注意	−0.028	0.877	0.248	0.780	0.255	0.591
保持性注意	0.891	−0.009	−0.001	0.897	−0.134	0.624
分配性注意	0.381	0.217	0.364	0.548	−0.208	0.759
空间注意	0.704	0.341	0.273	0.714	0.710	0.511
注意转换	−0.068	0.117	0.898	0.673	0.788	−0.172
监控注意	0.269	−0.038	0.718	0.668	0.682	−0.102

四、讨论

本研究通过比较流动超常儿童、城市超常儿童、流动普通儿童的反应时、正确率和注意结构，探讨了这些儿童的注意力品质。尽管在一些注意力任务上，流动超常儿童的表现不如城市超常儿童好，但他们的注意结构比城市超常儿童发展得更早。这意味着从农村到城市的迁移对于超常儿童来说可能是一把"双刃剑"。同时，在反应时、正确率和注意结构方面，流动超常儿童比流动普通儿童有更好的注意力素质。这与以往发现的超常儿童比一般同龄人有更强的注意能力是一致的（Cowan et al., 2006；Johnson, Im-Bolter, & Pascual-Leone, 2003；Schweizer, Moosbrugger, & Goldhammer, 2005；Shi et al., 2013）。

以往的研究显示，城市超常儿童在认知能力方面比智力一般的同龄人有明显的优势（Colom, Jung, & Haier, 2007；Coyle, 2003；Johnson, Im-Bolter, & Pascual-Leone, 2003；Kranzler, Whang, & Jensen, 1994；Shi et al., 2013；Zhang et al., 2006）。本研究表明，流动超常儿童也从他们的高智力中受益，与流动普通儿童相比，他们在保持性注意、分配性注意和监控注意任务上的正确率更高，且在警觉、空间注意、分配性注意和注意转换任务上的反应时都比智力一般的同龄人更短。

同时，经过因子分析，我们发现流动超常儿童形成了三个注意结构，而他们的普通同龄人形成了两个注意结构。由此看来，智力一般的农村进城务工人员子女的注意结构比智力优秀的同龄人更成熟，因为两个注意结构的结果与成人的研究结果一致（Moosbrugger, Goldhammer, & Schweizer, 2006；Schweizer, Moosbrugger, & Goldhammer, 2005）。然而，当进一步研究详细的分类时，我们发现与流动普通儿童相比，流动超常儿童的注意结构与成人的注意结构更加一致。流动超常儿童的两个注意结构与成人注意结构具有相似的组成部分。然而，流动普通儿童的两个注意结构却与成人注意结构有很大的差距。这说明即使流动超常儿童的注意结构没有分化到和成人一样的水平，但他们的注意结构更加成熟。如上所述，超常儿童比常态的同龄人有明显的认知优势（Duan et al., 2009；Liu et al., 2007）。我们的研究结果支持了这一观点，并将其扩展到流动超常儿童群体中。

流动超常儿童和城市超常儿童之间的差异是复杂而有趣的。在反映信息加工速度的反应时方面，两组之间没有显著差异。一些研究表明，信息加工速度和智力之间存在正相关关系（Kranzler, Whang, & Jensen, 1994；Zhang et al., 2006）。因此，考虑到这两个群体具有相似的智力水平，两者在注意力任务的反应时上的相似性是有意义的。然而，流动超常儿童在正确率方面的表现并不如城市超常儿童好。在过去的研究中，正确率的提高是由于牺牲了视觉注意力任务的加工速度，而这是随着年龄增长自然发生的（Christakou et al., 2009；Davidson et al., 2006）。本研究结果显示，流动超常儿童不会像同龄的城市超常儿童那样通过牺牲加工速度来确保同样的准确性。换言之，在反应时和准确性的权衡方面，他们的发展并没有达到与智力有天赋的城市儿童相同的水平。

在确定流动超常儿童所面临的不利条件的原因时，应考虑到低社会经济地位。大多数从农村到城市的移民来自我国的贫困农村地区。大多数移民家庭，包括那些有智力天赋儿童的家庭的社会经济地位都很低（Li et al., 2007）。以往研究显示，来自低社会经济地位家庭的青少年更有可能经历匮乏的家庭环境，如低质量的家庭环境、不良的非母性照顾和低家庭收入，所有这些劣势会导致他们的认知功能越来越差（Carlson & Corcoran, 2001; Feinstein & Bynner, 2004; Petrill et al., 2004）。这与本结果一致，即流动超常儿童在注意力任务上的表现不如同龄的城市超常儿童那样好。

此外，从农村到城市的流动儿童很难进入公立学校，他们往往被送到打工子弟学校，然而，打工子弟学校的教学设施有限，教师也缺乏标准的培训（Li et al., 2010; Zhao, 1999）。一些研究表明，在公立学校的流动儿童比在打工子弟学校的流动儿童表现出更积极的情感、社会和教育功能（Wang & Mesman, 2015）。由于本研究中的所有流动超常儿童均是打工子弟学校就读的学生，这类学校的教学质量相对较差，这可能是导致他们注意力表现较差的原因之一。此外，超常儿童在普通课堂上获得知识的速度较快，而学习内容不一定能满足他们的需要。当老师以重复性的、简单化的方式提供信息时，流动超常儿童更有可能被其他事情分散注意力。如果没有适当和匹配的学校教育，流动超常儿童几乎没有机会从教师那里得到有效的指导，以帮助他们获得优秀的注意力品质。

然而，迁移经历并不是绝对没有好处的。关于注意结构，流动超常儿童似乎发展出了三种，其中两种与成年人的注意结构非常相似（Moosbrugger, Goldhammer, & Schweizer, 2006; Schweizer et al., 2005）。然而，城市超常儿童的注意结构似乎并没有分化。这意味着流动超常儿童的注意结构比城市超常儿童更发达，证实了从农村到城市流动经历的"双刃剑"性质。虽然没有直接证据证明有迁移经历个体的认知优势，但来自精英成人的结果显示，迁移经历对个体的认知发展有重要价值（Franzoni, Scellato, & Stephan, 2014; Waldinger, 1986）。这与本研究结果一致，表明流动超常儿童有更好的机会来利用丰富和独特的环境。体验不同的环境能更好地刺激流动超常儿童，从而帮助他们更早地形成和发展注意结构。

据我们所知，本研究是国内首个探索流动超常儿童注意力素质的研究（研究发表时间为2016年10月）。然而，应该注意到本研究的几个潜在局限性。首先，本研究只评估了9—10岁的儿童，不足以研究迁移对超常儿童的影响。鉴于注意力素质随着年龄的增长而发展（Betts et al., 2006; Kanaka et al., 2008; Rebok et al., 1997），未来的研究应从发展的角度研究智力有天赋的移民儿童的注意力，从而更全面地了解迁移经历对超常儿童的影响。其次，本研究中很难将移民和低社会经济地位的影响区分开来，因此未来需要更深入的研究来阐明移民的内在影响机制。最后，由于流动超常儿童会被挑选出来接受超常教育，因此，流动超常儿童的挑选比城市超常儿童更复杂。未来研究应该对流动超常儿童和城市超常儿童进行同样的筛选，对流动超常儿童的分类测试不应该只基于卡特尔文化公平测试，因为该测试已被证明在文化上不公平。

五、结论

总体来说，本研究对从农村到城市流动的 9—10 岁的超常儿童的注意力进行的调查是一项初步研究，研究结果有助于我们更好地了解流动超常儿童的认知发展特点。此外，通过对各种潜在相关因素的讨论，我们发现了许多有趣的研究方向，供未来研究参考。我们希望本研究能够为未来研究者探索其中的一些问题提供助力，并进一步加深研究者对处境不利的超常儿童认知发展的理解。

第二节 音乐超常儿童

超常儿童的天赋或才能还可能表现在音乐、数学、绘画、体育等方面，其中音乐天赋最早出现并表现为一种比较独立的智力。历史上，以贝多芬为代表的音乐超常个体在数学能力和语言能力上的表现较落后，但多项研究证明了音乐训练有助于认知能力的发展。然而，贝多芬等历史人物所处的社会环境、教育条件等与当下有很大差异，相关个案研究在不同的时代背景和社会背景下也不可同日而语。由此，我们在本节探索了具有音乐特长的儿童和普通儿童的智力及其结构特点与学业成绩的关系，以及音乐专业的特长生与普通中学生的智力及创造力的关系，结果发现了音乐教育和训练对个体发展的积极作用，以及日复一日的单一训练可能会对创造力的发展产生的消极作用。社会的发展除了需要在文化领域表现突出的人才外，还需要在其他特殊领域具备超常才能的人才。因此，研究特殊领域，如数学、音乐、体育、美术等领域人才的认知特点、培养模式及其在才能发展中可能面临的问题等，具有重要的现实意义。

一、音乐特长儿童的智力结构特点及其与学业成绩的关系

（一）研究背景

个案研究发现，音乐超常个体或音乐家在智力或能力结构上具有不平衡性，即有些音乐家同时表现出在音乐能力上的惊人发展和在其他能力上的相对落后，例如，贝多芬在数学能力和语言能力上的表现就相当落后，这可能意味着一些音乐家或音乐超常儿童在音乐能力上的超常发展是以其他能力的滞后为代价的，或者说音乐能力能够在其他能力落后的情况下独立发展。而以往研究显示，音乐能力的培养和训练有益于儿童认知能力的发展，如音乐教学能很快地提高儿童的空间、时间推理能力（Leng, Shaw, & Wright, 1990; Rauscher et al., 1997），提高个体的语词记忆效率等（Chan, Ho, & Cheung, 1998）。

由此，两方面的研究结果似乎是相互对立的。一方面，对一些音乐家或音乐超常个体的研究表明，音乐能力发展和其他认知能力发展是不平衡的，即一些认知能力发展可能存在明显落后的现象。这一结论意味着音乐特长儿童在其他认知能力上的发展可能要落后于普通儿童；另一方面，有关音乐能力与认知能力之间关系的探讨则发现，音乐能力的提高对儿童认知能力的发展具有促进作用。从这一结论出发，可以推论音乐特长儿童在某些认知能力的发展上优于普通儿童。这些研究结果或推论的不一致引发出令人感兴趣的问题，即音乐才能与其他才能的关系如何，具有音乐才能的个体与普通个体在认知结构上是否不同质。

关于音乐特长儿童学业成绩表现的研究也一直存在争议。在学业成绩方面，很多教育工作者认为，音乐特长生往往是音乐能力超常，而学业成绩相对落后。在现实生活中，一些学校在接收音乐特长生时，往往会把录取分数线适当降低。有关研究也发现，具有艺术特长的青少年在学业技能上的表现比一般青少年差（Csikszentmihalyi, Rathunde, & Whalen, 1997）。而一项长期追踪研究发现，学习音乐或受过钢琴训练的儿童，普遍地表现出整体学习能力提高的倾向，特别是

数学成绩更好（徐新明，2001）。那么，究竟应该如何看待音乐特长儿童的学业成绩表现呢？音乐特长儿童的智力水平和智力结构有什么特征呢？从智力与学业成就之间的关系来看，智力测验能够有效地预测个体的学业成绩。因此，这些不同的结论或观点可能是由于人们在观察音乐能力与学业成绩之间的关系时忽略了智力的因素。当人们认为音乐特长生在学业成绩上的表现较差时，可能观察的是智力发展水平相对落后的群体；而当人们指出音乐训练能提高个体的学业成绩时，则可能观察的是智力发展水平相对较高的群体。

综上，我们试图通过对音乐特长儿童与普通儿童的智力测验结果进行比较，以此来分析音乐特长儿童在智力水平和智力结构方面的特点，探讨音乐特长儿童与普通儿童在智力结构上的异同，以及音乐特长儿童的智力结构特点与其学业成绩之间的关系。

（二）方法

1. 被试

被试取自北京市某中学初中一年级，分为两组：音乐特长组和普通儿童组。音乐特长组共计24名，其中，男生8名，女生16名，年龄范围为11岁4个月至14岁1个月（M=12.6，SD=0.6）。所选的音乐特长儿童都接受过五年以上系统的音乐教育，而且在演奏各类乐器或声乐上获得了中央音乐学院业余组等级考试五级以上证书。普通儿童组共48名，其中，男生16名，女生32名，年龄范围为11岁2个月至14岁整（M=12.2，SD=0.7），这些儿童以前很少接触音乐，未接受过系统的或长时间的音乐教育和训练。我们对两组被试的家庭背景（采用父母教育水平和家庭经济收入为指标）进行了匹配。

2. 研究工具

采用儿童团体智力测验施测，该量表可分成语言量表和非语言量表，共包括10个分测验。其中，语言量表部分包括常识、类同、算术、理解、词汇5个分测验；非语言量表部分包括辨异、排列、空间、译码和拼配5个分测验。每一个分测验反映了儿童的智力或认知能力的某一个方面。整个测验需要80min左右（包括说明和解释指导语所用的时间）。

采用语文、数学、英语学科基础测试，得出儿童的学业成绩。

（三）结果

1. 智力水平比较

为了考察音乐特长儿童和普通儿童的智力水平情况，我们比较了音乐特长儿童和普通儿童的语言智力、非语言智力和总体智力，并做了差异性检验。结果表明，音乐特长儿童和普通儿童的总体智力差异不显著。但如果分别考察语言智力和非语言智力，则发现音乐特长儿童的语言智力高于普通儿童（$t=2.012$，$p<0.05$），但两组的非语言智力差异不显著（表 5-6）。

表 5-6　音乐特长儿童与普通儿童的智力比较

项目	语言智力	非语言智力	总体智力
音乐特长组	108.67±13.42	103.00±12.15	106.63±2.53
普通儿童组	101.00±12.92	104.54±13.98	102.50±2.39
t	2.012*	−0.394	0.473

2. 智力结构比较

为了进一步探讨音乐特长儿童和普通儿童在智力结构上的特点，我们对两组被试在智力测验的 10 个分测验上的成绩做了进一步的分析。结果表明，在常识、词汇上，音乐特长儿童与普通儿童有显著差异，音乐特长儿童的得分明显高于普通儿童（常识：$t=2.37$，$p<0.05$；词汇：$t=2.43$，$p<0.05$）。但音乐特长儿童与普通儿童在类同、算术、理解、辨异、排列、空间、译码和拼配上的得分没有显著差异（表 5-7）。

表 5-7　音乐特长儿童与普通儿童的智力结构比较

智力结构	音乐特长组 M	音乐特长组 SD	普通儿童组 M	普通儿童组 SD	t
常识	11.79	3.09	9.88	2.47	2.37*
类同	10.71	2.68	10.13	2.29	0.81
算术	10.70	2.53	9.92	3.06	0.92
理解	11.13	3.10	9.93	3.19	1.33
词汇	12.54	2.23	11.00	2.17	2.43*
辨异	11.33	2.57	10.42	2.73	1.10
排列	9.96	2.74	10.92	2.47	−1.27
空间	10.38	2.14	10.13	3.38	0.31

续表

智力结构	音乐特长组 M	音乐特长组 SD	普通儿童组 M	普通儿童组 SD	t
译码	10.71	2.31	10.54	2.78	0.23
拼配	11.17	3.52	9.67	3.50	1.48

3. 学业成绩比较

为了进一步理解音乐特长生的智力与学业成绩之间的内在关系，我们对音乐特长儿童和普通儿童的学业成绩（主要选取语文、数学、英语成绩）做了比较。结果表明，在语文成绩和英语成绩上，音乐特长儿童明显优于普通儿童（语文：t=5.22，$p<0.01$；英语：t=4.49，$p<0.01$）；而在数学成绩上，两组没有显著差异（表5-8）。

表 5-8 音乐特长儿童与普通儿童的智力比较

项目	数学	英语	语文
音乐特长组	81.37±8.91	90.54±6.87	82.95±3.59
普通儿童组	81.50±10.52	79.41±10.00	73.56±8.04
t	−0.04	4.49**	5.22**

（四）讨论

研究表明，与普通儿童相比，音乐特长儿童在智力或基本认知能力上没有表现出明显落后，相反，音乐特长儿童在某些方面还表现出一定的优势。因此，两组儿童智力或基本认知能力的发展总体上是平衡的。这个结果与对一些音乐家或音乐超常个体的研究所得结论是不一致的（Simonton，1999；Winner，2000），原因可能如下：本研究中选取是音乐特长儿童，虽然他们在音乐技能或音乐表演上要远远优于普通儿童，但其中有长期训练的因素，即他们在音乐能力上的突出表现可能更多地受到教育和训练因素的影响；而其他研究者所选取的音乐超常个体或音乐家则更多地表现为音乐天赋，即他们在音乐能力上的惊人表现可能更多地受到遗传因素的影响。换句话说，可能存在两种音乐才能：一种是依赖于一般认知能力的音乐才能；另一种是相对独立于一般认知能力的音乐才能。而音乐超常个体可能主要属于后者。当然，这些解释还需要未来进一步的研究。

尽管音乐特长儿童的总体智力与普通儿童没有显著差异，但在认知能力的某些方面，音乐特长儿童表现得较为突出。本研究结果表明，音乐特长儿童的语言智力显著高于普通儿童,特别是在语言智力的常识和词汇这两个方面,而在类同、算术、空间、排列、译码和拼配等方面和普通儿童没有显著差异。这一结果支持了音乐对儿童认知能力的发展具有促进作用的观点。

音乐特长儿童在语文和英语成绩上明显优于普通儿童,在数学成绩上也不比普通儿童落后。这一结论与大多数教育者认为音乐特长儿童学业成绩很差的观点是相反的。那么,音乐特长儿童在学业成绩上的特点与其在智力结构上的特点是否存在一定的关系呢?根据先前的大量研究,智力测验成绩能够很好地预测学生的学业成绩。因此,为了了解学生的学业成绩与智力各成分之间的关系,本研究使用团体智力测验和学科测验对北京市某中学 391 名初一学生进行了儿童团体智力测验,然后,通过回归分析建立了语文、数学、英语成绩对智力各个分测验得分的回归方程。根据各科学习成绩与智力测验得分的回归方程,可以发现,智力结构中的词汇对初一学生的语文和英语成绩的贡献较大;智力结构中的算术对初一学生的数学成绩的贡献较大。从音乐特长儿童的智力结构上可以看出,音乐特长儿童在词汇、常识方面要明显优于普通儿童,因此可以预测,他们在语文、英语上的成绩应优于普通儿童;而在算术、理解等方面,音乐特长儿童与普通儿童没有明显差异,这与本研究观察到的数据及差异检验的结果是一致的。这表明,音乐特长儿童的智力结构特点与其学业成绩特点具有紧密联系。

(五)结论

根据本研究结果,我们可以得出以下结论:①音乐特长儿童的总体智力位于中等水平,与普通儿童相比没有差异,但其语言智力高于普通儿童;②音乐特长儿童在智力结构的各个方面较为平衡;③音乐特长儿童在词汇、常识方面优于普通儿童,但在智力结构的其他方面,两组儿童没有显著差异;④音乐特长儿童的语文和英语成绩优于普通儿童,而两组儿童在数学成绩上无显著差异。

二、音乐特长生与普通中学生智力和创造力的比较研究

(一)研究背景

关于音乐与创造力的研究一直存在争议。1987 年,周林、查子秀和俞慧耕

(1987)以音乐儿童和常态儿童为被试进行了对比研究,发现具有音乐才能的儿童在图形、语词和数三项类比推理测验中普遍比常态同龄儿童的成绩要高。还有研究者经过实践研究认为,创造力产生于经验积累与独立思考的结合,长期的音乐训练仅能提高个体的演奏技巧,而非创造力(Gruhn, 2005)。还有一种观点认为,音乐教育具有培养学生创造力的巨大潜能,无论是音乐的欣赏、创作、演奏还是表演实践,都是创造性因素在起作用,但需要特殊的音乐教学方法(Bilhartz, Bruhn, & Olson, 1999)。

与以往国内研究不同,我们未以是否学习某种乐器来区分音乐特长学生和普通学生,因为在普通学校学习的有音乐特长的学生同时会接受更多音乐之外的各种训练,与普通学生所接受的训练相似,因而两者表现出更多的共性。因此,我们选取了专业音乐学校的学生作为研究对象,他们在学习乐器的同时还学习了各种音乐理论知识,大多在幼年起就开始音乐学习。因此,我们试图通过对普通中学生与专业的音乐特长生的智力及创造力测验结果进行比较,来探索音乐与智力和创造力的关系。

(二)方法

1. 被试

被试取自北京市某中学及某专业音乐学院附中,共 470 人,其中普通中学生 225 人(男生 82 人,女生 143 人),平均年龄为 15.4±1.8 岁;音乐特长生 245 人(男生 87 人,女生 158 人),平均年龄为 15.6±1.7 岁。两校学生的年龄、性别分布无显著差异。

2. 研究工具

1)创造性能力测验。创造力测验工具采用中国科学院心理研究所编制的创造性能力测验 2.0 问卷中文第一版,选取其中的 3 个分测验:图形创造性思维测验、数字创造性思维测验、实用创造性思维测验(查子秀,1998;施建农,查子秀,周林,1998)。

2)托尼非语文智力测验量表。智力测验工具采用托尼非语文智力测验量表,该量表是美国心理学家 Brown、Sherbenou 和 Johnsen 于 1982 年编制,并于 1990 年修订的一套非语文类智力测验,该测验的信度和效度良好,不受语言和文化的影响,适合集体施测 6—18 岁儿童的问题解决能力和智力水平。

（三）结果

1. 智力比较

对智力进行单因素方差分析，结果发现，智力在学校（$F=2.739$，$p=0.99$）、性别（$F=0.289$，$p=0.591$）上没有显著差异，但在年级（$F=5.350$，$p<0.001$）上有显著差异，故对各年级进行了考察。在对各年级学生的智力进行比较后，结果发现，初一、高一年级音乐特长生的智力得分显著高于普通中学生，初三年级普通中学生的智力得分显著高于音乐特长生，初二、高二、高三年级的智力水平无显著差异。与普通中学生相比，各年级的音乐特长生在智力发展上无明显优势，也没有随着音乐学习年限的增加而在智力水平上高出普通中学生，而且单就音乐特长生的成绩来说，其智力水平随着年级的升高也不完全呈上升趋势（表5-9）。

表5-9 各年级音乐特长生与普通中学生智力得分的比较

年级	音乐特长生 n	M	SD	普通中学生 n	M	SD	t
初一	40	101.47	10.36	33	95.42	11.07	2.41*
初二	27	99.85	10.82	30	97.26	9.90	0.94
初三	27	92.29	8.90	34	97.88	8.29	−2.52**
高一	70	101.52	10.87	46	95.30	13.12	2.77**
高二	57	97.39	8.37	38	95.89	10.13	0.79
高三	24	102.91	8.74	44	104.50	9.62	−0.67

2. 创造力比较

我们首先对音乐特长生与普通中学生的创造力进行了单因素方差分析，结果发现，创造力在学校、年级上存在显著差异（学校：$F=26.863$，$p<0.001$；年级：$F=12.235$，$p<0.001$）。在图形创造力、数字创造力、实用创造力及创造力总分上，普通中学生的得分都显著高于音乐特长生（表5-10）。在创造力总分各年级的比较中，除高一年级音乐特长生在创造力总分上与普通中学生无显著差异外，其他各年级普通中学生的创造力总分都显著高于音乐特长生（表5-11）。

表 5-10　音乐特长生与普通中学生在创造力总分及各分测验上的得分比较

项目	图形创造力	数字创造力	实用创造力	创造力总分
音乐特长生	12.46±6.37	1.80±2.51	41.42±16.28	55.69±19.66
普通中学生	15.21±6.59	4.12±4.35	45.47±15.45	64.82±18.41
t	−4.59***	−7.15***	−2.76**	−5.19***

表 5-11　各年级音乐特长生与普通中学生创造力得分的比较

年级	图形创造力 音乐特长生	普通中学生	t	数字创造力 音乐特长生	普通中学生	t	实用创造力 音乐特长生	普通中学生	t	创造力总分 音乐特长生	普通中学生	t
初一	10.82	14.47	−2.49**	0.56	5.86	−6.07**	25.46	36.99	−3.77**	36.85	57.33	−5.32*
初二	10.2	13.86	−2.36*	3.58	4.53	−0.83	33.89	48.66	−4.07**	47.68	67.07	−4.92***
初三	10.37	15.15	−2.78**	2.90	6.36	−3.42**	47.06	53.83	−1.98	60.35	75.36	−3.53**
高一	13.96	15.57	−1.33	1.74	2.34	−1.13	49.27	35.92	4.95*	64.97	53.84	3.41
高二	14.37	15.02	−1.08	1.43	2.32	−1.71	43.72	52.91	−3.05**	58.63	70.26	−3.24**
高三	13.29	16.53	−2.00*	1.66	4.23	−2.80**	41.80	46.75	−1.31	56.76	67.51	−2.25*

（四）讨论

关于音乐特长生与普通中学生智力的比较，前人的研究结果存在分歧。本研究通过对专业音乐院校学生与普通中学生的智力测验结果进行比较，发现二者无显著差异。智力的构成与发展是一个十分复杂的问题，如果用加德纳的多元智力理论来解释智力的构成，那么音乐能力被认为是智力的一个组成部分，根据加德纳的观点，人的各种智力之间的相关是很低的，不仅在一般情境下某种智力的优势和特点难以有效地迁移到另一种智力之中，而且，即使是在不断的教育训练之后，某种智力的优势和特点仍然难以有效地迁移到另一种智力之中（转引自：霍力岩，2000）。我们通常所讲的智力一般包括多元智能理论中的语言能力、逻辑数理能力、视觉空间能力。从智力构成及相互作用来讲，如果我们仅把音乐能力看作智力的一个组成部分，本研究结果与加德纳的理论是一致的，即音乐能力的发展并没有迁移到其他能力的提高上。从智力的影响因素来讲，智力受到遗传、环境、知识、兴趣等诸多因素的影响，如果只分析音乐对智力的影响，本研究结果表明，音乐对发展智力并没有显著影响。

为什么会出现音乐特长生的创造力远远低于普通中学生的现象？这一研究结

果与人们通常所认为的音乐能开发创造力的说法是不太吻合的。影响创造力发展的因素有很多，Kozbelt（2005）在研究莫扎特的创作成就和创造力影响因素时发现，创作时间、创作成就以及创作的持续性对其超常的创造力产生了影响。也许音乐本身并不能影响创造力的发展，而是在音乐方面取得的成就以及带来的高成就感等因素促进了创造力的发展，也可以说，音乐是创造力的一个间接影响因素。人们通常所认为的音乐可以促进创造力的发展，也许只是从少数优秀音乐家身上归纳出来的规则，而这个规则并不适用于普通的音乐特长生。Gruhn（2005）经过研究发现，简单的音乐训练只能提高个体的音乐技巧，而非创造力。结合专业音乐教育现状，我们认为，目前国内的顶级音乐学校吸引了全国各地的优秀音乐生前来报考，在顶级音乐学校进行进一步的学习与深造，成为音乐生将来成才的重要途径之一。而此类音乐学校招生名额有限，在招生上更是层层把关，严格筛选，优中择优。音乐特长生为了考取专业类最高学府，大多从幼年起就开始请家教、拜名师学艺，在成长的过程中甚至只顾练习。而考取了专业类音乐学校的学生，为了将来能在音乐领域内有所作为，便将平时的时间几乎全部用在练习上，甚至周末也都在练习，少有闲暇顾及其他事情。与音乐特长生相比，普通中学生成才的选择面宽，所承受的压力远远小于音乐特长生，他们在初高中时所参加的课外活动往往远多于音乐特长生，而且业余活动内容丰富，能使他们从各方汲取知识，从而培养了他们各方面的能力，由此使他们的思维更加活跃，这或许是他们的创造力高于音乐特长生的原因，这也启示我们，机械、重复的练习对创造力发展并不利。

（五）结论

以音乐为专业的特长生的创造力低于普通中学生，相比普通中学生的多类学科学习和丰富的课余活动，音乐特长生的学习内容较为单一，且需要长期重复的练习，从而不利于其创造力的发展，体现了教育内容多样化的重要意义。

第六章

超常儿童研究与教育

多年来，全球的研究者一直关注超常儿童的研究问题。超常儿童需要关注，也值得关注。研究超常儿童的重要目的之一是为其提供合适的超常教育，帮助更多超常儿童成长为拔尖创新人才。超常教育的实践推进需要可靠的理论作为基础，理清超常儿童与杰出人才的关系，有助于教育者明确超常儿童培养的意义和方向。多年来，我国已探索过多种超常教育模式，这些超常教育模式虽在一定程度上促进了超常儿童的发展，但也可能带来部分弊端。对这些教育模式的效果进行评估，从多方面考察其对超常儿童发展的影响，是极为必要且有意义的工作，可为今后我国超常教育的发展指明方向。

本章首先在概述全球超常儿童教育研究现状的基础上，对我国在超常儿童鉴别方法上的进展以及对超常儿童的研究内容进行了介绍；其次介绍了基于中国国情提出的超常教育的理论模型——BSI 模型；最后介绍了我们课题组多年来对多种模式的超常教育进行的考察和评估结果。

第一节 超常儿童研究

全世界许多国家的研究者多年来聚焦超常儿童的研究问题，关注超常教育模式的发展，旨在提升超常儿童研究的方法和技术。首先，在超常儿童的教育研究上，许多国家通过投入大量资金、修订教育政策等来促进超常儿童教育的发展，而超常儿童的教育模式也越来越成熟，比如，美国约翰斯·霍普金斯大学 CTY 的建立，实现了超常儿童鉴别与培训的一体化。其次，超常儿童的心理学评价方法已经从单一的智力测验发展到多指标、多形式的鉴别方法，而对超常儿童的研究已经从描述性研究发展到定量研究，从个案调查发展到集体实验研究。近年来，随着学科交叉趋势的流行，心理学与生命科学、信息科学等相结合，使得超常儿童研究再上一个台阶。比如，研究者运用认知心理学的方法来探索一些超常儿童智力的基本认知成分，以及运用脑成像、行为遗传学的方法来寻求超常儿童智力变异的深层原因。

为了加强全球超常儿童研究组之间的交流与协作，全球的研究者于 1975 年在英国伦敦召开了首届世界超常（天才）儿童会议（World Council for Gifted and Talented Children，WCGT）。此次会议汇聚了世界各国超常儿童的优秀研究者。从其会议内容中不难发现，对超常儿童的教育和教学改革一直是研究者关注的重点；此外，对超常儿童的创造力和成就的研究也受到越来越多研究者的关注；还有一些针对超常儿童新兴领域的研究（如超常儿童神经心理学）正越来越受到关注。我国的超常儿童研究，虽然已经取得可喜进展，但仍任重而道远。

40 多年来，我国在超常儿童领域的研究取得长足进展，尤其是在超常儿童的研究方法上取得了一定成绩。在超常儿童的鉴别形式上，我国通常使用两种方法：单个鉴别和集体鉴别。在鉴别工具和指标上，我国的研究者编制了鉴别超常儿童认知能力测验；在研究形式上，我国的研究者根据中国的具体情况，采取协作研究的方式，极大地推进了研究进程。通过使用这些适合本国国情的研究方法，我国的超常儿童研究取得了可喜成果，如调查的超常儿童人数增多、编制了一系列鉴别测验、出版了一系列书籍等。虽然成果显著，但其中存在的问题仍不可忽视，如对一些重大理论的研究不够等，需要后来的研究者加以重视和解决。

我国的超常儿童研究人员主要来自中国科学院心理研究所的施建农课题组，即笔者所在课题组。在早期的研究中，课题组对超常儿童与常态儿童的观察力、推理能力和记忆等方面的成绩进行了比较，并发现超常儿童的优势显著。信息加工速度被认为是人类智力的核心成分。课题组以反应时和检测时为信息加工速度的指标来研究超常儿童，结果发现，超常儿童的信息加工能力优于常态儿童。除智力因素外，课题组通过研究还发现，超常儿童在非智力个性心理特征方面都显著优于常态儿童。不仅如此，为了揭示超常儿童与常态儿童在认知作业中的神经机制，课题组进行了超常儿童的电生理实验，结果发现，超常儿童的 P3 潜伏期短于常态组而 P3 波幅大于常态组，且差异显著。总体来说，课题组发现了超常儿童与常态儿童在智力、信息加工速度、ERP 等方面的差异。

一、超常儿童研究现状与趋势

一直以来，人们认为对超常人物进行较系统的科学研究始于 19 世纪的英国人类学家高尔顿（查子秀，1986a）。高尔顿以及后来的 Terman 都从"精英立国"的角度倡导对超常人物进行系统研究，以此寻找为国家发现和培养优秀人种的依据（Sternberg，1998）。有意识地对超常儿童进行大规模的选拔和教育是 20 世纪 50 年代以后的事。苏联人造卫星发射的成功使西方国家特别是美国受到很大刺激，于是美国在教育方面采取了一系列措施，其中之一就是国会通过颁布法令的形式加强对超常儿童的教育（查子秀，1986a）。经过多年的发展，超常儿童的教育和研究取得了很大的进展。

我国自 1978 年成立中国超常儿童研究协作组，在教育实践和研究领域取得了可喜的进步（中国超常儿童研究协作组，1990；查子秀，1994；施建农，1995；施建农，徐凡，1997b，1997c，2004），但与世界先进国家相比仍有差距。下文将从教育研究和心理学研究两大方面对全球超常儿童研究现状进行概述，以期对我国该领域的工作提供一些参考和借鉴。

（一）教育研究

1. 政府支持及投入、教育政策及规模

不同国家和地区对超常教育的支持力度不一。一些国家和地区通过立法，从

上层建筑的角度支持超常教育。例如，菲律宾关于超常教育的协议写入了 1987 年的宪法，韩国政府于 1999 年宣布《超常教育法》（Gifted Education Law）在 2002 年正式生效（Kim，2004）。德国教育由各个州自行控制，但德国法律要求不论何种血统、何种经济地位，个体都有权接受教育，而且教育必须反映孩子的特长、兴趣和倾向（Sprengel et al., 2000）。

2. 超常教育模式

从超常教育的项目来看，开始该类项目较早的国家已经形成了比较成熟的模式。以美国约翰斯·霍普金斯大学的 CTY 模式为例，它是一个集鉴别和培训于一体的模式。在美国，还有一些其他的机构来配合超常教育项目的具体实施，与 CTY 合作的最著名的五所大学有杜克大学、西北大学、丹佛大学、亚利桑那大学和加利福尼亚州立大学（萨克拉门托分校），每所大学负责一些州的天才选拔。CTY 开设了夏季课程、学术讨论会、远程教育，并进行了相关测试，还提供了高水平的教学设备和条件。学生入学后首先由教师选拔，然后进行测验，选拔标准视项目水平而定。从培训课程来说，各国开展的形式大致有全日制或课后的强化课程、独立进行的活动（夏令营、俱乐部、节日、表演、展览）、提前入学、学科加速教育、抽离式课程、社区或大学合作进行导师制的个别指导、在常规班级开设强化课程、在常规班级开设不同的课程、跳级、由当地的大学提供的小范围的强化课程等。

超常教育的意义不仅在于为那些天赋优异的儿童提供相应的教育，更重要的在于将从超常教育中得到的经验应用于普通教育，将基于个体差异的特殊教育推广到基于个体差异的常规教育。美国康涅狄格州立大学教授 Renzulli 领导的全校性强化项目（School-Wide Enrichment Program）（Heller et al., 2000）、施建农开展的分层教学实验（施建农，2004）等就是很好的例证。前者使 10%—15% 的在校学生受益，后者则使所有在学的学生的学业成绩都不同程度地得到了提高，得到了学校、教师、学生和家长的积极评价（兰祖利，里斯，2000）。

（二）心理学研究

1. 评价方法

自 20 世纪初，美国心理学家 Terman 把智力测验用于鉴别和研究超常儿童后，在其后 40 余年的时间内，许多国家都把智力测验作为鉴别超常儿童的主要工具，并把高智商（130以上）作为鉴别超常儿童的决定性指标。但近年来，许多国家的研究倾向于采用多指标、多形式的鉴别方法。鉴别方法有教师提名、个别进行的心理测验、团体进行的学业测验、家长提名或同学提名、面谈等，各方法所占权重不同。鉴别工具主要集中在智力测验、创造力测验、成就测验、性向测验、成就动机测验等测验的成绩，以及学业成绩、获奖情况、身体状况、个性化作品评估等。而那些有特殊才能，如音乐超常学生的鉴别，则主要通过观看现场表演或用艺术性向测验来评估和选拔。

2. 实验研究

如前所述，高尔顿一直被公认为是现代天才研究的先驱者。他采用历史分析法，对977个著名人物的家谱血缘关系进行分析后得出能力可遗传的结论，这在当时及以后的很长一段时间内影响着一大批学者投入关于天赋的研究。至20世纪20年代，Terman所领导的研究小组对智商在140以上的1500多人进行了追踪研究，发现在儿童期智商高的人，在成年期的成就水平总体来说比较高（施建农，徐凡，2004）。

超常研究自发起以来经历了从描述性研究到定量研究、从个案调查研究到集体实验研究的发展历程。该领域涉及主题颇多，如天才的多维特质、特殊课程、快速教育带来的职业和社会影响、学校导师制的效果、对教学项目进行评估的教学实验、人机教学的实施和评估、超常教育为教育改革带来的作用、思维技巧、元认知、多元智力、超常学生鉴别工具的开发、执行功能、性别差异、父母的态度和影响、天才儿童的社会化、情绪发展、对有特殊天赋学生的研究、文化差异、生态学研究等。

值得一提的是，随着心理学与生命科学（如脑神经科学、生物基因学）、信息科学（如计算机科学）及认知科学（如认知语言学）日益相结合，投身于超常研究的心理学家也正积极利用最新的科学技术，勾勒个体在进行特定心理活动时脑部的加工状况。目前，着力于个体智力差异的研究主要分为两大类：一类是运用实验或认知心理学的测查方法来探索一些基本的认知成分，从而解释智力测验分数的变异，如反应时、检测时研究（Deary & Caryl，1997）。例如，Cohn、Carlson和Jensen（1985）通过简单反应、选择反应等9项基本认知任务，对年龄为13岁的天才儿童与非天才儿童的信息加工速度进行了比较，发现天才儿童在各项任务中的加工速度明显快于非天才儿童。在国内，邹枝玲等（2003）、恽梅等（2004）分别比较了7岁、8—12岁超常儿童与普通儿童的信息加工速度，得到的结果与之类似。程黎等（2004）对8—12岁超常儿童与普通儿童在完成两个视觉检测任务时的成绩进行了比较，也发现了类似的结果。另一类则倾向于还原论，如运用PET、fMRI、脑电（如EEG、ERP）、行为遗传学等技术与方法来寻求能解释智力变异的原因。Jaušovec N 和 Jaušovec K（2000）通过对大量文献进行总结后发现，在存在认知负荷的条件下，大脑活动与智力呈负相关，平均相关系数为-0.30。Alexander、O'Boyle 和 Benbow（1996）发现，13岁的数学超常儿童在额叶的某些区域具有与20多岁的大学生类似的成熟程度。Haier、White 和 Alkire（2003）发现，瑞文推理测验得分不同的个体在完成非推理任务时倾向于激活不同的神经回路，具体而言，智力水平不同的个体在激活BA37/19、扣带前回、内侧额回等脑区时存在明显差异。行为遗传学的研究则试图直接找到个体认知能力与遗传特质之间的对应关系。经过多年的努力，Plomin 及其率领的研究小组发现，人类第6条染色体的长臂上有一种 *IGF2R* 基因，该基因在超常儿童的DNA样本中再现的频率比对照组高（Plomin，Owen，& McGuffin，1994；Plomin，& Crabbe，2000；Plomin，2001）。英国曼彻斯特大学的 Payton 等（2003）检测到组织蛋白酶D（Cathepsin D，CTSD）可能通过杀死不必要的神经元，从而在早期的大脑发育中发挥促进智力发展的作用。Comings 领导的研究小组从828名成人中检测出，存在一个 *CHRM2* 基因突变者的智商比无突变者低，存在两个 *CHRM2* 基因突变者的智商比存在一个 *CHRM2* 基因突变者的智商低（Comings et al.，2003）。神经生理研究的可行性涉及较多因素，如可操作性、伦理问题等，在儿童（包括超常儿童）身上实施起来不如行为实验简便、易行，从病理学研究中得到的结论推广起来亦存在很多问题，因此，这一领域的研究还有待今后研究者进行更多的探索。

（三）存在的问题

超常教育在全球范围内长期存在不平衡问题。由于政府的教育理念影响着超常教育的实施，如果将超常教育作为主流教育的附属物，其地位必然不可靠，因为一旦政局有变，其重视程度也会改变，超常教育应属于纯粹的教育范畴（Heller et al.，2000）。另外，就具体的教育模式而言，各国缺乏符合自己国情的特色项目和课程。因此，未来应该在全世界范围内建立网络合作，同时应该开设更多样、更灵活的超常教育项目，以满足具有不同能力人群的需求。

（四）对我国的启示

我国的超常教育从 1978 年开始至今，已开展了 45 年，纵观其发展过程，可以得出这样的结论：超常儿童教育与研究虽尚处于幼稚阶段，但总体来讲已经有了可喜的收获，即已经从经验描述阶段向实验（实证）阶段过渡，从一般特征的探讨向内部结构水平的比较分析过渡。其中既有定性研究，又有定量分析；既注重心理发展规律的理论探索，又注重教育实践的应用研究。这一切都标志着我国超常儿童的研究已迈上了一个新台阶，出现了前所未有的新局面。但与此同时，我们也意识到我国的超常儿童心理与教育的研究仍存在着很多问题。

首先，政府对超常教育的支持和鼓励有待加强，如可以通过《中华人民共和国教育法》及其他法律法规等为超常教育提供保障，还可以设立国家级的教育和研究管理机构，对教育和研究的具体实践提供支持与指导等。

其次，对从事超常儿童实验班教育、教学工作的师资力量的培训有待进一步深化。国内有一些针对教师的培训，如 1986 年 7 月，在中国超常儿童研究协作组的组织下，首届超常儿童教育和研究培训班在西安交通大学举办（查子秀，1986a）；1994 年 8 月，中国科学院心理研究所和中国科学技术馆在北京联合举办了超常教育师资培训班；2004 年 10 月，中国科学院心理研究所再次主办了超常教育师资培训班，邀请了中国、英国、德国、美国的专家做讲座，取得了良好的效果。但这些活动不仅时间间隔太长，而且规模也很有限，显得力量微薄。我们需要从国家的基础教育入手，依托于大学、研究所的专业和在职培训，以实现系统化、深入化的超常教育师资培训。

就具体教学模式而言，网络化应被视为今后努力的方向，这一点可以从我们的邻国韩国得到一定的启示。韩国于 1998 年开始建立互联网远程超常教育体系。目前韩国主要有两个远程教育体系：一个是小学超常教育网；另一个是初中超常教育网。韩国认为，互联网远程超常教育体系对于那些师资缺乏的学校尤为适用（Kim，2004）。这种模式值得我们这样一个幅员辽阔的国家采纳和尝试。当然，对超常人群的心理学研究亦存在着一些问题，如对一些重大理论问题的研究远远不够，超常儿童在发展过程中会出现各种问题，各学科人才缺乏精诚合作等，这些都需要我们加大力度进行深入探讨（施建农，徐凡，2004）。

二、超常儿童学术研究的现状与动态

（一）研究背景

通过对各学术刊物已发表的文章进行分析来了解某一领域的研究现状和动向，是资料研究的常用方法。这对于人们从宏观角度了解某一领域的研究趋势和做出进一步的研究决策是很有指导意义的。但是，正式发表的论文或研究报告往往只代表研究者已完成的工作，加之从工作完成到研究报告的正式刊出常常需要相当长的一段时间，对于心理学研究来说，这一过程大约需要一到两年，甚至更长的时间。因此，文献分析法的最大不足也就显而易见了，即它难以准确反映心理学领域学术动态的即时性。为了弥补这一不足，同时为了能更好地捕捉某一研究领域的最新动态，研究者特别关注对学术会议资料的分析（Heller，1992）。

总体而言，提交给学术会议的论文或报告与在学术刊物上正式刊出的文章相比还有一定的差距，而且某些大型会议的论文或报告中有相当一部分是没有真正完成的，不过，也正因为如此，才能真正反映研究者当前的工作兴趣和正在从事的研究，才能更准确地反映出当前的研究现状和学术动态。因此，对大型会议论文资料的分析工作一直受到研究者的重视。它的主要意义在于能反映研究动态的即时性，能更准确地告诉研究者当前的形势和热点课题，从而对其进一步的研究决策提供指导。

下文试图通过对第十一届世界超常（天才）儿童会议，包括香港和北京会议的论文进行分析，并结合有关资料，对 1975 年首届世界天才会议以后的各届（除 1993 年的第十届）会议的情况进行动态比较，试图较全面地勾画出超常儿童的研究轮廓和今后的发展动向，为我国该领域的研究提供有益参考。

（二）历届世界超常（天才）儿童会议回顾

1975 年首届世界超常（天才）儿童会议在英国伦敦召开以来，其后分别在美国的旧金山（1977）、以色列的耶路撒冷（1979）、加拿大的蒙特利尔（1981）、菲律宾的马尼拉（1983）、德国的汉堡（1985）、美国的盐湖城（1987）、澳大利亚的悉尼（1989）、荷兰的海牙（1991）、加拿大的多伦多（1993）、中国的香港和北京（1995）的 10 个国家和地区召开了 11 次会议。表 6-1 列出的是第一届至第九届会议论文内容的分布情况。

表 6-1　1975—1991 年历届世界天才会议论文内容分布　　　　单位：%

项目	第一届(1975)	第二届(1977)	第三届(1979)	第四届(1981)	第五届(1983)	第六届(1985)	第七届(1987)	第八届(1989)	第九届(1991)
学习知觉	1.7	8.7	4.4	2.2	0	9.5	2.3	4.2	10.0
鉴别	16.7	7.2	7.8	3.2	10.5	12.5	6.8	4.8	5.0
发展	15.0	14.5	12.2	7.6	13.2	7.7	12.3	10.4	10.0
个性特征	23.3	23.2	26.1	17.2	21.1	28.6	34.5	31.0	25.0
身心条件	5.0	0	0	4.3	0	1.8	0	2.7	5.0
教育教学	35.0	29.0	35.6	36.5	41.2	29.8	35.0	34.5	42.5
社会影响	3.3	17.4	13.9	29.0	14.0	10.1	9.1	12.4	2.5
总计	100	100	100	100	100	100	100	100	100

（三）第十一届世界超常（天才）儿童会议分析

第十一届世界超常（天才）儿童会议分两个会场：主会场在香港，会后研讨会在北京。香港会议共收到来自 30 个国家和地区的论文 345 篇，北京会议共收到来自 16 个国家和地区的论文 109 篇（Chan，Li，& Spinks，1995）。

1. 研究力量的地区分布

出席会议的代表能在一定程度上反映研究力量的情况。为此，我们对提交论文的著者的国籍进行了分析。在香港会议上，提交论文最多的是美国，其次是澳大利亚，中国列第三位。在北京会议上，提交论文最多的是中国，其次是美国和德国。这些结果表明，目前美国在超常儿童研究领域占主导地位。在欧洲，超常儿童研究开展得比较多的是德国、英国。由于会议在中国本土召开，中国提交的论文数量较多是理所当然的。但我国的论文中能拿到国际上进行交流的较少，研究仍处于相对落后的状态。

2. 研究专题分析

根据论文涉及的内容，我们把论文分成 14 个专题并做了归类，这 14 类分别是课程、教师与教育，以及创造力与成就、理论与模型、残障与特殊才能、社会化与发展、家庭与环境、跨文化、认知、方法与鉴别、动机与个性、性别差异、心理卫生、神经心理、其他。结果见图 6-1 和图 6-2。

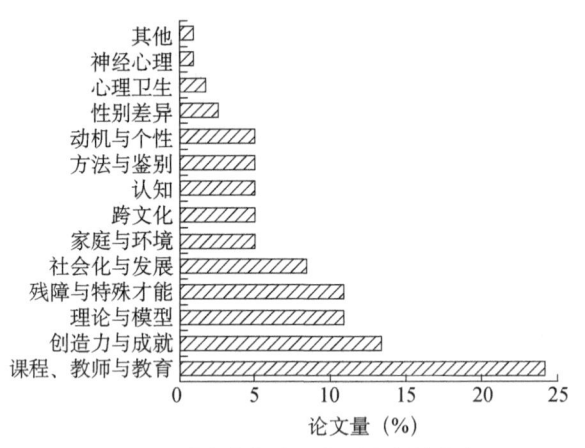

图 6-1　香港会议论文的研究领域分布

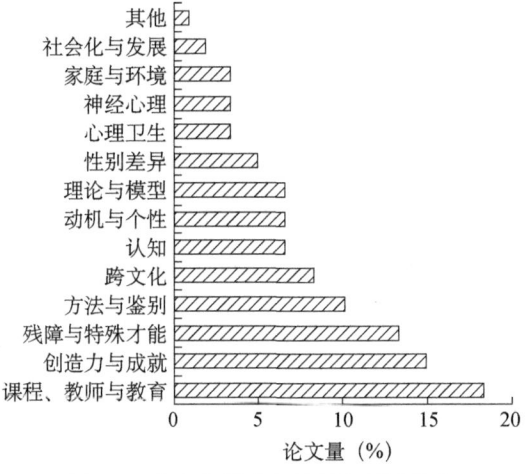

图 6-2　北京会议论文的研究领域分布

从图 6-1 和图 6-2 中可以看出，课程、教师与教育，即超常教育课程的设置、超常教育教师与对超常儿童的教育仍然是该领域的研究重点。其次是对创造力与成就的研究，有关这方面的文章数量在两个会议上都排在第二位，说明对超常儿童创造力的培养及其成就水平的研究日益受到了研究者的极大关注，这可能是因为人们已经认识到未来社会的竞争将归结为创造性人才的竞争的缘故。此外，有关残障与特殊才能的文章数量也比较多，在北京和香港会议上分别排在第三、四位，这说明人们开始重视对条件不利的超常儿童的培育。

（四）我国超常研究的现状

我国对超常儿童的系统研究开展得比较晚，自 1978 年到现在才 45 年的时间。1978 年在中国科学院的关心和支持下，中国科学院心理研究所设立了超常心理研究课题组，由查子秀研究员领导，在全国范围建立了超常儿童追踪研究协作组，在中国科学技术大学建立了我国第一个大学少年班，对一些优秀的超常儿童进行系统的规模教育和培养。40 多年来，我国的超常儿童研究和教育确实取得了很大的进步，在国际交流方面也有了一席之地，第十一届世界超常（天才）儿童会议能在我国召开就是一个重要的标志。

但是，我国的研究水平与当今的国际水平相比还有相当大的差距。为了考察我国目前的研究现状，我们把提交给北京学术研讨会的国内论文做了分类分析，结果见图 6-3。

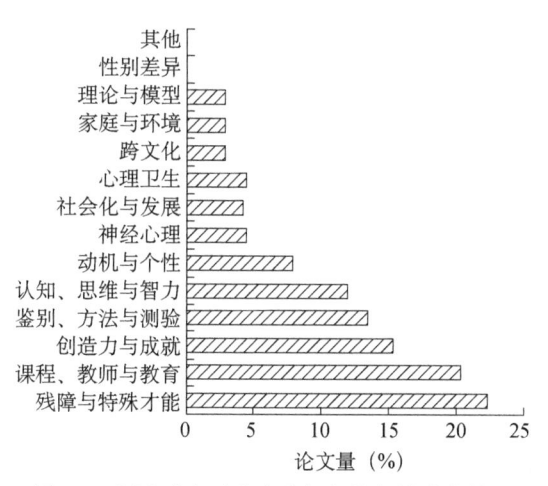

图 6-3　国内论文（北京会场）的领域分布情况

从图 6-3 中可以看出，国内论文中占比最大的是关于残障与特殊才能的研究，这是比较特殊的。这可能是全社会对具有残障和特殊才能人才的教育和培养特别重视的结果。其次是课程、教师与教育，这是目前国际上研究力量投入最多的专题。这是很自然的，因为要使超常儿童成为高质量的人才，最终需要通过教育来实现。关于创造力与成就的研究排在第三位。我国的研究者越来越意识到，原有的教育方式可能不利于我国儿童创造力的发挥，不利于未来社会的国际竞争，所以开始致力于超常儿童创造力发展的研究，这可能将成为我国未来一段时期内的研究热点。在提交的论文中，占比最小的是有关理论与模型方面的探讨，看来我国的研究工作者很少重视建立自己的理论模型（贺宗鼎，谭全万，1995）。没有理论指导的研究往往显得松散，而且难有一定的深度，这是一个很大的不足，需要引起特别重视。另外，关于家庭与环境对超常儿童的影响、超常儿童的社会化与发展、超常儿童的跨文化等的研究也很少。

世界范围内的研究者对超常儿童的心理健康及神经心理方面一直没有开展过太多的研究，但是，由图 6-3 可知，我国的研究者已经注意到这方面并开展了一定的研究工作，这是可喜的一面。不过，从具体的论文来源来看，有关超常儿童神经心理的研究主要来自我国台湾地区，大陆地区虽有人在研究，但还没有引起足够的重视。

（五）小结

通过对第一届至第九届世界超常（天才）儿童会议资料的回顾和对第十一届世界超常（天才）会议论文的分析，我们可以发现：①在超常儿童研究领域，对超常儿童的教育和教学改革一直是人们关心的重点；②对超常儿童的创造力与成就的研究越来越受到研究者的关注；③一些新的领域将随着人们对超常儿童本质特征的探讨而变得越来越引人注目，如超常儿童的神经心理研究，虽然提交的论文数量占比很小，但引起了与会者的极大兴趣；④40 多年来，我国的超常儿童研究已取得了可喜的进展，但与国际水平相比仍有相当的差距，主要原因在于研究力量的不足和研究经费的投入不够。

三、我国超常儿童研究的进展及其问题

（一）研究背景

为了揭开"超常"的秘密，人们已在这个领域苦苦求索了一个多世纪，但到目前为止，还没有人能十分自信地宣称已经了解了超常儿童的奥秘。这一方面是因为超常儿童的心理发展及其影响因素的复杂性，另一方面是因为在这一领域内尚无成熟可靠的研究方法。研究方法是揭开事物奥秘的关键。正如俄国生理学家

巴甫洛夫所指出的:"随着研究方法所做出的成就,便推动了科学的向前发展"(转引自:查子秀,1989)。

下文将根据我国超常儿童研究的实际情况,着重探讨我国40多年来在超常儿童心理学研究方法方面的特色及研究中存在的一些问题。

1. 超常儿童的概念

(1) 概念的演化

古今中外,的确有许多表现非凡的儿童,如"甘罗年十二,事秦相……"(司马迁,《史记》);卡尔·威特9岁入大学,到16岁时已获得两个博士学位(哲学博士和法学博士)(木村久一,1988);等等。这些人物的存在是事实,但人们对他们的称呼却因时代、国界和认识的不同而不同。我国古代将那些才智出众、少年得志的儿童称为"神童"。古希腊的柏拉图把那些聪明异常的儿童叫作"金人"(Men of Gold)(Freeman,1979),意为"稀少、珍贵"。而"gifted"一词始于1644年(Merrian-Webster Inc.,1987),但广泛流传是在高尔顿的《遗传的天才:对其规律和后果的探究》(*Hereditary Genius: An Inquiry into its Laws and Consequences*)(Galton,1869)一书出版以后。由于其研究方法(家谱分析法)的局限性,高尔顿的遗传决定论受到了责难。以后,虽然人们仍然用"gifted"一词来指那些才华横溢、聪明绝顶的人物,但其含义已发生了很大的变化。

在心理测验兴起以后,人们提出以智商作为定义天才儿童的标准。例如,Terman(1926)认为,天才儿童是指那些智商超过140的儿童。对以智商来标定天才的观点,有人提出了异议,如 Torrance(1984)认为,如果以传统的智力测验或类比推理测检的分数为标准来鉴别天才儿童的话,就有70%的具有创造才能、将来可能做出巨大贡献的优秀人才会被漏掉而不是被发现。因此,他认为除智商以外,还应特别重视儿童的创造力。到20世纪70年代,Renzulli(1985)提出,在定义天才儿童时,不应忽视儿童的非智力因素,因此,他认为,"天才"儿童具有三个方面的特征:①中等以上的智力;②较高程度的任务承诺;③较高的创造性。其中,第二个方面就是指动机、兴趣、热情、自信心、坚毅性和能吃苦耐劳地完成任务等非智力因素。

(2) 超常儿童的定义

"超常"或"超常儿童"的术语首先于1978年由刘范先生提出。当时提出这一术语时,有两方面的考虑:一方面,超常儿童的超常表现不完全是天生的,而是先天因素和后天教育两者交互作用的结果。使用"超常"而不使用"天才"也是为了与"天命论"或"宿命论"观点划清界限。另一方面，超常儿童只是儿童群体中的一部分，而不是不同于儿童群体的独立群体。所以，"超常"具有统计学上的意义（查子秀，1986b）。因此，超常儿童是指那些在整个儿童群体中表现最优秀的那部分儿童。那么，优秀的标准是什么呢？

我们知道，在任一心理品质（如智力、学习能力或个性特征等）上，儿童群体的表现（或反应）符合如下正态分布

$$f(x) = \frac{1}{\sqrt{2\pi}\sigma} e^{-\frac{(x-\mu)^2}{2\sigma^2}} \tag{6-1}$$

其中，x 代表个体的表现（或反应），μ 为该群体的平均表现（或反应），σ 为群体表现（或反应）的离散程度，即标准差。我们认为，在这样一个符合正态分布的群体中，凡是 $x \geq \mu+2\sigma$ 的个体都是超常儿童。这就是目前我国在该领域里划分超常儿童与常态儿童的一个标准。

2. 研究超常儿童的目的

实践上，为使我国在各方面都能赶上和超过世界先进水平，我们需要高质量的人才。理论上，研究超常儿童的目的主要有如下几方面：①鉴别和发现智力非凡的儿童（少年），尽早地对他们实行因材施教，进行有针对性的培养，以充分发展他们的潜力，加速他们的健康成长；②探讨超常儿童与常态儿童（少年）心理发展的异同，分析和总结他们优异发展的主客观条件，为建立适合超常儿童（少年）的特殊教育和改进对常态儿童的教育提供心理学依据；③为研究儿童心理发展的有关心理学理论问题积累资料（查子秀，1990）。

3. 研究超常儿童的指导思想

寻求好的研究方法是为了更好地解决问题，达到研究的目的，因此，我国的心理学家根据设立超常儿童研究课题时的最初宗旨，确定了研究超常儿童的指导思想和原则。我们认为，超常儿童的概念具有相对的含义，是与常态儿童相比较而言的，因而，在研究中不能孤立地看待超常儿童，而要把超常儿童放在整个儿童群体中加以考虑，在与常态儿童的比较中研究超常儿童。考虑到"超常"这一概念具有更广泛的含义，它不只是指个体在智力或学习能力等方面的非凡表现，也可以是指个体在其他心理品质上的突出表现，同时综合参考国外在该领域的研究经验，我们认为应该采取多种形式（或手段）来鉴别、研究超常儿童。

在儿童心理发展变化的过程中，存在着量变与质变的关系。因此，在研究超常儿童时不仅要注意到其心理发展在数量指标上的变化，更应该注意到其心理发展的质变过程。另外，超常儿童研究也是为了满足我国教育实践的需要，这就需要结合教育实践去进行鉴别和研究。鉴别和研究是两个不可分割的方面：鉴别是为了进行有针对性的研究，研究的结果又可以为鉴别提供更好的指标。所以，我国研究者从一开始就确立了在研究中鉴别、在鉴别的同时研究超常儿童的原则。

总结起来，我国的超常儿童研究中有这样一些指导思想和原则：①在动态的比较中鉴别、研究超常儿童；②采用多指标、多途径、多形式的研究手段；③同时考察超常儿童心理发展中的"质""量"关系；④兼顾智力因素与非智力因素；⑤结合教育实践进行鉴别和研究。

（二）研究方法

1. 超常儿童的鉴别

（1）鉴别的形式

"超常儿童"不仅在概念上具有特定的含义，而且实际存在的比例也很小，因此，对于该领域里的研究者来说，不仅要选取被试，还要鉴别被试。能否有效地鉴别是研究超常儿童的关键。一般来说，超常儿童的鉴别有单个鉴别和集体鉴别两种形式。

单个鉴别就是个别地对儿童进行考察与鉴别，这是我国超常儿童研究者最初使用的方法。单个鉴别的一般步骤为：①家长、老师的推荐或新闻媒体的报道；②家长或推荐人带儿童到有关部门（研究单位或学校）与研究者见面，由家长或推荐人描述有关该儿童的具体情况（主要是一些突出的表现等）；③用相关测验（如智力测验或认知测验等）测定儿童的智力发展水平，并根据测验的结果和儿童的具体表现（或以往的记录）做出初步的判断；④继续进行有针对性的观察，尤其是对于那些有明显的发展不平衡现象的儿童，更要对其弱项继续进行观察，最后确定是否真正超常，并确定是否对该儿童实行追踪研究。在实际研究中，还要注意儿童的个性发展情况。

实践证明，单个鉴别是发现超常儿童的行之有效的方法之一。由于被推荐的儿童往往是有一定突出表现的儿童，这使得鉴别的针对性强、目标明确。但其也存在明显不足：一方面，对于研究者来说，它是一种被动的方法，如果单凭单个鉴别，研究者要发现超常儿童，就只能靠碰运气，靠偶然的机会，靠等待他人的推荐或报道；另一方面，现实生活中存在的超常儿童数量要远远地超过人们靠偶然发现的数量。因此，为了发现更多的超常儿童，不使这些优秀的苗子被埋没，并对他们实行因材施教，研究者必须采取一种主动的鉴别方法，即集体鉴别。

集体鉴别就是要从大量的儿童被试中选出超常儿童的一种方法，这是建立超常儿童实验班时常用的方法。集体鉴别的一般步骤为：①报名，对儿童做一般性的了解，如年龄、发育史、家庭简况、家长对儿童的教育情况及儿童本人的主要表现（学习成绩优秀或达到一定的认知水平、思想品质好、较强的求知欲）等基本情况；②初试，用学科考试的方式了解儿童的知识和能力，用相关智力量表了解儿童的一般能力（智力）；③复试，用鉴别超常儿童认知能力测验对通过初试的儿童进行复试，确定该儿童是否真正属于超常儿童，对于具有特殊才能（如音乐、绘画、发明等）的儿童，要请有关专家评定其作品；④核查，对通过复试并达到标准的儿童，再向其家长或老师做问卷调查，了解该儿童的个性特征、思想品质，同时进行体格检查（或体育测试），以了解其体格发育情况；⑤试读，对筛选合格的儿童进行试读观察，主要了解被定义为"超常"的儿童是否能适应集体教育的环境，试读观察期视具体情况而定（查子秀，1986，1990，1994；周林，查子秀，1986）。

当然，由于种种原因，特别是研究力量的薄弱，目前只有少数地方有可能建立超常儿童实验班，超常儿童的集体教育还只是一种尝试。集体鉴别这种方法还处于探索之中，还有待进一步的发展和完善。

（2）鉴别的工具和指标

能否准确地鉴别超常儿童，关键在于是否有可靠、有效的鉴别工具和确立什么样的指标。

尽管目前流行着许多具有较高信度和效度的智力测验，但根据我国研究的指导思想，要鉴别超常儿童，单凭智力测验这一种手段是不够的，必须有一个能较全面地反映儿童多方面发展情况的鉴别工具。在开始从事超常儿童研究以前，国内没有开展过这方面的研究，既无国内研究者自己编制的量表，也无修订的工具。而传统的考试又都是未经标准化的测验，没有统一的指标，不适于鉴别超常儿童，因此，中国超常儿童研究协作组便结合对超常儿童与常态儿童的比较研究，探讨鉴别超常儿童的主要指标和方法，并在此基础上编制了鉴别超常儿童认知能力测验。该测验包括图形类比推理、语词类比推理（3—6岁用实物图片）、数类比推理（3—6岁用图形代表数）、创造性思维、观察力和记忆等分测验。经鉴别和试用，该测验具有较高的信度和效度，对超常儿童（尤其是理科超常儿童）具有较高的鉴别力。总体来说，这套测验具有这样一些特点：①对儿童认知的不同方面（如思维、感知、记忆等）进行单项测查，便于对条件相近、类型不同的超常儿童进行多指标的动态比较研究；②重点突出思维方面（包括类比推理及创造性思维），使鉴别测验能抓住儿童智能发展的主要方面；③鉴别时不仅考虑儿童的反应结果，还考察其反应的过程和特点，便于对被试有较全面和深入的了解（查子秀，1994）。

当然，这套认知测验也存在着一些不足，如有的研究者认为，某些分测验的题量偏少或难度不够大等（查子秀，1994）。这里的难度不够大也是相对的，是相对于年龄较大的儿童（如13—14岁）而言的。因此，为了适应我国超常儿童研究的需要，有必要在原有的基础上编制新的鉴别测验，以扩大测验适用的年龄范围。

鉴别工具确定以后，还要确定鉴别指标。我国的研究者认为，鉴别超常儿童的指标不能单一化，而应该采用多指标的形式，因为超常儿童是多样化的。因此，在确定鉴别测验的参照指标时，除采用智商（大于等于130或140）作为指标外，我国的研究者还采用了其他指标，如鉴别超常儿童认知能力测验的每个分测验都有两个指标，这两个指标分别是：①超过同年龄常态儿童平均成绩两个标准差（即 $x \geq u+2\sigma$），或所得测验分数的百分位数在95以上；②高于大两个年龄组的平均成绩（查子秀，1990）。

我国用于识别天才的工具和方法远远不能令人满意。我们的研究暗示，由于有不同种类的天才儿童，他们也在不同的方面不同于常态儿童，因此，应该确定各种标准来设计有效的测试和适当的方法，以识别不同类型的天才儿童。这不仅需要研究者设计出更好的方法，还需要他们更好地理解天赋的概念。因此，改进方法问题的解决方案应该基于理论研究。

在初期阶段，除了自我/同伴提名外，我国还采用了一系列测试来甄选天才学生参加有限的天才课程。后来，随着加德纳多元智力理论的影响，儿童智力的不同方面被考虑进来，天才教育协会（Gifted Education Council）设计了一套多元智力测验，用以识别天才儿童（Li & Chan，1996）。

2. 研究形式

鉴别的目的是更好地研究和认识超常儿童的特点，了解他们心理发展的规律及影响其发展的诸多因素，以便更好地对他们实行有效的加速教育，充分发展他们的潜力，使他们更健康、快速地发展成为优秀的人才。

1978年中国超常儿童研究协作组确立之前，研究者考虑到我国的具体情况——人多地广，如果单凭个别研究机构的少数研究者是难以从事这样一项在我国前所未有的科研项目的，因此决定采取协作研究的形式，成立了以查子秀等同志为领导核心的中国超常儿童研究协作组。截至1985年，有协作单位30余个，分布于全国的各个区域（查子秀，1986b）。实践证明，协作研究是一种非常实用的研究形式，通过协作可以同时在全国各地收集关于超常儿童的各方面信息，可以及时发现各地出现的超常儿童，有利于有计划、有目的地展开研究，避免不必要的重复，进而提高研究效率。例如，在编制鉴别超常儿童认知能力测验时，在中国超常儿童研究协作组领导核心的组织下，全国各地有计划地分配和集中研究力量，同时着手各分测验的取样和试测以收集数据，然后将收集到的数据分别汇聚到有关执行点以进行统一的数据处理和标准化（查子秀，1984；李仲涟，1984；张连云，1987；洪德厚，1984）。这就使各地协作者有了较具体、明确的分工，减少了研究中的冲突，节省了不少时间，加快了研究的进程。

（三）研究成果

虽然超常儿童研究在我国起步较晚，但由于我国研究者的努力，经过中国超常儿童研究协作组全体成员的共同奋斗，1978—1997年，我国在这个领域里取得了可喜的成果：①调查超常儿童数百人，并追踪研究了其中的50多人（有的仍在追踪）；②在对3—15岁超常儿童与常态儿童的类比推理、创造性思维、观察力和记忆等方面进行比较研究的基础上，编制了鉴别超常儿童认知能力测验，并指定了鉴别指标，使鉴别和研究有了适合我国儿童的参照指标；③出版了《智蕾初绽——超常儿童追踪研究》《怎样培养超常儿童》《超常儿童与早期教育》《超常儿童培育手册》《中国超常儿童研究十年论文选集》《超常儿童心理学》等数本研究和普及书籍（中国超常儿童研究协作组，1983，1987，1990；凌培炎，1988；冯春明等，1990；查子秀，1993）；④在注重非智力因素对超常儿童发展的重要性的同时，组织力量编制了个性心理特征的问卷，其中，中国少年非智力个性心理特征问卷（Chinese Adolescent Non-Intellective Personality Inventory，CA-NPI）获得了专家的认可和积极评价（洪德厚等，1989）；⑤先后与一些大、中、小学合作建立了多个大学少年班和超常儿童实验班,探索了对超常儿童实行集体教育的新途径,进一步了解了超常儿童发展的规律,不仅为我国超常教育闯出了新路,也为我国的普通教育提供了一些很有价值的参考资料。因此,超常儿童研究在国内被一些心理学家列为中华人民共和国成立以来我国儿童心理学史上的一件大事(朱智贤,林崇德,1988)。

如果说前期所取得的研究成果为我国该领域的研究奠定了良好基础的话,那么,后期的工作主要表现在扩大国际影响和有关领域研究的进一步深入方面。

由于我国该领域的研究引起了国际同行的重视,不少国家的研究者来函索要有关研究报告,有些国家的同行还提出开展合作研究的要求。其中,影响比较深远的合作研究有由中国科学院心理研究所和德国慕尼黑大学心理系共同主持的"中-德技术创造力跨文化研究"项目。该合作研究不仅就文化背景、智力水平、年龄和性别等因素对儿童技术创造力发展的影响展开了全面、深入的探讨,还使我国的研究者在此基础上进一步修订了创造性能力测验。测量工具的缺乏一直困扰着我国创造力研究领域的研究者,该测验的修订和投入使用将为广大的研究者和教育工作者提供一个较好的测量工具。另外,由中国科学技术大学和荷兰奈梅亨大学心理系共同主持的"中-荷超常儿童与常态儿童自我意识发展的跨文化研究"在超常儿童研究领域也具有较大的影响力(Heller & Hany,1997;施建农,徐凡,1997c;贺宗鼎,袁顶国,1997)。

为了扩大影响并与国际同行建立广泛的联系,我国的超常儿童研究工作者在查子秀等主要领导人的组织领导下,于1995年8月在北京成功地组织了第十一届世界超常(天才)儿童会议北京学术研讨会。除了在开展国际合作的同时对超常儿童心理发展的有关方面(如创造力、自我意识等)进行深入研究以外,我国对超常儿童的元记忆和人际关系的社会认知发展(施建农,1990a,1990b)、创造力与智力的关系(施建农,1995;施建农,徐凡,1997a,1997b)等方面也开展了初步的研究。

(四)存在的问题

虽然我国超常儿童研究已取得了初步的研究成果,但这一领域里的研究目前还存在着许多问题,主要表现在:①对一些重大理论问题的研究还不够,如关于超常儿童心理发展的动力问题、影响超常儿童产生与发展的遗传和环境的作用问题等,今后如果不对这些理论问题加以深入探讨,在理论上没有更进一步的认识，超常儿童研究的进一步发展将会受到阻碍；②研究力量还很薄弱，目前在我国从事超常儿童研究的学者相对来说还很少，而且中国超常儿童研究协作组的大多数成员也不是专职的研究者，他们除了要从事超常儿童研究以外，还要从事教学、科研、行政或其他社会工作；③鉴别超常儿童的工具太少，这在很大程度上制约了我国的超常儿童研究；④对超常儿童的研究较多，而对一些具有音乐、绘画、体育等特殊能力的超常儿童的研究较少；⑤对从事超常儿童实验班教育、教学工作的师资力量的培训还不够，使一些教育实验研究遇到了很大的困难；⑥鉴别性的研究较多，而对超常儿童的心理过程，如对超常儿童的认知结构、信息加工特征等的研究较少，在这些方面如果没有深入的突破，将不利于对超常儿童做进一步的了解和鉴别；⑦超常教育实验的目的是为国家培养高质量人才。但到目前为止，超常教育实验班培养的数百名优秀人才大部分到了国外工作或选择继续深造，我们希望有更多的人能学成回来报效祖国。另外，还存在着一些其他的问题，如研究成果的推广、普及不够等。虽然这些问题涉及超常儿童研究的许多方面，但大多数是与研究方法有关的问题，这是我们在今后的研究中应该重视和着手解决的重要方面。

综上所述，虽然我国的超常儿童研究还很"年轻"，还存在着许多问题，但研究的指导思想和基本方法是正确的，只要我们齐心协力，不断注意改进研究方法和技术，超常儿童研究在我国一定会得到进一步的发展。

四、中国天才儿童的心理研究与教育

（一）研究背景

在中国古代，有一种叫作"抓周"的民间习俗。根据这一习俗，当一个孩子一岁时，通过在他面前展示文具物品（如毛笔和纸张）、缝纫物品（如线和针），以及食物和其他物品等来对他进行测试，人们认为，根据孩子试图抓住的第一个物体可以判断他今后的发展方向。官方对天才儿童的选择和教育，可以追溯到18世纪。西汉以来就存在一种选拔天才儿童的考试制度，称为"童子科"。唐朝则建立了一套相对严格和正式的甄选天才儿童的法律程序。唐律规定，十岁以下能读懂《诗经》或《论语》并能说十篇以上文章的儿童就可被任命为官吏，能读懂

《诗经》或《论语》并能说七篇以上文章的儿童可被任命为举人。童子科的政策一直持续到清朝末年（杨鑫辉，1994）。

然而，直到1978年，我国才开始对天才儿童进行广泛、系统、科学的研究和教育。1978年是中国历史上的一个转折点，国家开始大力鼓励农业、工业、国防和科学技术领域的现代化。从那时起，大量有才能的科学家、工程师和其他专家被迫切需要。为了满足这一需求，我国在全国范围内成立了一个超常儿童合作研究小组，此外，中国科技大学于1978年为智力超常青少年开设了特殊班级，这是1949年以来中国天才儿童研究和教育史上的两个里程碑（施建农，徐凡，1999）。从那时起，一个新的关于识别、研究和教育天才儿童的研究项目开始了（Zha，1985，1993）。该研究项目在中国超常儿童研究协作组的领导和影响下，已经取得了许多成绩，对数百名天才儿童和青少年进行了识别、调查和跟踪，对天才儿童和常态儿童的心理能力与人格特质进行了一系列比较研究，编制了一系列认知能力测试和人格特质问卷，并迅速建立和发展了各种天才儿童教育方案。

天才儿童如何被识别？使用的标准和方法有哪些？这些问题与天赋的概念密切相关。天才儿童不仅在智力或能力上高度发展，而且具有更大的创造潜力和其他积极的人格特质。所有这些因素相互作用，形成了天才儿童的心理结构。在这种天才观的基础上，识别天才儿童的原则和程序逐步形成（Zha，1986a，1990b）。

根据外国研究者的经验（Roedell，Jackson，& Robinson，1980；Khatena，1982；Tannenbaum，1983；Freeman，1985），同时在我国本土识别天才儿童的实践和探索的基础上，我国研究者制定了以下识别天才儿童的原则（Zha，1986c，1993）：①动态比较调查中的识别。由于天才儿童的智力是发展的而不是固定的，并且这种发展受到文化、环境、心理和教育因素的影响，识别天才儿童应该在相似社会条件下与同龄常态儿童进行动态比较。②多标准和多方法的鉴别。由于天赋的表现是不同的，应该采用多种标准和不同的方法。③调查个性特征以及智力。卓越的成就不仅取决于高智商，还取决于某些性格特征。此外，智力潜能本身也受到人格特质的影响，因此，智力因素和非智力因素对于天才儿童的识别同样重要。④记录与分析定量和定性的反应。把智力的发展看作数量和质量变化的辩证统一，应该根据结果、反应速度以及反应的过程、形式和策略来识别儿童。⑤认同特殊教育。身份识别作为一种服务于天才儿童及其教育的手段，可以在实际环境中继续加以使用。天赋是由孩子所接触的环境和教育所塑造的。因此，有必要在教育过程中继续监测天才儿童，作为鉴别过程的延续。

根据上述原则，我国研究者形成了如表 6-2 所示的研究与识别天才儿童的标准和方法（Zha，1993）。

表 6-2　研究与识别天才儿童的标准和方法

项目	动态比较研究	
	标准	方法
认知	思考 观察 记忆	认知实验 智力测试
创造力	创造性思维 创造性想象力 创造性地解决问题的能力	创造性思维测试 创造性活动等的加工分析
学习能力	速度 掌握的风格 知识的深度 坚定性	关于学习能力和成绩的测试 对学习过程的观察和分析
特殊才能	数学 外语 绘画 书法 音乐 领导能力	有关测试 特殊才能 对产品/家庭作业的评估和观察
个人特质	兴趣、动力 知识的好奇心 自信 坚持不懈 独立性	调查问卷 观察 教育实验 访谈

（二）心理学研究

1. 认知的发展

根据以往研究的共同发现，优秀的记忆能力是天才儿童的一个显著特征（Zha，1993）。然而，发现这种现象是一回事，知道其原因是另一回事。为了解为什么天才儿童的记忆能力普遍高于常态儿童，有研究者对天才儿童的记忆监控和记忆组织能力进行了测试，并分析了天才儿童和常态儿童的记忆表现与元记忆的关系（Shi，1990a，1990b）。结果表明：①天才儿童不仅在回忆量上优于常态儿童，而且在记忆速度上优于常态儿童，在记忆监测和记忆组织等元记忆方面优于常态儿童；②记忆表现与记忆组织有密切关系，特别是记忆速度与记忆组织有密切关系；③记忆表现与记忆监测的关系比较复杂，但记忆速度作为记忆表现的一个重要方面，与记忆监测呈显著相关；④元记忆、记忆监测和记忆组织之间存在密切关系。这些研究结果表明，最好同时使用回忆量和记忆速度作为记忆表现的指标。

2. 天才儿童的思维和推理能力

40多年来，我国研究者发现，类比推理能力是天才儿童与常态儿童存在显著差异的主要方面之一。一系列的类比推理测试，包括几何或图形类比、数值类比，以及语言或语义类比等测试被开发出来（Zha，1984）。通过这套类比推理测试，研究者不仅可以记录孩子的成绩，而且可以分析孩子的类比推理水平。查子秀及其同事发现，天才儿童不仅得分高于常态儿童，而且具有更高的类比推理水平（Zha，1984）。

3. 天才儿童创造力的培养

许多心理学家认为创造力是天才儿童的重要表现之一，所以天才儿童的创造性思维是我国研究者和教育工作者关注的主要方面。查子秀开发出一个创造力测验，并将其作为一个子测验，包括在识别超常儿童的认知能力测验（Cognitive Ability Test for Identifying Supernormal Children，CATISC）（Zha，1986c）中。在过去的40多年时间里，一些关于天才儿童和常态儿童创造性思维的比较研究已经开展。此外，来自中国科学院心理研究所的心理学家参与了"中-德技术创造力跨文化研究"项目，该项目得到了大众汽车基金会（Volkswagen Foundation）的支持。结果表明：①纵向设计与横向设计相结合，对于研究两个不同文化背景国家的儿童的技术创造力是非常实用和有效的；②两个国家作为文化的两个变量，对儿童技术创造力的发展有影响；③智力是儿童创造力发展的重要影响因素之一；④儿童在技术创造性思维测试中的得分随着他们的成长而增加（Hany，1994；Shi，1995，1998；Hany & Heller，1996；Heller & Hany，1997）。

近年来，由于中国经济快速增长和教育改革的需要，儿童创造性思维的发展受到了心理学家和教育工作者的广泛关注。创造力、智力和人格特质之间的关系目前正在调查之中。此外，我国研究者还提出了创造力的理论模型——创造力系统模型（Shi，1995；Shi & Xu，1997a，1997b，1997c；施建农，徐凡，1999）。研究表明，在这个模型中，个体当前的智力而不是智力水平本身对创造力起重要作用（施建农，徐凡，1999），个体当前的智力取决于其对任务的态度、个性特征和环境因素等。

4. 人格特质的发展

中国心理学家和教育工作者在超常儿童研究刚刚起步时就认识到人格特质在超常儿童发展中的重要性，因此研究超常儿童和常态儿童人格特质的发展变化是中国超常儿童研究协作组一直致力于解决的重要问题之一。一些性格问卷已经由中国超常儿童研究协作组编制，如 CA-NPI，中国超常儿童研究协作组的研究者使用该问卷来调查志向、独立性、好胜心、毅力、好奇心和自我意识（袁军，洪德厚，1990）。1994 年，中国超常儿童研究协作组的一些研究者与荷兰奈梅亨大学的研究者开始了一项关于超常儿童和常态儿童自我概念的跨文化合作研究，结果发现，超常儿童不仅在记忆、推理、空间能力等认知能力方面优于常态儿童，而且在野心、独立性、好奇心等人格特质方面优于常态儿童（Peters et al., 1995；Chen, Peters, & Monks, 1997；Kong & Ye, 1998）。

（三）教育

在中国，人们长期以来一直关注有艺术天赋的孩子，如在音乐、绘画和舞蹈方面有天赋的孩子。为了培养这些人才，我国建立了特殊的学校或班级。然而，1978 年之前，针对超常儿童的特殊教育并没有得到多少关注。1978 年，中国科技大学开设了天才少年班，标志着中国超常儿童实验教育程序的开始（辛厚文，陈晓剑，1986）。

1. 超常教育的种类

目前存在 6 种针对超常儿童和青少年的特殊教育计划，具体见表 6-3。

表 6-3 超常教育的种类

种类	描述
提前入学或跳级	通过某些考试的超常儿童被允许比常态儿童更早进入小学、中学或大学，或进入更高的班级
特殊班级	全国有多所小学和中学开设了超常实验班；此外，一些大学还为超常青少年设立了专门的课程
特殊学校	这类学校的所有学生都被列为超常儿童，学校的教育课程只为超常儿童而设
校园内外的特殊活动	在全国某些地区开设了计算机和奥林匹克数学（物理、化学）的特别课程；建立了少年宫，组织了各种科学/艺术课程；在学校开展了有关科学研究、发明和艺术的活动
假期或周末项目	许多业余学校已经设立了专门的课程，如视觉和表演艺术、数学和科学、社会活动等，以满足有天赋的儿童的特殊需要
单独接受指导	在普通班学习的超常儿童，在老师或家长的个别指导下，提前学习或在业余时间进行研究工作

2. 超常实验班的特点

超常实验班与普通班有以下不同之处（天津实验小学等，1990；Zha，1990a，1993）。

1）超常实验班的建立基于的是儿童的智力或特殊才能，而普通班的建立基于的是年龄和文化知识。

2）超常实验班学生的上学时间缩短了。对于小学，超常实验班学生的学习时间是四到五年，而普通班学生的学习时间是六年。

3）除了为超常儿童提供与普通班相同的道德、智力和身体发展课程外，还鼓励超常儿童发展分析技能，创造性地解决问题，并培养其良好的人格特质。

4）在超常实验班，还有其他课程来满足超常儿童的特殊兴趣和需求，旨在培养他们的潜能和能力。

5）根据超常儿童的认知水平及特点修订教材，以促进他们的创造能力和推理能力的发展。

6）教学策略试图充分利用和促进学生的独立学习能力，采用启发式、讨论和研究方法，而不是死记硬背方法。

7）重点关注学生自我概念和自我评价的发展，支持学生树立高尚理想，培养他们自我调节、自我教育和自我实现的能力。

8）在集体教育和个性发展之间保持适当的平衡。为了培养自己的兴趣和能力，学生可自己安排一部分在学校的学习时间。

9）评估教育计划的成效不仅取决于学业表现（如考试成绩、升入高年级的学生比例等），还取决于评估超常学生全面发展的适当标准和方法。

3. 教育项目的影响

1978年以来，中国超常教育取得了长足发展，主要成果如下：超常儿童和青少年在较短的时间内完成了学业，在小学或中学就读的成绩优异的超常儿童都比同龄的常态儿童毕业得早，且成绩优异。例如，在北京市第八中学第一超常班的学生在四年内完成了小学五年级和六年级的课程以及所有的高中课程，比正常时间少了四年。他们通过了统一的大学入学考试，总分比该校普通班高出35.9分。之后，29名学生中有27名（平均年龄为14岁）被重点大学录取（北京八中少儿实验班办公室，1990）。这些平均年龄小于15岁的有天赋的青少年被超常青年班或者普通的大学本科班录取。例如，到1998年，中国科学技术大学已经举办了

21个天才青年班，总共录取了超过800名学生。1983—1998年，超过500名学生从中国科学技术大学毕业，73.7%的学生在国内或海外研究生院就读，其中，超过200名学生获得了博士学位（叶国华，孔燕，1998）。

总体来说，超常教育有利于发展超常儿童和青少年的潜能。超常儿童和青少年在学习上表现出非凡的进步，他们通过超常教育在智力上获得进一步的发展。有研究者采用创造性思维测验对中国科学技术大学少年班三年级超常生和同龄常态学生进行了研究，结果表明，超常班学生的平均成绩明显高于同龄常态学生（Kang, Zhu, & Liu, 1985）。

此外，有研究者对超常儿童和青少年进行了体格检查，发现超常儿童和青少年的健康状况良好。一般来说，中国超常儿童的身高、体重和胸围的平均值达到或超过了同龄常态儿童的平均值。例如，中国科学技术大学根据原国家教育委员会发布的体质标准调查了来自超常青年班的学生，结果显示，大多数天才青年班的学生都超过了体质标准。这表明，早入学或缩短上学时间与天才儿童的健康没有负面关系（辛厚文，陈晓剑，1986）。

上述结果的意义可概括如下：①超常儿童具有巨大的潜能，可以通过实施与其智力水平和特点相符的超常教育，尽可能全面地开发他们的潜能；②小学和高中的超常实验班已经建立，并与大学的超常青年班进行协调，尽管中国超常教育体系的建立仍处于萌芽阶段，但这类实验班填补了中国普通教育体系的空白；③中国的超常实验班和青年班为系统研究超常儿童的心理发展提供了实验基础。

（四）问题

40多年来，中国在超常儿童的研究和教育方面取得了丰硕成果，但一些基本问题仍然存在，总结如下：①缺乏研究超常儿童的财政支持和研究者；②缺乏研究超常儿童的工具；③缺乏培训超常教育教师的方案；④缺乏关于超常儿童视觉和表演艺术及体育发展的研究，特别是从心理学和教育角度进行的研究。

今后中国的超常教育研究应重点关注以下几方面：①内隐学习与创造力；②大脑功能与天赋；③超常儿童业余时间的活动；④人格特质与情境问题解决等。

五、以超常儿童为被试的个体差异研究

（一）研究背景

在个体差异研究领域，有一个朴素却引人深思的问题，那就是"人和人为什么不同"。同样是十月怀胎而生，同样吃五谷杂粮长大，为什么有高有矮？有胖有瘦？有聪明有愚钝？有成功有失败？如此等等，不一而足。其中有些问题已经有了肯定的答案，有的问题似乎有了答案却并不十分肯定，而有些问题则到目前还没有明确的答案。例如，关于在超常儿童的发展中，究竟遗传和环境各起什么作用的问题，英国人种学家高尔顿的《遗传的天才：对其规律和后果的探究》（Galton，1869）一书出版以来，学术界一直在争论，直到现在也没有得出一个明确的结论。早期的研究者试图用家谱分析法、双生子法（Galton，1876）或建立遗传学法公式（Hurst，1932）来探讨人类智力与遗传的关系，或者试图通过研究脑颅的大小与智力的关系（Pearson，1901）来探讨智力的生物学基础问题，并指出遗传或生物学基础对个体发展起决定性作用。后来的行为主义者则通过行为条件反射实验证明了行为在特定环境刺激下的形成过程，由此提出个体的发展最终主要取决于环境的观点（Watson，1913）。由于研究方法、研究对象，以及针对的具体问题不同，研究者得出了不同的结论。随着时间的推移，人们逐渐认识到个体差异不是一个简单的由遗传决定还是环境决定的问题，而是一个共同作用的问题。在个体发展的整个历程，遗传和环境一直在共同发挥作用，只是在不同阶段、不同水平上，环境和遗传所起作用的大小各不相同而已（图6-4）。1978年以来，中国科学院心理研究所的研究者一直致力于以超常儿童为研究对象的个体差异研究（查子秀，1990，1993；施建农，徐凡，1998，2004），在理论和实践上对个体差异的多个方面进行了有益探讨。

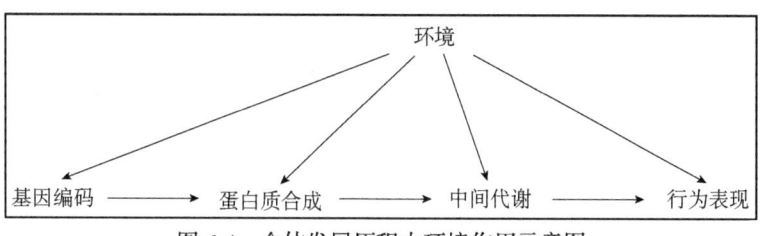

图6-4 个体发展历程中环境作用示意图

（二）对人的本质的理论探讨

尽管在观念上，人们都认为"人是一个整体"，但在研究中，人们常常把人"分解"成各个成分，我们也一样。在前期的近20年时间里，我们对超常儿童心理发展的各个方面，如观察力、记忆、语言、推理、创造性思维、非智力个性心理品质等进行系列研究后，逐渐意识到对"人的本质是整体"进行讨论的必要性，提出了BSI模型（施建农，1999），并用光的三原色理论对该模型做了比喻。从生命现象来看，人是一个有生命的生物体，拥有一切生物体所具有的基本特征和需要。从生物进化的角度来看，在生物进化树上，人类是动物，属于灵长目人科。因此，生物属性，特别是动物属性是人的基本属性之一，其中，新陈代谢和自修复功能是人区别于非生命物质的重要特征。从生活方式的角度来看，人类属于群居动物，人类社会具有复杂的社会阶层和结构，人类个体的活动在很大程度上会受到社会结构的影响，而人类个体又会对社会结构产生重要影响。因此，社会性特征是人的另一个基本属性之一。从智慧的程度来看，人类是目前地球上具有智慧程度最高的物种，素有"万物之灵"之称。而智慧是心理活动的结果，因此，我们可以把心理看成是人的又一基本属性。当然，这三个属性是有机地结合在一起的，而不是割裂的。这三个基本属性之间的关系在不同个体身上的表现是不完全相同的，不同个体在不同属性上的发展程度也是不同的。这种发展的不均衡性及其组合导致个体在行为表现方面产生差异。为了更好地说明该模型对个体差异现象的解释，研究者借用三原色模型做了比喻。人类看到的万紫千红的物质世界是由红、绿、蓝三种基本颜色按不同比例混合而成的。假设用红色、绿色和蓝色的圆圈分别代表生物、社会和心理属性，它们以不同的强弱程度进行交互作用所产生的效果就表现为个性特点和个体差异（图6-5）。

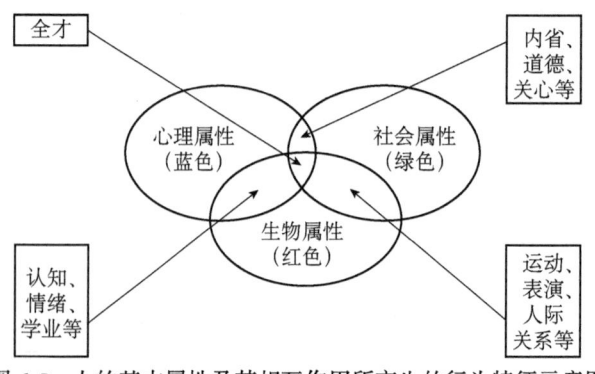

图6-5 人的基本属性及其相互作用所产生的行为特征示意图

（三）不同属性上的个体差异表现

1. 认知能力上的差异表现

在早期的研究中，我们已对超常儿童在观察力、推理能力和记忆等方面的作业成绩与常态儿童做了比较，并发现超常儿童的优势十分明显（查子秀，1998；Zha，1993；Shi & Zha，2000）。但既往的大多数研究只考察了结果和水平，并没有很好地考察其内在机制，因此，在解释个体差异的原因时存在一定的局限性。为了揭示超常儿童与常态儿童在复杂认知作业上产生差异的原因，各国的研究者对不同智力水平个体的信息加工速度做了一系列研究。研究者认为，由于任何心理活动都是在时间进程中完成的，因此，心理活动的速度是一个重要指标。很多关注个体差异的心理学家都认为，信息加工速度是人类智力的核心成分，但在信息加工速度的指标问题上却存在争议（Deary & Stough，1996；Grudnick & Kranzler，2001；刘正奎，施建农，2003；刘正奎，施建农，程黎，2003）。

由于信息加工速度与智力的关系研究在我国还比较少，为此，我们认为有必要在国内开展这方面的研究。同时，为了更好地揭示信息加工速度方面的个体差异，以超常个体作为特殊的被试组来研究，更有利于将个体差异放大，便于观察，因此，我们分别以反应时和检测时为信息加工速度的指标，对7—12岁智力超常儿童和常态儿童的基本信息加工能力的发展做了一系列研究，分别考察了超常儿童与常态儿童在简单选择反应、图形匹配、心理旋转和抽象匹配任务的反应速度上是否存在差异。在一项单一年龄的比较研究中，研究者以超常儿童和常态儿童各25名（平均年龄分别为6岁10个月和6岁11个月）为被试，以选择反应、图形匹配、心理旋转和抽象匹配为基本认知任务，考察了被试的正确率和反应时，结果发现，①超常儿童与常态儿童对不同任务的反应时变化趋势基本一致；②超常儿童的信息加工能力显著优于常态儿童，具体表现是反应时更短，或正确率更高；③超常儿童与常态儿童的信息加工差异与任务难度有关，在选择反应和图形匹配任务中，超常儿童的反应时显著短于常态儿童，而且在图形匹配任务中，任务难度越大，两者的反应时差异越显著；在心理旋转和抽象匹配任务中，超常儿童的正确率显著高于常态儿童，而且在心理旋转任务中，任务难度越大，两者的正确率差异越显著（邹枝玲等，2003）。这种单一年龄的智力差异是否存在于不同的年龄组中？换句话说，在不同年龄组中，这种智力差异是否具有稳定性？从研究结果来看，回答是肯定的。在一项以8—12岁超常儿童和常态儿童为被试的研究中，我们发现，前面发现的信息加工速度的智力差异具有跨年龄的一致性，而且这种差异在研究涉及的几个年龄组中具有相对的稳定性（恽梅等，2004）。

上面提到的两项研究都是以反应时为指标的。鉴于以反应时为信息加工速度指标时，可能涉及被试在反应中的策略使用时间和在做出反应时的动作时间，从而使结果不能很好地反映被试真实的信息加工能力，为此，我们进一步采用了不受动作时间影响和较少受策略影响的检测时指标，对8—12岁超常儿童和常态儿童的信息加工速度做了比较，结果发现，超常儿童与常态儿童的检测时都有随年龄增长而逐步缩短的趋势，且不同任务下检测时的发展速率不同，不同年龄的超常儿童的检测时都显著地短于同年龄的常态儿童，此外还发现，儿童的检测时基本上不受学校知识或经验的影响（程黎等，2004）。有关检测时与智力关系的研究表明，检测时与智力具有中等程度以上的相关关系（刘正奎，施建农，2003；刘正奎，施建农，程黎，2003；程黎等，2004）。

2. 非智力个性特征方面的差异

1996年，美国学者Goleman出版了《情绪智力：为什么情商比智商更重要》（*Emotional Intelligence: Why it Can Matter More than IQ*）一书，该书以通俗的方式提出了情绪认知、情绪组织和情绪调控等非传统智力等因素的重要性，在全世界范围内引发了研究者对非智力因素的探讨。在国内，1978年中国超常儿童追踪研究协作组成立之初起，我国的心理学家就认识到非智力个性心理品质在超常儿童心理发展和教育中的重要作用，并着手编制问卷，对超常儿童和常态儿童的抱负、独立性、好胜心、坚持性、求知欲、自我意识做了比较研究，结果发现，超常儿童在非智力个性心理特征方面都显著地优于常态儿童（袁军，洪德厚，1990；查子秀，赵俊颜，1990）。但早期的研究较少涉及超常儿童的情绪因素。

在最近完成的一项研究中，研究者采用自我概念量表、状态-特质焦虑问卷、成就动机量表等工具考察了超常儿童与同龄常态儿童在三项非智力因素上的差异，结果发现，年龄较小组的超常儿童在自我概念各维度及成就动机上与同龄常态儿童无显著差异，而在状态焦虑和特质焦虑上的得分显著低于常态儿童；年龄较大组的超常儿童在身体自我、同伴自我、班级自我、自信自我和非学业自我等方面的得分明显低于同龄常态儿童，而在状态焦虑、特质焦虑以及避免失败取向上的得分均高于同龄常态儿童（李颖等，2004；Shi, Li, & Zhang, 2008）。这些结果提醒人们，在对超常儿童进行教育培养时，应该特别关注他们的自我概念的发展。

3. 认知神经活动方面的差异

由于心理活动是神经系统，特别是大脑的功能，因此越来越多的研究试图揭示认知差异的神经基础。结果发现，被试在认知作业上的ERP成分的潜伏期与心理测量所得到的智力分数之间存在稳定的负相关关系（Robaey et al., 1995）。这些结果被解释为，高智商被试的大脑的工作效率更高，或者说智商越高，大脑的加工速度越快（Chalke & Ertl, 1965）。不过，大部分的已有研究都是以成人为被试的，且只考察了一般性智力与神经活动的关系，而不是旨在揭示个体差异的、针对超常儿童的比较研究。为了揭示超常儿童与常态儿童在认知作业中的神经机制，我们做了一些初步的实验研究。电生理实验中所使用的刺激任务与我们曾经完成的行为实验所使用的刺激任务相同，包括数字、英文字母和中文字符（施建农等，2004）。结果发现，行为数据显示，超常儿童与常态儿童在反应时上的差异没有达到显著水平，但在正确率上的差异达到了显著水平，超常组的正确率高于常态组；而脑电数据显示，超常组的P3（或P600）的潜伏期短于常态组而波幅大于常态组，且差异达到显著水平（Zhang & Shi, 2006）。虽然这只是一个初步的实验，但至少为超常儿童的大脑工作效率更高提供了一定的证据，印证了以往的发现，即超常儿童的信息加工速度更快。考虑到ERP与不同的刺激材料有关，因此，超常儿童与常态儿童的脑机制差异仍需要更多的实验来考察。不同类型的超常表现，如视觉艺术、音乐、领导才能等的脑机制问题，在我们的研究中尚未涉及，这些都是我们今后应该加以考察的。

六、总结

全球对超常儿童的研究正变得越来越深入和广泛，从教育到评价方法再到认知的研究，发展极其迅速。两年一度的世界超常（天才）儿童会议，为世界各地的超常儿童研究者提供了非常重要的交流平台。在这些研究超常儿童的团队里，中国的研究者砥砺前行，在超常儿童研究方法上取得了重大进展，开发了自己独有的鉴别工具和指标。在中国的超常儿童研究团队里，来自中国科学院心理研究所的施建农团队，即笔者所带领的团队，对超常儿童的观察力、推理能力和记忆等方面进行了深入研究，并发现他们与常态儿童有显著差异。

第二节 超常教育理论模型

一、培养中国的超常学习者：生物-社会-心理视角

（一）研究背景

过去关于超常群体的研究大部分集中于认知能力或非认知能力，但很难找到一种理论将与超常群体成长相关的所有因素考虑在内，并没有建立起一个完整的超常儿童发展框架。经过多年的研究和教育实验，研究者和教育工作者意识到重新考虑人性整体性的必要性，即卓越是一个系统的产物。系统论的思想已经出现在各个领域，并且有比较长的历史。例如，Bronfenbrenner 提出了生态系统理论，该理论属于系统论，考虑了个人和环境相互作用的方式（Bronfenbrenner，1977）。Ziegler 和 Phillipson 提出了 actiotope 模型和系统性观点（Ziegler，2005；Ziegler & Phillipson，2012），强调超常儿童的行动及个人与环境的互动的重要性。从研究的角度来看，actiotope 模型提供了一个系统性方法的优秀范例。SEM 的出现使研究者能够同时考虑许多因素，以检验他们的系统理论是否正确（Anderson & Gerbing，1988；Muthén，1984）。但从实践的角度来看，由于 actiotope 模型考虑了太多因素，这套理论方法难以付诸实践。

早在 20 世纪 90 年代，施建农和徐凡提出了智慧树模型（Shi & Xu，1993），来展现个人与外部环境如何相互作用以实现卓越成长。根据智慧树模型，具有智力或潜能遗传的个体通过看到、听到、触摸、感觉等获得信息，并通过语言和行动对环境做出反应。个体在一定的文化背景下，通过与环境互动获得知识，积累经验，实现社会化并成长。通过与外部世界的互动（学习、回应和获得反馈等），个体的智力或天赋变得社会化，并在不同的专业领域表现出来，使其在特定领域被视为高成就个体，并成长为优秀的人才。卓越或创造力不仅仅是个人的

属性，还是个人天生的潜力或能力与他所处的环境（包括与其他人的合作）之间相互作用的结果。一个人及其所处环境之间的一系列交互组成了一个被称为交互作用的系统。具有先天潜能或天赋的个体初始阶段在给定的环境中的发展可以证明个体卓越发展的相互作用。个体从周围环境（包括家庭、学校、社区、同龄人和其他人）中直接或间接收集经验（包括知识、技能、印象和关系等），并受到环境的影响；个体的活动和成就反过来可以影响环境。交互系统或交互过程中有两个系列的发展或变化：个体发展系列和环境发展系列。这两个系列相互作用，使个体在特定领域的卓越或高成就表现成为可能。

近年来，有关超常儿童和超常教育的理论与科学研究取得了巨大进展（Zhang，Chen，& Shi，2012）。越来越多的模式和理论被提出来用于指导超常教育，主要包括天赋的差异化模型（Gagné，2004）、天赋的行动模型（Ziegler，Sternberg，& Davidson，2005）、天赋教育的系统理论（Ziegler & Phillipson，2012）和天赋发展大模式（Subotnik，Olszewski-Kubilius，& Worrell，2011）。所有模型和理论都强调个人能力和社会心理因素在发展人才方面的作用，以及个人与环境之间的互动。此外，施建农提出了超常教育的BSI模型来阐释个体内部多方面是如何交互影响以促进发展的。BSI模型将人的属性描绘成三个不同的维度，即生物、社会和心理（Shi，1999，2006），个人发展是这三个方面互动的产物。该理论为中国的超常教育实践提供了指导方针和理论框架，也在40多年的超常教育发展中得到了进一步验证。

（二）过去的问题

我国的超常教育实践始于1978年，其发展有两个里程碑：第一个是1978年3月，中国科学技术大学为11—16岁的天才少年设立了特殊班级（施建农，徐凡，2004）；第二个发生在1978年，由中国科学院心理研究所的查子秀教授领导的超常儿童合作研究小组成立（施建农，徐帆，2004）。当时，超常被描述为"特异功能儿童"——一个由中国心理学家创造的术语（施建农，徐凡，2004）。中国在1977年恢复了全国性的大学招生考试制度，掀起了"多、早、好地培养高素质人才"的时代潮流。第一个超常班的中文名称是"少年班"，它的成立伴随着许多描述其招生范围和目的的新闻报道。班上一些极具天赋的人出现在国家和省级报纸以及广播节目中，从而吸引了全国各地的极大关注。中国数以千计的青少年羡慕这些有天赋的学生，并被激励去这个特殊班级学习。事实上，中国的父母更有动力，因为他们强烈希望推动自己的子女进入中国科学技术大学的特殊班级。有趣的是，在中国科学技术大学少年班的开办历史中，尽管名额竞争激烈，但仍有10多个家庭有两个孩子入学。其中一个有6个孩子的家庭，因为父亲写了一系列关于他如何使自己的孩子成为天才的书而变得有名。他成为最畅销的作家，因为他的书被成千上万想让孩子进入中国科学技术大学的家长购买（蔡笑晚，2007）。

20世纪80年代，为了满足社会日益增长的需求，其他大学也设立了少年班，但没有充分的理论和实践准备。到1990年，至少有13所重点大学，如北京大学、清华大学、西安交通大学为天才少年开设了特殊课程，结果导致一些在大学特殊班级就读的超常学生没有得到适当的对待，因为辅导员实际上没有足够的知识和经验，不知道如何更好地教育超常学生，少年班的超常学生经常出现行为或心理问题，有些人甚至认为，在少年班度过的岁月是他们人生中最黑暗的时期。[①]

渐渐地，越来越多的人认识到，在大学设立特殊的超常班级，而没有理论知识、实践技能和超常教育教师的培训，结果只会适得其反。因此，许多大学在20世纪90年代中期逐渐关闭了他们的特殊班级。现在只有三所大学仍有专门的青少年特殊班级——中国科学技术大学、西安交通大学和东南大学。现在，大学的教育工作者意识到了为超常学生提供适当课程的重要性，已经开始采用海外开发的有用的教学方法来激励学生。例如，中国科学技术大学少年班的化学课程有一些创新之处，包括使用美国教科书、采用发人深省的讨论式作业形式、鼓励师生之间进行互动交流以及学生进行专题演示等（Luo，2010）。

在大学设立青少年班的同时，成千上万的中国家长试图在家里实施他们自己的"天才教育"，基于他们自己的哲学，即通过密集的幼儿教育可以培养天才，这最终导致中国超常教育领域出现严重问题。许多家长受到一些激进的早期儿童教育思想的影响，认为早期强化教育可以让一个普通（甚至智力残疾）的孩子成为天才。在中国，数以百万计的父母试图"创造"一个天才或神童。一些有天赋的孩子在家里由父亲或母亲教导，但只注重数学、语文、英语、物理、化学或科学等科目，人格、心理健康、社会化和人际关系技能则完全被忽视了。不幸的

---

① 王玉西. 2008-10-25. 中国第一个少年班：历经争议30年. http://news.cctv.com/china/20081025/102506.shtml.

是，这种不恰当的教育理念和方法不但没有创造出数以百万计的神童，反而导致一些有天赋的儿童的动力和信心被摧毁。举例来说，20 世纪 80 年代，中国有一位超常儿童 YW 非常出名。他在 2 岁时就能认识 2000 个汉字，4 岁时完成了小学学业。他在家里由母亲教导了几年，然后在 13 岁时被湖南省一所重点大学录取为本科生。他的母亲一直陪伴和照顾他，直到他 17 岁大学毕业。除了看书、学习学科知识和做作业外，没有人要求他做任何事情，所以他无法做任何与日常生活有关的事情。他被中国顶尖的研究生院之一录取为研究生，但他并没有获得博士学位，而是在两年后不得不从研究生课程中退学，因为他有太多严重的行为问题，还缺乏独立生活的基本生存技能（Shi et al., 2013）。YW 是一个典型的例子，他是一个没有得到适当教育和社会化的超常儿童。

正如前几段所述，知道超常教育的重要性是一回事，但知道如何有效、适当地教育超常学生是另一回事。为了对超常儿童实施良好的教育，教育工作者必须知道这些学生需要什么，以及什么是他们发展为成熟的社会成员的必要条件。了解超常学生的特点和特征是至关重要的，在设计课程和采用教学方法时，要考虑到学习者的这些问题。在讨论中国实施的超常教育之前，有必要在"做人"的范畴内讨论超常的性质。超常儿童如何发展和发挥作用？什么因素会影响其发展？

（三）以人为本：BSI 视角

在前人对超常个体发展进行研究的基础上，施建农等总结了中国由于缺乏适当的教育理念和教育方法而在培养超常个体方面存在的问题，同时提出了 BSI 模型来说明人类的本性和超常个体的本性（Shi et al., 2013）。他从 BSI 模型的角度出发，提出了课程设计中的三个关键方面，以满足天才教育的需求，这三个方面分别是身体的成熟和发展、社会的成熟和社会及人际关系的发展、心理的成熟和智力的发展。

1. BSI 三因素

（1）生物因素

首先，生物和遗传是人类的重要特征，所有人类的发展都必须遵循自然生物遗传的规律。根据遗传，我们可以很容易地理解女儿像母亲、黑发的父母有黑发的孩子等现象。很明显，基因在身体结构的遗传中也起着作用。在这种情况下，神经系统是身体结构的一个复杂部分，基因遗传会影响这个系统的结构和功能，包括大脑。人们普遍认为，心理能力和心理过程都是由人脑控制的功能，并与学习有关。因此，生物遗传因素会直接和间接地影响人类心理能力的发展。对于一个人来说，拥有一个能够使他有足够智慧和技能以在这个世界上生存的大脑是至关重要的。个体神经系统的质量和功能显然不同，这可能导致个体学习的速度和能力不同。超常学生需要一个拥有完整的神经系统和功能强大的大脑。

（2）社会因素

人性的第二个方面来自社会行为。人类本质上是社会性动物，个人在社会中的行为对于其融入社会及其正常的情感发展非常重要。对于许多学习形式而言，社会互动和与他人沟通是智力发展的重要途径。与其他人一样，超常儿童的社会技能、成熟度和能力也需要在社会化过程中逐步发展。

（3）心理因素

人性的第三个方面是心理。所有的心理过程，如感知、记忆、推理、创造性思维，以及情感成分，如情绪、动机、意愿等，都与智力的发展和所有形式的学习密切相关。

在 BSI 模型中，生物因素、社会因素和智力因素被认为会共同促进或阻碍学习与发展。例如，一个有天赋的人能在多大程度上发展（或未能发展）他的能力和才能，很大程度上取决于这些因素的相互作用。当提及天赋时，人们谈论的是"做人"的一个特定方面——一个将个人置于正常人类表现范围之外的方面。超常儿童若要健康发展，则需要在生物、社会和心理因素的影响中取得平衡。不幸的是，在许多人身上，这些影响之间存在着不平衡。例如，一个人可能（因生理原因）在体育方面表现出色，但可能在与他人交往方面有严重问题，这也会导致其在智力和学业上出现问题。再如，另一个人可能受到了社会环境的极大支持，但由于生理原因，其在智力上难以达到高水准。根据 BSI 模型，不同领域的天赋或才能取决于生物、社会和心理因素影响的最佳组合。

2. 实践中的 BSI 模型

参考 BSI 模型，人们可以清楚地认识到超常儿童的基本需求，从而开发超常教育。根据 BSI 模型，在设计课程以满足超常学生的需要时，必须考虑三个方面：①身体的成熟和发展；②社会的成熟和社会及人际关系的发展；③心理的成熟和智力的发展。这三个综合因素目前已影响到中国的超常教育课程。理论上，这三个方面可被视为"做人"的本质。实践上，这些方面不应相互分离，而应在教学过程中加以整合。

3. 以身体发育为基础

为确保超常儿童教育的平衡,首先关注他们的身体发展是非常重要的。在中国,从幼儿园到高中的不同级别的超常教育课程中,学校安排了更多的时间进行体育教育。例如,北京市西城区的幸福时光陶然幼儿园的超常儿童除了进行常规的户外活动外,每周还有半天时间在公共公园进行体育活动。其他学校也安排了大量时间以促进学生的身体健康发展。因此,超常学生的身体状况往往比同龄人好很多。可以说,体育教育对一些超常学生特别重要,因为他们往往倾向于花很多时间追求知识的深层意义,而健全和健康的身体是最佳学习与发展的基础——健全的身体里有健全的头脑。

4. 社会发展

为了促进天才学习者的社会化,研究者安排了一系列的社会活动,例如,鼓励学生与广泛的人互动和交流,参与调查城市污染和失业等主题的项目,以及访问农场、疗养院和大公司等不同的地方并对相关人员进行采访等(Shi & Zhai, 2004)。这些活动不仅有助于超常学生培养信心和社交技能,还可以增强他们关注社会问题的社会意识。

5. 心理发展

为了满足超常学生在认知发展方面的特殊需要,研究者设计了一系列从幼儿园到高中的不同复杂程度的智力活动,除了数学、语文、英语和科学等必修科目外,还专门为超常学生设计了智力活动,着重于培养其发散性思维、好奇心和创造力。例如,为鼓励小学生思考"赤壁之战"的故事,在开始授课之前,教师会向学生展示一张描述这场战争的图片,要求学生思考其所描述的情况,并做出评论。谁赢得了这场战争,为什么?谁输了战争,为什么?从这个故事中学到了什么?这种类型的开放式讨论可以激发学生的想象力和批判性思维,有助于提高他们的语言能力和增加其词汇量(Shi & Chen, 2006; Shi & Zhai, 2004)。

6. 融合身体、社会和智力要素

这里有一个例子可以说明三个基本方面(身体、社会和智力)的发展问题如何在超常学生的学习经验中得到解决。智力刺激和社会融入被称为自然体育教育的活动(杜家良,1998)。之所以被称为自然体育教育,是因为体育活动并非在校园内进行,而是在校外的自然环境中进行的。例如,爬山是自然体育教育中的一种活动。有一个典型的例子,北京一个超常项目中的学生被安排去爬泰山。这项活动花了大约一个星期。学生和教师被要求为这次旅行做准备,教师将语文、英语、文化和科学等科目纳入准备工作中。学生被要求共同收集有关泰山历史、文化和地理位置的信息,然后在爬山期间补充这些知识。因此,学生通过登山不仅增强了体力,而且丰富了知识,培养了他们的协作能力和人际交往能力等。

7. 来自 BSI 的效益证据

BSI 模型是一个基于近 20 年(截至 2013 年)对超常儿童的实证研究的综合模型。它重视培养学生的观察能力、记忆力、语言、推理、创造性思维和非智力人格。BSI 模型也承认并重视超常个体之间的差异(Shi & Zha,2000),其目的是帮助每个超常学生充分发挥自己的潜力。

支持 BSI 模型下的超常教育有效性的实证数据正不断出现,其有效性体现在信息加工速度(Duan,Shi,& Zhou,2010)、认知控制(Liu et al.,2011a)、抑制(Liu et al.,2011b)和保持性注意(Shi et al.,2013)等方面。所有这些指标都显示,参加 BSI 课程的超常学生的能力比留在普通教育课程中的学生更高。

综上所述,BSI 模型具有理论上的合理性和实际价值,该模型可作为超常教育课程设计的框架。过去 20 年来,北京市基于 BSI 模型的超常教育取得了显著进步,但仍存在一些阻碍超常教育发展的障碍,其中一个最严重的问题是仍然缺乏在全国范围内推广超常教育的经费和资源;第二个问题是缺乏针对那些希望从事超常教育工作的人的特殊教师培训计划。希望未来几年在经费和资源提供以及教师发展方面都能有所改善。

二、超常儿童教育与杰出人才培养

与高尔顿的时代相比,目前关于超常教育的理论研究和科学研究已取得了巨大进展。超常教育的实践似乎处于一个尴尬的位置,令人感到非常沮丧。事实上,无论某项针对超常儿童的特别课程如何成功,公众舆论倾向于将个人取得的成功归功于儿童的天赋,而不是课程。然而,如果超常儿童长大后未能达到公众的期望,则是课程的错。超常教育就陷入这种令人沮丧的情况,一方面是因为缺乏全面的理论来适当评估超常教育计划,另一方面则是因为大众对超常教育的了解不全面,认知有偏颇。

第六章
超常儿童研究与教育

超常儿童发展与教育研究在中国曾经有过几年的辉煌，那是在20世纪70年代末，当时中国社会刚经历了十年动乱，各行各业百废待兴，国家急需人才。于是，为响应国家号召"多快好省"地建设四个现代化，早出人才、多出人才，中国科学技术大学在中国科学院领导的支持下，于1978年3月创办了我国历史上第一个超常儿童（少年）实验班。随后，到80年代中期，先后有北京大学、清华大学、西安交通大学、东南大学、北京师范大学、南京大学、复旦大学、浙江大学、上海交通大学、武汉大学、华中科技大学也都办起了少年班。可以说，当时在大学办少年班是一种"时尚"。但好景不长，到90年代中后期，这些少年班纷纷"下马"。也可以说，当时关闭少年班也成了"时尚"，一直把少年班坚持下来的只有中国科学技术大学、西安交通大学和东南大学。

为什么只经过了十几年的时间，大学的少年班从创办的"时尚"变成了关闭的"时尚"呢？难道国家不再需要人才了吗？或者说，十几年的时间就把需要的人才都培养够了吗？显然不是。也许原因是多方面的，但我们认为根本的原因是中国的超常儿童教育没有得到法律保障。我们的《中华人民共和国教育法》里有特殊教育的内容，但我们的特殊教育只针对"盲、聋、哑、智力缺陷和肢体残疾"等有特殊需要的群体，而超常儿童并不被看成是有特殊需要的群体。由于法律法规里没有"超常儿童教育"这一板块，相应地各级师资培养机构（主要是师范大学和师范学校）也没有超常儿童教育师资培养的计划和课程体系。从某种程度上可以说，在那十几年的时间，超常儿童教育在中国既没有法律保障，又没有专业的师资支持，再加上关于超常儿童心理发展和教育的基础研究起步晚、力量弱，于是，大学办少年班基本上靠的是为国家培养人才的热情，而不是基于对超常儿童心理发展和人才发展规律的科学认识。

笔者经常问一些从事超常儿童教育的同行"为什么要开展超常儿童教育"，得到的回答通常是"因为有超常儿童存在，他们对教育有特殊的需求"，"因为国家需要拔尖创新人才，超常儿童是最有可能成为拔尖创新人才的"。在这里笔者想说，"超常儿童对教育有特殊需求"是一点不假的，但"超常儿童教育"与国家需要拔尖创新人才之间却没有必然的联系。说得更直白些，在笔者看来，为国家培养拔尖创新人才不是超常儿童教育的真正目的。也许笔者这么一说会遭到很多批评，但希望那些准备提出批评的朋友们先耐心了解一下笔者的理由。

首先，人们对"超常儿童"和"拔尖创新人才"的界定是不同的。"超常儿童"的界定是比较明确的，甚至是可以被量化的，人们可以用智商超过130或比同龄儿童的平均水平高出两个标准差等作为鉴别超常儿童的标准。但"拔尖创新人才"或"杰出人才"的界定往往是比较模糊的，人们通常会把在某一领域做出杰出贡献或有杰出表现的人界定为"杰出人才"，如钱学森、杨振宁、居里夫人、爱因斯坦等。钱学森是杰出人才这个事实应该是无可争辩的，他被认为是杰出人才的时间应该是在20世纪50年代初，但他小时候是不是超常儿童，我们现在无从考证。杨振宁被认为是杰出人才，应该是他在物理学领域做出了贡献之后，特别是1957年他和李政道一起获得诺贝尔物理学奖之后，那年杨振宁35岁。他小时候是不是超常儿童，我们也无法考证，不过，据说他4岁时母亲教他认字，5岁时已经能认识3000个汉字了，从这一点来看，其智力应该是远超普通同龄孩子的。即使当时有对超常儿童的科学鉴别，而且把杨振宁鉴别成超常儿童，那么在他童年时人们也不会认为他是拔尖创新人才。再如，居里夫人是唯一一个获得两次诺贝尔奖的女性，是毫无争议的杰出人才，从居里夫人传记中的描述来看，她小时候应该也是超常儿童。居里夫人小时候的名字叫玛莉亚（Maria），她4岁时跟姐姐在一起玩字卡，几个星期后，当姐姐在父母面前读书结结巴巴时，玛莉亚拿起姐姐手上的书流利地读出了书上的句子。显然，即使当时玛莉亚被认为是超常儿童，也要等到她获得诺贝尔物理学奖后才会被认为是杰出人才！诸如此类的例子还有很多，就不一一赘述了。

其次，在现实中，有的超常儿童长大后成为杰出人才，也有的没成为杰出人才，甚至泯然众人。当然，有的杰出人才小时候是超常儿童，但也有杰出人才小时候不是超常儿童的。

到这里，也许有人会说，超常儿童教育就是要把超常儿童培养成杰出人才。事实上，并不是所有接受过超常儿童教育的超常儿童都成了杰出人才！超常儿童教育与杰出人才培养并不是一回事。既然超常儿童教育与杰出人才培养没有必然的联系，那为什么我们还要开展超常儿童教育呢？

笔者认为，对超常儿童进行教育是一个健康社会对其下一代应尽的责任和义务！

一个健康的社会，一个讲究科学的社会，一定是要尊重事实的。科学研究已经发现，儿童的智力是存在个体差异的（心理活动的其他方面也一样），就像每个人的饭量有大小一样，儿童对教育的需求也是不一样的。虽然超常儿童在儿童群体中的比例只有1%—3%，但他们是客观存在的，而且，由于我国儿童人口的基数很大，从绝对数量来看，超常儿童的数量还是数以百万计的。国家统计局公布的数据显示，到 2020 年末，我国 0—14 岁儿童占总人口的 17.95%。[①]根据这个基数，按照理论值推算，智商超过平均数两个标准差的比例约为 1%—3%（查子秀，1991），那么，我国 0—14 岁儿童中，超常儿童约有 254 万— 762 万人。我们的教育不能无视这个儿童群体的存在，我们的师资培养中不能没有超常儿童教育的师资培养课程，我们的基础教育中也不应该没有针对超常儿童的课程体系！

因此，需要为我们的超常儿童提供一套适合他们身心发展水平和特点的课程体系，同时还需要在师范院校的各级各类教师培养体系中增加针对超常儿童教育的师资培养体系。

第三节 超常教育模式
——对超常儿童教育安置的思考

一、研究背景

关于超常儿童的教育安置，一直是一个有争议的问题。心理与教育工作者、教育政策的制定者始终在探寻能最大限度地发挥超常儿童学业潜能的最适宜的教学方式。现有的对学业超常儿童的教育方案大致有两种：一种是抽离计划（pull-out program），超常儿童在普通班中随班就读，但会有几天的时间对超常儿童进行知识的扩展教育；另一种是加速计划（acceleration program），即提早入学、跳级（Zeidner & Schleyer, 1999a；Winner, 1997）或缩短学制（Shi & Zha, 2000）。Marsh 和 Hau（2003）指出，全世界的教育政策应把提高自我概念水平列为教育的核心目标。因此人们纷纷考察超常儿童自我概念的发展情况，其中 Marsh 及其同事做出了很大贡献，提出了 BFLPE，该模型假设学生将自己的学业能力与同伴的学业能力相比较，并基于这种社会比较印象来形成他们自己的学业自我概念。

---

① 国家统计局. 2021-11-26. 第七次全国人口普查主要数据——历次普查人口年龄构成. http://www.stats.gov.cn/sj/pcsj/rkpc/d7c/202303/P020230301403217959330.pdf.

具有相同能力的学生，当与拥有更高能力的同学进行比较时，他们就会有较低的学业自我概念；当与能力较低的同学进行比较时，他们的学业自我概念就会较高，这时就出现了 BFLPE（Marsh & Craven，2002）。

Marsh 及其他研究者在不同层面上对 BFLPE 做了验证。Marsh 等于 1995 年进行了一项研究，实验组为在超常班学习的学业超常学生，对照组为在普通班学习的学业超常学生，这些学生在学业能力、智商、性别和年龄上均是匹配的，经过一年之后发现，超常班学生的自我概念水平显著下降（Marsh et al.，1995）。为了进一步检验 BFLPE 的跨文化普遍性，研究者又在北美、南美、澳洲、东欧、西欧、以色列等地的 26 个国家和地区进行了类似的研究（Zeidner & Schleyer，1999a，1999b；Craven，Marsh，& Print，2000；Marsh & Hau，2003，2004）。此外，研究者采用统一的 SDQ II（Self Description Questionnaire II）问卷和标准化的学业成绩测验对相同年龄段的学生进行了研究，结果表明，学生的平均能力水平与其学业自我概念呈负相关（Marsh & Hau，2003），即具有相同能力的学生，在学校平均能力较高的学校，其学业自我概念较低；在学校平均能力较低的学校，其学业自我概念将较高。这些研究结果一方面证明了 BFLPE 的跨文化普遍性，另一方面也在学校层面上证明了 BFLPE 的存在。

李颖和施建农（2005）在中国对 BFLPE 进行了验证。他们以 Song-Hattie 自我概念量表为测量工具，所选取的被试为北京市某中学的超常儿童实验班学生。在取样时，学校有两个超常班：一个班的学生刚入学半年（小班）；另一个班的学生已入学两年半的时间（大班）。他们选取与这两个超常班学生年龄相匹配的普通学生作为对照组，结果发现，大班学生除了在能力自我概念和自我概念总分上低于小班外，在其他维度上均高于小班，但差异不显著；大班学生在身体自我、同伴自我、班级自我、自信自我、非学业自我概念以及总分上均非常显著地低于同龄对照组。研究者认为，这从超常学生与常态学生的自我概念相对比的角度验证了 BFLPE，原因在于人们通常会认为，能进入超常班学习的超常学生，其会有很多学业成功的经历，这种成功的经历会对超常学生的自我概念产生积极的影响，而且能进入超常班学习对于超常儿童来说是一种宝贵的经历，因此超常学生应有较高的自我概念。然而，Marsh 等（Marsh & Craven，2002；Marsh & Hau，2003，2004）的研究结论却与此相背离，这就需要教育工作者权衡关于超常儿童的各种教育安置方式的利弊，以期为超常儿童提供能最大限度发挥其潜能的最适宜的教育方式。

二、关于超常儿童教育安置的思考

Marsh 关于 BFLPE 的研究指出了超常儿童在超常班中学习的弊端（Marsh & Craven，2002；Marsh & Hau，2003，2004），即在超常班中学习会导致学生的学业自我概念下降，而学业自我概念对学业成绩有显著的预测作用，因此学业自我概念的下降会导致超常学生不能完全发挥其学业上的潜能，由此，Zeidner 和 Schleyer（1999c）指出，教育政策的制定者应当权衡举办超常班的利弊。

评价一种教育方式的好坏需从多方面来考虑。对于超常儿童的教育方式包括抽离计划和加速计划两种，现阶段我国应用得较多的是对超常学生进行缩短学制的加速教育，也就是说，虽然在超常班中教授的课程也是国家的标准课程，但所教授课程的速度是加快的，所教授课程的深度是扩展的。下面就超常儿童在普通班、超常班就读各自的利弊进行比较。

超常儿童在普通班就读的优点为：在普通班学习更能凸显出超常儿童卓越的认知与学业能力，使他们的学业自我概念较高，鉴于学业自我概念与学业成绩之间的关系，学业自我概念水平的提高更易提高他们的成绩。其缺点为：在普通班中所学的知识缺乏挑战性（Gross，1992）；在普通班中，和这些超常学生能力相当的同学很少，因此这些超常学生很少或没有跟与其能力相近的学生互相学习的机会；许多教师并没有接受过如何教育这些超常儿童的专业训练，而且在普通班学习，教师会按照大多数同学的理解水平组织教学，教学内容对于超常儿童来说通常显得过于简单，导致超常学生感觉没意思，上课注意力不集中（Westberg et al.，1993b）。正像施建农（2001）所指出的："老师常常只能照顾到班上的大多数学生而无法顾及少数超常学生。而那些老师顾及不到的学生在课堂上因为'吃不饱'而'闲暇'，又因为'闲暇'而'生事'，因为'生事'而'受批评'，因为'受批评'而成为'差生'，因为是'差生'而被忽视。当他们离开学校，走上社会以后，会出现两种可能，一种是一旦条件成熟，成就事业，为社会作出很大贡献；另一种可能是，遇到不良影响，成为危害社会的害群之马。"

超常儿童在超常班中就读的优点为：基于超常儿童卓越的认知能力，在超常班中对其所学的知识进行纵深扩展，缩短超常学生在校就读的时间，使之尽早成才，而且其学习有专职教师提供指导。其缺点为：由于超常班中的每一位同学均非常优秀，这会使他们压力过大，导致其自我概念降低，从而引发学业成绩的下降（Guay，Marsh，& Boivin，2003），降低学习热情和成就动机（李颖，施建农，2005）。正如 Coleman 和 Betty（1985）所指出的，"在正规班中，超常儿童的能力是异乎寻常的"。而在超常班中，这仅是一种常见的能力。社会比较理论表明，由于这种转变，个体的自我概念会降低。Marsh 和 Hau（2003）指出："我们并不是说参加学业选择性中学的所有超常儿童都会有低水平的学业自我概念，但是很多人遭受了学业自我概念水平的下降。我们的研究为现存的教育政策提供了一种重要的可供选择的视角。"

对于超常班对超常儿童自我概念的影响，目前存在两种不同的理论观点：一种观点为以上所介绍的 BFLPE。另一种观点为标签效应理论。该理论认为，将非常聪明的学生放入超常班中学习，会使其有更高水平的自我概念，因为超常班本身就是一个能给人荣誉感的标签，并且他们在与其他超常学生一起接受教育的过程中会在其他方面有很大的心理受益（Dixon & Gow，1993）。为此，有研究者在中国香港进行了历时 4 年的多水平的纵向研究，区分了两种效应：一种是消极的对比效应（contrast effect）；另一种是积极的来自他人评价的荣誉感/同化效应（reflected glory/assimilation effect）。实验要求被试对其所在学校的地位进行评价，如"我的学校享有盛名""我们学校的学业标准很高，许多学生都想来我们学校学习""众所周知，我们学校在公共考试（public examination）中成绩很好""我们学校的学业标准很高，我们学校的毕业生很受欢迎"，并以被试在这 4 项上的评分作为在学业选择性学校中学习所带来的积极效应。结果表明，BFLPE 是两种效应相互平衡后的纯的结果，也就是说，进入学业选择性学校所带来的荣誉感这一积极效应并没有对比效应带来的消极效应强，因此最终还是表现出了消极的 BFLPE（Marsh，Kong，& Hau，2000）。

尽管 BFLPE 具有普遍性，但其对儿童发展，特别是超常儿童的整体发展有什么影响却可能因文化背景的不同而不同。在中国特定的文化背景下，由于独生子女政策的实施，很多中国儿童在家庭中成为受到过度关注的中心，再加上超常儿童在普通班上表现"鹤立鸡群"，因此常常会因缺乏竞争对手而表现出过高水平的自我概念。而在超常儿童集中的实验班中，这些孩子很快能意识到山外有山，人外有人，从而使他们对自身拥有比较客观的自我概念。当然，关于 BFLPE 的研究也指出了中国超常教育过程中存在的问题，为进一步完善超常教育提供了可供参考的意见。

三、研究展望

1. 关于 BFLPE 研究方法的改进

为了更加清晰地了解超常儿童自我概念下降的原因,单凭问卷法是不够的,问卷测得的结果只是对超常儿童自我概念的现状进行了描述,为进一步探究原因,还需结合访谈法。访谈的目的在于深刻探求学生对量表问题做出某种反应的原因,找出对此问题进行干预的方案(Mendaglio & Pyryt,1996)。

2. 关注 BFLPE 的纯的作用效果

使超常班对超常学生的自我概念产生消极影响的因素不单单是 BFLPE,许多超常学生本身对自己的要求就很严格,有追求完美主义的倾向(查子秀,赵俊颜,1990),因此会在自我概念的某些维度上的评价偏低。也许这种自我概念的下降表明超常儿童的自我感受意识更接近社会实际,他们认识到人外有人、天外有天,从而对自己的能力有了更客观的认识。另外,这种自我概念的下降也很可能来自家长传递给学生的压力,这些超常学生原本在普通班中是佼佼者,到了超常班之后,由于每位学生均非常优秀,在班中的排名不可避免地会有先后之分,家长可能一时接受不了这一事实,会不断地给孩子施加压力,如果孩子的成绩不见长进,久而久之,父母就很可能会给孩子下定论,说孩子能力不行或是不够聪明,孩子很可能会内化了家长的这一观点,怀疑自己的能力,导致自我概念的下降。因此,今后的研究需要将这些因素分离出来,关注 BFLPE 纯的作用效果。

3. 超常儿童的筛选及教学过程中需注意的问题

虽然在超常班中学习的超常学生的自我概念可能下降,但总体而言,超常班教育能很好地适应超常学生的发展速度快、学习能力强、记忆力好、思维能力强等特点,未来研究者需要做的是寻求如何在超常班中组织教学才能使超常学生发展起和其能力水平相符合的积极的自我概念。

正如 Marsh 所说,并不是所有参加超常班学习的学生的自我概念都会下降,这很可能提示了具有某些人格特质的人不适合超常班的学习。因为能进入超常班学习的学生,他们在认知因素上的差异可能不大,他们的差异很可能来自某些非智力因素,比如,他们的认知风格是否相同?场依存性较强的人可能会更多地受到社会比较的影响,而场独立性较强的人可能更多地以自己为参照点,更多地与自己相比较,受到外界的影响可能较小。当然,这只是一种推断,需要通过实验来验证认知风格对超常学生的影响。这些指标能预测超常儿童是否能适应在超常班里学习。分离出这些指标后,就可以将其用到今后对超常儿童的筛选中来,其他未被选入的学生并不意味着这些学生不超常,而是他们不适合在超常班中学习。

此外,在教学过程中,教师应起到积极的引导作用。在超常班中,每位同学均非常优秀,但每次排名都不可避免地有先后之分,排名相对落后(即成了大池塘里的小鱼)会使一些学生产生一种强烈的挫折感。关于如何应对挫折、如何应对来自同学的压力等,教师应在授课的过程当中,以及在辅导学生、接受学生咨询的过程中引导学生正确地看待这一问题,引导他们积极地进行归因。同样重要的是,教师在超常班中可以营造一种文化氛围,或者通过组织各种教学活动,来引导学生不断超越自我,以自己为参照点,不断进行自我完善与自我超越。

第四节 超常教育评估

许多研究指出,注意力与智力有关(Schweizer, Moosbrugger, & Goldhammer, 2005)。根据这些研究结果可以推断,超常儿童的注意力比常态儿童要好。实证研究已证实了这一推论。Johnson、Im-Bolter 和 Pascual-Leone(2003)比较了学业超常和学业常态儿童在注意力上的差异,发现前者的注意力更好,信息加工速度更快,过滤干扰因素的能力更强。然而,也有一些矛盾的发现,许多高能力的学生有冲动、过度活跃和保持性注意差等问题(Gordon et al., 1991;Webb & Latimer, 1993)。也有一些研究指出,超常儿童不能把注意力集中在课堂内容上,一个可能的原因是材料太过简单(Westberg et al., 1993b)。因此,关于超常儿童是否具有更高水平的注意力,目前并未获得一致结果,一些研究者坚持认为超常儿童具有更好的保持性注意(Liu et al., 2011a, 2011b, 2011c),而另一些研究者则将超常儿童描述为有注意力问题的个体(Gordon et al., 1991;Webb & Latimer, 1993;Chae, Kim, & Noh, 2003)。这种争论是否存在于所有的教育环境中?这个问题与天才研究中一个有争议的话题有关:超常儿童的教育。

1978 年以来,中国已经为天才教育开发了两种教育模式(查子秀,1998):第一种模式是加速教育,在这种模式下,学生在更短的时间内完成标准课程;另一种模式是丰富教育,在这种模式下,学校为学生提供各种课程。作为一种新的和发展中的教育模式,超常教育受到公众的极大关注,其中一个最大的关注点是它对超常儿童的影响。以往的研究调查了加速教育对超常儿童发展的影响,发现加速教育对儿童的信息加工速度有促进作用(Duan, Shi, & Zhou, 2010)。然而,很少有研究调查丰富教育模式的效果。为了了解和评估丰富教育模式对超常儿童的影响,中国科学院心理研究所超常儿童研究中心完成了多项研究,比较了接受不同教育模式的超常儿童在注意和情绪方面的差异。

一、教育模式对超常儿童保持性注意的影响

保持性注意是注意的一种形式,负责"持续分配加工资源给检测到的罕见事件",是指在一段时间内对一项高要求的任务保持有效反应水平的能力(Parasuraman, 1998),对日常活动和学习至关重要(MacLean et al., 2009)。Schweizer 和 Moosbrugger(2004)调查了保持性注意和智力之间的关系,发现保持性注意可以显著预测个人在智力测试中的表现。具体来说,注意力的控制对儿童和成人的智力都有独特的贡献(Cowan et al., 2006)。

保持性注意是高级认知加工的基础(Ashkenazi, Rubinsten, & Henik, 2009; Facoetti et al., 2000),涉及两种不同的认知能力:注意力和抑制冲动。一方面,保持性注意要求个人将注意力集中在正在发生的事件上,避免错过任何事情;另一方面,它要求一个人能够抵制来自周围环境的干扰,同时抑制不必要的冲动(Trautmann & Zepf, 2012)。

个体在任务上的表现可能随着时间推移而变化,这种变化取决于唤醒和持续关注任务的能力(Koski & Petrides, 2001; Tucha et al., 2009)。在标准课堂上,超常儿童经常因为没有挑战性的学习任务而感到无聊,所以他们没有机会在相对长的时间内练习维持注意的能力,因此,他们有很多时间去扰乱、制造麻烦或自娱自乐(Webb & Latimer, 1993)。据此,本研究从时间上把任务分为前、中、后三个阶段,每阶段的任务相同,以考察保持性注意随时间的变化。最常用的测量保持性注意的方法是经典的 CPT(Zillessen et al., 2001; Van Leeuwen et al., 1998; Conners et al., 2003; Lin, Hsiao, & Chen 1999),所有相关研究都表明,该任务具有良好的可靠性和有效性。连续作业任务要求个人在观看电脑屏幕

上的一长串字母或数字时保持警惕。通常情况下，每当一个特定的目标字母或数字出现时，被试必须按下一个按钮。本研究中使用了 1—9 型 CPT（数字 1 后面是数字 9）。

本研究选择了两组儿童：接受普通教育的超常儿童，以及接受丰富教育的超常儿童。两组儿童的比较可以反映接受普通教育的超常儿童和接受丰富教育的超常儿童在保持性注意方面的差异。本研究假设，丰富教育比普通教育更有利于发展超常儿童的保持性注意。

1. 研究方法

48 名儿童参与了这项研究。24 名接受丰富教育的超常儿童（11 名男生，13 名女生，平均年龄为 10.67 岁）从一个专门为全国超常儿童提供丰富教育的实验班中招募而来。另外 24 名接受普通教育的超常儿童（11 名男生，13 名女生，平均年龄为 10.41 岁）是从一个相对较大的样本（1000 多名儿童）中通过 RAPM 挑选出来的。在正式实验之前，本研究用 RAPM 测试了这两组儿童的智力，所有被试的智力都处于 1 级。

所有参与儿童都在教室里的电脑上完成 CPT 任务。每个孩子都完成了一次练习，直到主试确信儿童完全理解了任务要求。CPT 产生了几个相关的测量指标，包括正确响应的反应时、漏报率、虚报率以及信号检测参数 d' 和 β。当被试在包含目标数字的试次中未能按下空格键时，就会出现漏报，这可以反映其注意力程度；当被试在包含非目标数字的试次中按下空格键时，就会出现执行错误（即虚报），这可以反映抑制能力。信号检测参数 d' 是指以标准分数为单位的信号分布和噪声分布之间的距离，反映了被试对目标感知的敏感性，较高的 d' 表示相对于噪声的信号检测量较高，表明被试能更好地区分目标刺激和非目标刺激。β 值是目标反应与非目标反应之比的函数，代表了个体的反应趋势。

2. 结果

表 6-4 显示了两组超常儿童在 CPT 任务上的描述性统计数据。用 t 检验来考察两组超常儿童在 CPT 任务上的表现差异，结果显示，与接受普通教育的超常儿童相比，接受丰富教育的超常儿童的反应时明显较短，他们的漏报率和虚报率也较低；接受丰富教育的超常儿童的敏感性明显高于接受普通教育的超常儿童。两组儿童之间的判断标准差异并不明显。

表 6-4　普通教育和丰富教育下的超常儿童在 CPT 任务上的比较

组别	反应时	漏报率	虚报率	d'	β
普通教育	372.25±49.03	0.10±0.16	0.0319±0.05	3.91±1.44	7.98±13.44
丰富教育	336.11±45.71	0.01±0.01	0.0050±0.01	5.32±0.70	4.29±6.85
t	2.64*	2.91**	2.72*	−4.33***	1.20

用多因素协方差分析来评估教育模式对保持性注意指数得分的贡献，年龄和 RAPM 原始得分作为协变量被纳入分析中。结果显示，在漏报率 $[F(1,47)=9.553, p=0.003, \eta^2=0.178]$、虚报率 $[F(1,47)=8.390, p=0.006, \eta^2=0.160]$ 和 d' $[F(1,47)=26.127, p<0.001, \eta^2=0.373]$ 上，教育模式的主效应均显著，表明丰富教育下的超常儿童在正确率、抑制性和敏感性方面的表现优于普通教育下的儿童；但在反应时和 β 得分上，教育模式的主效应不显著。然而，本研究结果显示，智力水平和年龄对所有注意力指数的主效应都不显著。

用重复测量法检验两组儿童在三个阶段的漏报率差异，结果显示，对于接受普通教育的超常儿童，阶段的主效应并不显著 $[F(2,22)=1.64, p>0.05, \eta^2=0.13]$；对于接受丰富教育的超常儿童，阶段的主效应也不显著 $[F(2,22)=1.31, p>0.05, \eta^2=0.11]$，如图 6-6 所示。

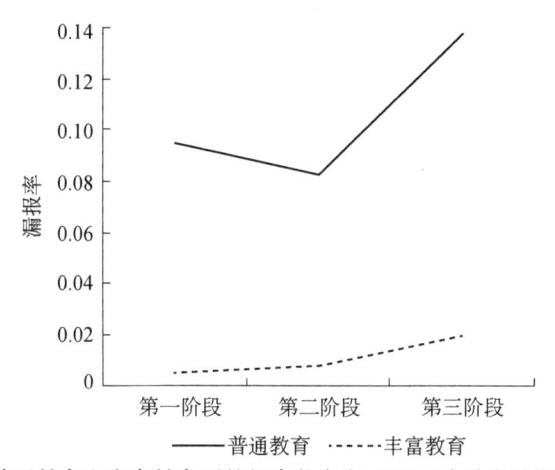

图 6-6　普通教育和丰富教育下的超常儿童在 CPT 三个阶段的漏报率趋势

用重复测量法检验两组儿童在三个阶段的虚报率差异，结果显示，对于接受普通教育的超常儿童，阶段的主效应并不显著 $[F(2,22)=1.97, p>0.05, \eta^2=0.15]$；对于接受丰富教育的超常儿童，阶段的主效应也不显著 $[F(1.83,$

42.08）=2.41，p=0.10，η^2=0.10］。然而，配对比较表明，第二阶段的虚报率明显低于第一阶段，$p<0.05$，如图 6-7 所示。

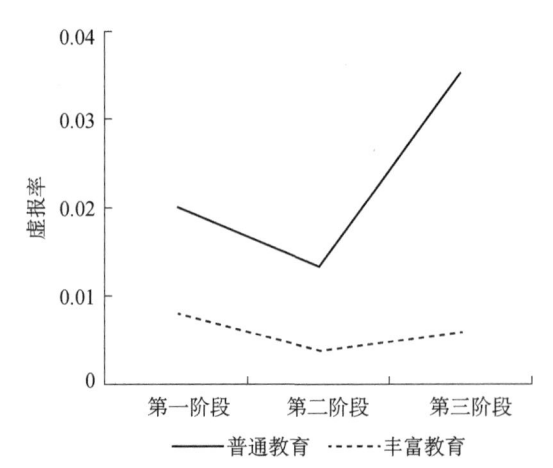

图 6-7 普通教育和丰富教育下的超常儿童在 CPT 三个阶段的虚报率趋势

3. 讨论

超常教育是一个新的、发展中的教育模式，公众对超常教育最大的关注点之一是其效果。超常教育的研究者提出，超常教育计划应根据学生的需要和兴趣来决定（Passow，1982），而这正是超常教育的目标。因此，合乎逻辑的推论是，接受丰富教育的超常儿童比接受普通教育的超常儿童有更好的保持性注意质量。本研究结果证实了这个推论。

与接受普通教育的超常儿童相比，接受丰富教育的超常儿童的漏报率和虚报率明显较低，这表明接受丰富教育的超常儿童能更好、更长时间地集中注意力，他们也能比接受普通教育的超常儿童更好地抑制自己的冲动（Thorell et al.，2009；Kirmizi-Alsan et al.，2006）。此外，接受丰富教育的超常儿童比接受普通教育的超常儿童能更准确地区分目标和干扰物。

然而，在控制了智商分数后，本研究结果显示，教育模式对反应时或 β 分数没有显著的主效应。反应时与先天能力呈高度相关（Luciano et al.，2001）。该结果表明，两组不同的超常儿童在注意力任务的反应时上没有差异。关于双胞胎的研究结果表明，加工速度和智商之间有很强的相关关系（表型相关性系数为 0.31—0.56；基因型相关性系数为 0.45—0.70）（Luciano et al.，2001）。本研究结果表明，β 分数反映了个人的反应倾向，两组在该判断标准上没有差异。β 分数受个人性格的影响，反映了一种相对独立于智力的能力（Tharpe，Ashmead，& Rothpletz，2002）。总体来说，本研究结果表明接受丰富教育的智力天才儿童有更好的保持性注意。值得注意的是，在 CPT 任务的三个阶段中，尽管接受普通教育的超常儿童的漏报率低于接受丰富教育的超常儿童，但两组儿童都保持稳定的漏报率。就像接受丰富教育的超常儿童一样，他们在 CPT 任务的三个阶段都能保持稳定的警觉性。此外，值得注意的是，接受普通教育的超常儿童在第二阶段的虚报率只显示出不明显的下降趋势，然而，接受丰富教育的超常儿童在第二阶段的虚报率却明显低于第一阶段。这一发现表明，与接受普通教育的超常儿童相比，接受丰富教育的超常儿童在完成任务的过程中变得更加谨慎，能够更好地抑制自己的冲动。因此有理由提出，丰富教育因为具有挑战性的课程和学习内容，满足了这些儿童的信息加工需要；相反，由于没有挑战性的课程，普通教育中的超常儿童只需要较少的时间来学习常态儿童需要更多时间来学习的材料。在这种情况下，超常儿童在大部分上课时间都无事可做，导致他们在正常同龄人中出现类似多动症的行为（Webb & Latimer，1993；Baum，Olenchak，& Owen，1998）。综上所述，可以推断接受丰富教育的超常儿童比接受普通教育的超常儿童具有更好的注意力质量。因此，丰富教育可以提高超常儿童的注意力质量。丰富教育如何做到这一点？普通教育模式下，超常儿童周围的教育环境一般，不能满足他们的需求，在标准课堂上，教学内容是基础性的、没有挑战性的，因此，这些孩子感到无聊并不奇怪。丰富教育可以为超常儿童提供更有趣的、更具挑战性的各种课程，在这种环境下，超常儿童可以自然地集中注意力。此外，在丰富教育环境下，教师较少抱怨超常儿童的注意力问题。以往的研究比较了接受普通教育和超常教育的两组儿童的信息加工速度，结果显示，接受超常教育的超常儿童在每个年龄段的反应都明显比接受普通教育的超常儿童快（Duan，Shi，& Zhou，2010；Cheng，Zhou，& Shi，2009；Cheng，Liu，& Shi，2008）。结合本研究结果可以顺理成章地推断出，超常儿童的教育环境对其认知能力的发展起着重要作用。

然而，对于超常教育的质量是否比普通教育好得多，可能存在一些疑问。接受超常教育的儿童比接受普通教育的儿童发展得更好，这是不足为奇的。如果常态儿童能接受超常教育，他们的发展可能与超常儿童一样好。无疑，这个建议是合理的。然而，Cheng、Liu 和 Shi（2008）的研究表明，超常儿童可以从实践中受益更多。因此，有理由期望超常儿童能够从超常教育中受益更多。此外，普通教育不能满足超常儿童的需要，但却能很好地满足常态儿童的需要。鉴于这些发现，为超常儿童实施丰富的教育是重要和必要的。

二、丰富教育能促进超常儿童的注意力发展[①]

为了进一步探讨丰富教育对儿童注意力的影响，我们将被试的年龄范围扩大到7—12岁，并评估了注意力的7个不同方面，包括警觉、专注性注意、分散注意、注意转换、保持性注意、空间注意和监控注意，以此来探究丰富教育对超常儿童注意力的影响（Tao & Shi，2018）。结果发现，接受丰富教育的超常儿童与接受普通教育的超常儿童之间的主要差异在于准确性。与上一部分研究中的结论一致，与接受普通教育的超常儿童相比，接受丰富教育的超常儿童在保持性注意任务上的正确率更高（Shi et al.，2013）。丰富教育和普通教育的一个区别是，前者的课程和教学方法更为多样（查子秀，1998）。在丰富教育中，教师给予学生更多的权利来组织教学内容和方法，这意味着课堂是以学生为导向的。相比之下，在普通教育中，教师采用的是以教师为导向的方法，即教师讲课，学生做笔记。丰富的教育课程和教学方法的多样性挑战了儿童的注意能力，与多样性较少的教育模式相比，丰富教育下的超常儿童可以保持更长时间的注意力。因此，接受丰富教育的超常儿童有更多机会锻炼他们的注意力，可以预期他们的注意力比接受普通教育的超常儿童更好。

然而，本研究注意到在接受丰富教育的超常儿童中，丰富教育只促进了某些类型的注意力的发展，而其他类型的注意力则保持稳定。从注意力的角度来看，一些类型（如警觉、专注性注意）是非常基本的，当儿童在6—7岁时，这类注意力就已经发展得比较好了。对于超常儿童来说，这些基本的注意力反映了他们的基本信息加工速度。因此，无论超常儿童接受什么模式的教育，这些类型的注意力都保持稳定。然而，其他类型的注意力（如保持性注意、空间注意、分配性注意和监控注意）更为复杂，可能对教育环境更为敏感，当超常儿童接受丰富的教育时，这些注意力会得到提升。

此外，与接受普通教育的超常儿童相比，学生接受丰富教育的年数越多（即

[①] 本部分内容已发表，参见：Tao, T., & Shi, J.（2018）. Enriched education promotes the attentional performance of intellectually gifted children. High Ability Studies, 29（1），23-35.

年龄越大），他们在注意力任务上的正确率就越高。如果接受多年的丰富教育能提高注意力的质量，那么注意力的表现可能会有明显的年龄差异，而本研究结果确实发现被试在一些注意力任务上的正确率和在所有注意力任务上的反应时都有明显的年龄差异。这些研究表明，丰富教育在一定程度上促进了超常儿童注意力的发展。

三、超常教育对情绪的影响

通过本书第三章的内容，我们了解到加速教育模式对超常儿童社会性方面的影响。实验班的儿童需要在很短的时间内完成学习并参加考试，身边的同学也都是高智力的优秀同学，这带给他们很大的压力，也产生了一些负面影响。随着他们在超常班的时间逐渐增长，相比于普通班的同龄学生，超常班儿童的自我概念水平更低，特质焦虑和状态焦虑水平都更高，回避失败的倾向也更明显。这说明加速教育模式的高挑战性和竞争性可能给超常儿童带来了更多的消极情绪，不利于其形成自我认同，他们对失败的恐惧也更高。这提醒我们，在对超常儿童的教育中，除了应关注其学业发展外，也应格外注意重视超常学生的情绪和心理健康状态，采取更多方法帮助他们坚定自我价值，建立自我认同，使他们以积极的心态面对生活和学业中的成功与失败。

中国的超常教育历经40余年的摸索，已经在理论和实践上取得了诸多成果，积累了丰富的经验。但超常教育的落实和推广还需要更多的教育者和研究者继续为此付出努力，更需要政府和社会的支持。相信在"拔尖创新人才"政策的推动下，中国的超常教育一定会突破重重困难、更上一层楼，从而为国家培养更多优秀的创新人才。

参 考 文 献

北京八中少儿实验班办公室.（1990）. 北京八中超常儿童教育实验研究//中国超常儿童研究协作组. 中国超常儿童研究十年论文选集. 北京：团结出版社，171-178.

蔡笑晚.（2007）. 我的事业是父亲. 南宁：接力出版社.

程黎，施建农，刘正奎，曲小军，赵大恒，王竹颖，等.（2004）. 8～12岁超常与常态儿童的检测时比较. 心理学报，36（6），712-717.

程郁，王胜光.（2010）. 科技创新人才的激励机制及其政策完善. 中国科学院院刊，25（6），602-611.

杜家良.（1998）. 超常儿童的体育教育研究//查子秀. 儿童超常发展之探秘——中国超常儿童心理发展与教育研究20周年论文集. 重庆：重庆出版社，278-287.

范俊英，施建农，宋斌，裴改改.（2009）. 音乐特长生与普通中学生智力与创造力的比较研究. 中国临床心理学杂志，（3），278-280.

费斯特.（2004）. 人格对艺术和科学创造力的影响//斯滕博格. 创造力手册. 施建农，等译. 北京：北京理工大学出版社，226-244.

冯春明，毕顺堂，张连云，冯江平，王华甫，冯德明，等.（1990）. 超常儿童培育手册. 石家庄：河北教育出版社.

付瑶，张兴利，施建农.（2022）. 智力超常儿童的工作记忆特点——基于工作记忆精确度与广度的实验研究. 中国特殊教育，（2），52-58.

傅小兰.（2004）. 探讨顿悟的心理过程与大脑机制——评罗劲的《顿悟的大脑机制》一文. 心理学报，36（2），234-237.

贺宗鼎，谭全万.（1995）. 超常儿童创造力研究构思. 第十一届世界超常（天才）儿童会议北京学术研讨会，北京.

贺宗鼎，袁顶国.（1997）. 当代我国超常儿童心理研究与教育述评. 四川师范大学学报（社会科学版），（1），17-24.

洪德厚. （1984）. 3—14岁儿童记忆发展的某些特点. 心理科学通讯，（2），18-20.

洪德厚，周家骥，王养华，徐增钰. （1989）.《中国少年非智力个性心理特征问卷》（CA-NPI）（1988年版）的编制与使用. 心理科学通讯，（2），15-19，66.

霍力岩. （2000）. 加德纳的多元智力理论及其主要依据探析. 比较教育研究，（3），38-43.

兰祖利，里斯. （2000）. 丰富教学模式：一本关于优质教育的指导书. 华华，戴耘，包容，译. 上海：华东师范大学出版社.

李颖，施建农. （2005）. 大鱼小池塘效应——对超常儿童教育安置的思考. 心理科学进展，（5），623-628.

李颖，施建农，赵大恒，王竹颖，庄婕，毛莉莉. （2004）. 超常与常态儿童在非智力因素上的差异. 中国心理卫生杂志，18（8），561-563.

李仲涟. （1984）. 7—14岁超常与常态儿童创造性思维的比较研究. 湖南师院学报（哲学社会科学版），（1），93-98.

凌培炎. （1988）. 超常儿童与早期教育. 开封：河南大学出版社.

刘希平，张环，唐卫海. （2014）. 协作抑制的作用机制：来自编码阶段的证据. 心理科学，（3），559-566.

刘晓明，郭占基，王丽荣. （1991）. 成就动机、自我概念与学生学业成绩的关系研究. 心理科学，（2），18-21.

刘正奎，施建农. （2003）. 检测时与智力关系的研究述评. 心理科学进展，11（5），511-515.

刘正奎，施建农，程黎. （2003）. 儿童的检测时与智力. 心理学报，35（6），823-829.

刘正奎，邹枝玲，施建农. （2003）. 音乐特长儿童的智力结构特点及其与学业成绩的关系. 南京师大学报（社会科学版），（2），99-105.

罗劲. （2004）. 顿悟的大脑机制. 心理学报，36（2），219-234.

木村久一. （1988）. 早期教育和天才. 河北大学日本研究所，译. 石家庄：河北教育出版社.

沈烈敏. （2001）. 初中男生考试失败对成就动机的影响等研究. 心理科学，（1），102-103.

沈烈敏，郭继东. （1999）. 影响学生学业成绩心理因素的研究. 心理科学，（6），559-560.

施建农. （1990a）. 超常与常态儿童记忆和记忆监控的比较研究. 心理学报，（3），323-329.

施建农. （1990b）. 超常与常态儿童记忆和记忆组织的比较研究. 心理学报，（2），127-134.

施建农. （1995）. 创造性系统模型. 心理学动态，3（3），1-5.

施建农. （1999）. 论素质教育. 中国职业技术教育，（1），28-29.

施建农. （2001）. 为什么要开展超常教育. 现代特殊教育，（12），4-7.

施建农. （2006）. 以超常儿童为被试的个体差异研究. 心理科学进展，14（4），565-568.

施建农. （2008）. 超常儿童成长之路：中国超常教育30年历程. 北京：科学出版社.

施建农. （2021）. 超常儿童教育与杰出人才培养. 中国特殊教育，（9），54-55.

施建农，徐凡. （1997a）. 超常与常态儿童的兴趣、动机与创造性思维的比较研究. 心理学报，3，271-277.

施建农，徐凡.（1997b）.超常儿童的创造力及其与智力的关系.心理科学，20（5），468-477.

施建农，徐凡.（1997c）.超常儿童研究的现状与动态.中国特殊教育,（1），1-4.

施建农，徐凡.（1998）.我国超常儿童研究的进展及其问题.心理学报，30（3），298-305.

施建农，徐凡.（1999）.认识超常儿童.北京：中国社会科学出版社.

施建农，徐凡.（2004）.超常儿童发展心理学.合肥：安徽教育出版社.

施建农，查子秀.（1990）.超常与常态儿童图形创造性思维的比较研究//中国超常儿童研究协作组.中国超常儿童研究十年论文选集.北京：团结出版社，61-70.

施建农，查子秀，周林.（1995）.智力超常与常态学生技术创造性思维的比较研究.心理学动态，3（1），51-56.

施建农，查子秀，周林.（1998）.中-德超常与常态儿童实用创造性思维的比较//查子秀.儿童超常发展之探秘——中国超常儿童心理发展与教育研究20周年论文集.重庆：重庆出版社，77-88.

施建农，恽梅，翟京华，李新兵.（2004）.7～12岁儿童视觉搜索能力的发展.心理与行为研究，2（1），337-341.

施建农，周林，查子秀，徐凡.（1997）.儿童心理折叠能力的发展.心理学报，29（2），160-165.

施建农，查子秀，周林，Heller，Hany.（1998）.中-德超常与常态儿童技术创造力跨文化研究的基本假设和研究方法//查子秀.儿童超常发展之探秘——中国超常儿童心理发展和教育研究20周年论文集.重庆：重庆出版社，25-40.

施建农，陈宁，杜翔云，张兴利，张真，段小菊，等.（2012）.创造力心理学与杰出人才培养.中国科学院院刊，（S1），164-173.

施建农，刘正奎，邹枝玲，程黎，唐洪，赵铮，等.（2006）.基于认知能力的分层教学实验.中国心理学会发展心理学专业委员会、中国心理学会教育心理学专业委员会二○○六年度学术年会，北京.

斯滕博格.（2004）.创造力手册.施建农，等译.北京：北京理工大学出版社.

孙煜明.（1993）.动机心理学.南京：南京大学出版社.

天津实验小学等.（1990）.超常儿童集体教育初探//中国超常儿童研究协作组.中国超常儿童研究十年论文选集.北京：团结出版社，161-170.

汪向东，王希林，马弘.（1999）.心理卫生评定量表手册（增订版）.北京：中国心理卫生杂志社.

威斯伯格.（2005）.创造力与知识：对理论的挑战//斯滕博格.创造力手册.施建农，等译.北京：北京理工大学出版社，182-204.

辛厚文，陈晓剑.（1986）.大学少年班教育概论.合肥：中国科学技术大学出版社.

徐凡. (1989). 幼儿空间表征发展的初步实验研究. 心理学报, (1), 70-77.

徐凡, 李文馥, 施建农. (1991). 6—12岁儿童识图能力的发展. 心理学报, (1), 10-17.

徐新明. (2001). 音乐特别能提高儿童的数学兴趣. 世界科学, (4), 26-28.

阎琨, 吴菡. (2020). 拔尖人才培养的国际趋势及其对我国的启示. 教育研究, 41 (6), 78-91.

杨鑫辉. (1994). 中国心理学思想史. 南昌: 江西教育出版社.

叶国华, 孔燕. (1998). 中国科技大学少年班超常教育20年//查子秀. 儿童超常发展之探秘——中国超常儿童心理发展和教育研究20周年论文集. 重庆: 重庆出版社, 227-240.

叶仁敏, Hagtvet, K. A. (1992). 成就动机的测量与分析. 心理发展与教育, (2), 14-16.

袁军, 洪德厚. (1990). 用CA-NPI测试智力超常少年的报告//中国超常儿童研究协作组. 中国超常儿童研究十年论文选集. 北京: 团结出版社, 116-124.

恽梅, 施建农, 唐洪, 张梅玲. (2004). 8—12岁超常与常态儿童信息加工速度的发展. 华人心理学报, 5 (2), 233-248.

查子秀. (1984). 3—6岁超常与常态儿童类比推理的比较研究. 心理学报, (4), 373-382.

查子秀. (1986a). 超常儿童研究专集 (培训班讲义). 中国超常儿童追踪研究协作组, 7.

查子秀. (1986b). 超常儿童心理发展追踪研究五年. 心理学报, (2), 123-132.

查子秀. (1989). 儿童心理研究方法. 北京: 团结出版社.

查子秀. (1990). 超常儿童心理研究十年. 心理学报, 22 (2), 113-126.

查子秀. (1993). 超常儿童心理学. 北京: 人民教育出版社.

查子秀. (1994). 超常儿童心理与教育研究15年. 心理学报, 26 (4), 336-346.

查子秀. (1995). 中国超常儿童研究与教育发展. 第十一届世界超常 (天才) 儿童会议北京学术研讨会, 北京.

查子秀. (1998). 儿童超常发展之探秘——中国超常儿童心理发展和教育研究20周年论文集. 重庆: 重庆出版社.

查子秀, 赵俊颜. (1990). 超常与常态儿童个性及其与认知发展关系的比较研究//中国超常儿童研究协作组. 中国超常儿童研究十年论文选集. 北京: 团结出版社, 125-133.

张厚粲, 王晓平. (1989). 瑞文标准推理测验在我国的修订. 心理学报, (2), 113-121.

张连云. (1987). 3—6岁超常与常态儿童感知观察力的比较研究. 心理学报, (2), 208-214.

张琼, 施建农. (2005). 超常儿童研究现状与趋势. 中国心理卫生杂志, 19 (10), 685-687.

中国超常儿童研究协作组. (1990). 中国超常儿童研究十年论文选集. 北京: 团结出版社

中国超常儿童追踪研究协作组. (1983). 智蕾初绽——超常儿童追踪研究. 西宁: 青海人民出版社.

中国超常儿童追踪研究协作组. (1987). 怎样培养超常儿童. 西安: 西安交通大学出版社.

周国韬, 贺岭峰. (1996). 11~15岁学生自我概念的发展. 心理发展与教育, (3), 39-44.

周林, 查子秀. (1986). 超常儿童实验班的建立——关于学生筛选的研究. 心理学报, 18

（4），388-395.

周林, 施建农, 查子秀. (1993). 技术创造能力测验的结构分析——中·德跨文化研究结果之一. 心理科学, 16 (2), 120-121.

周林, 查子秀, 俞慧耕. (1987). 对音乐才能儿童的心理素质分析. 心理发展与教育, 3 (3), 25-30.

朱智贤, 林崇德. (1988). 儿童心理学史. 北京: 北京师范大学出版社.

邹枝玲, 施建农, 恽梅, 方平. (2003). 7岁超常儿童和常态儿童的信息加工速度. 心理学报, 35 (4), 527-534.

Abdulla-Alabbasi, A. M., Hafsyan, A. S. M., Runco, M. A., & AlSaleh, A. (2021). Problem finding, divergent thinking, and evaluative thinking among gifted and nongifted students. Journal for the Education of the Gifted, 44 (4), 398-413.

Ackerman, P. L., Beier, M. E., & Boyle, M. O. (2005). Working memory and intelligence: The same or different constructs? Psychological Bulletin, 131 (1), 30-60.

Agnoli, S., Mancini, G., Pozzoli, T., Baldaro, B., Russo, P. M., & Surcinelli, P. (2012). The interaction between emotional intelligence and cognitive ability in predicting scholastic performance in school-aged children. Personality and Individual Differences, 53 (5), 660-665.

Albert, R. S., & Runco, M. A. (1988). Independence and the creative potential of gifted and exceptionally gifted boys. Journal of Youth and Adolescence, 18, 221-230.

Alexander, J. E., O'Boyle, M. W., & Benbow, C. P. (1996). Developmentally advanced EEG alpha power in gifted male and female adolescents. International Journal of Psychophysiology, 23 (1-2), 25-31.

Alloway, T. P., & Alloway, R. G. (2010). Investigating the predictive roles of working memory and IQ in academic attainment. Journal of Experimental Child Psychology, 106 (1), 20-29.

Anderson, J. C., & Gerbing, D. W. (1988). Structural equation modeling in practice: A review and recommended two-step approach. Psychological Bulletin, 103 (3), 411-423.

Anderson, M., Reid, C., & Nelson, J. (2001). Developmental changes in inspection time: What a difference a year makes. Intelligence, 29 (6), 475-486.

Anderson, P. (2002). Assessment and development of executive function (EF) during childhood. Child Neuropsychology, 8 (2), 71-82.

Andersson, U., & Lyxell, B. (2007). Working memory deficit in children with mathematical difficulties: A general or specific deficit? Journal of Experimental Child Psychology, 96, 197-228.

Antshel, K. M. (2008). Attention-deficit hyperactivity disorder in the context of a high intellectual quotient/giftedness. Developmental Disabilities Research Reviews, 14 (4), 293-299.

Arabacı, D., & Baki, A. (2023). An analysis of the gifted and non-gifted students' creativity within the context of problem-posing activity. Journal of Pedagogical Research, 7 (1), 25-52.

Ardila, A., Pineda, D., & Rosselli, M. (2000). Correlation between intelligence test scores and executive function measures. Archives of Clinical Neuropsychology, 15 (1), 31-36.

Arffa, S. (2007). The relationship of intelligence to executive function and non-executive function measures in a sample of average, above average, and gifted youth. Archives of Clinical Neuropsychology, 22 (8), 969-978.

Arieti, S. (1976). Creativity: The Magic Synthesis. New York: Basic Books.

Ashcraft, M. H., & Kirk, E. P. (2001). The relationships among working memory, math anxiety, and performance. Journal of Experimental Psychology: General, 130 (2), 224-237.

Ashkenazi, S., Rubinsten, O., & Henik, A. (2009). Attention, automaticity, and developmental dyscalculia. Neuropsychology, 23 (4), 535-540.

Bandura, A. (1977). Self-efficacy: Toward a unifying theory of behavioral change. Psychological Review, 84 (2), 191-215.

Barber, S. J., & Rajaram, S. (2011a). Collaborative memory and part-set cueing impairments: The role of executive depletion in modulating retrieval disruption. Memory, 19, 378-397.

Barber, S. J., & Rajaram, S. (2011b). Exploring the relationship between retrieval disruption from collaboration and recall. Memory, 19, 462-469.

Barbey, A. K., Colom, R., Solomon, J., Krueger, F., Forbes, C. E., & Grafman, J. (2012). An integrative architecture for general intelligence and executive function revealed by lesion mapping. Brain, 135 (4), 1154-1164.

Bar-On, R. (2007). The impact of emotional intelligence on giftedness. Gifted Education International, 23 (2), 122-137.

Barron, F., & Harrington, D. M. (1981). Creativity, intelligence, and personality. Annual Review of Psychology, 32, 439-476.

Barrouillet, P., & Lepine, R. (2005). Working memory and children's use of retrieval to solve addition problems. Journal of Experimental Child Psychology, 91, 183-204.

Basden, B. H., Basden, D. R., & Henry, S. (2000). Costs and benefits of collaborative remembering. Applied Cognitive Psychology, 14, 497-507.

Basden, B. H., Basden, D. R., Bryner, S., & Thomas, R. L. (1997). A comparison of group and individual remembering: Does collaboration disrupt retrieval strategies? Journal of Experimental Psychology: Learning, Memory, and Cognition, 23 (5), 1176-1189.

Battig, W. F., & Montague, W. E. (1969). Category norms of verbal items in 56 categories: A replication and extension of the Connecticut category norms. Journal of Experimental Psychology: Monograph, 80, 1-46.

Baum, S. M., Olenchak, F. R., & Owen, S. V. (1998). Gifted students with attention deficits: Fact and/or fiction? Or, can we see the forest for the trees? Gifted Child Quarterly, 42 (2), 96-104.

Bays, P. M., Catalao, R. F. G., Husain, M. (2009). The precision of visual working memory is set by allocation of a shared resource. Journal of Vision, 9 (10), 7-11.

Benbow, C. P., & Stanley, J. C. (1980). Sex differences in mathematical ability: Fact or artifact? Science, 210 (4475), 1262-1264.

Betts, J., Mckay, J., Maruff, P., & Anderson, V. (2006). The development of sustained attention in children: The effect of age and task load. Child Neuropsychology, 12 (3), 205-221.

Bilhartz, T. D., Bruhn, R. A., & Olson, J. E. (1999). The effect of early music training on child cognitive development. Journal of Applied Developmental Psychology, 20 (4), 615-636.

Bjorklund, D. F., & Bernholtz, J. F. (1986). The role of knowledge base in the memory performance of good and poor readers. Journal of Experimental Child Psychology, 41, 367-393.

Bjorklund, D. F., Schneider, W., Cassel, W. S., & Ashley, E. (1994). Training and extension of a memory strategy: Evidence for utilization deficiencies in the acquisition of an organizational strategy in high-and low-IQ children. Child Development, 65, 951-965.

Bokura, H., Yamaguchi, S., & Kobayashi, S. (2005). Event-related potentials for response inhibition in Parkinson's disease. Neuropsychologia, 43 (6), 967-975.

Borkowski, J. G., & Peck, V. A. (1986). Causes and consequences of metamemory in gifted children. In R. J. Sternberg, & J. E. Davidson (Eds.), Conceptions of Giftedness (pp.182-200). New York: Cambridge University Press.

Borrowski, T. (2019). The Battelle for Kids P21 Framework for 21st Century Learning. Chicago: University of Illinois.

Bressan, P., & Pizzighello, S. (2008). The attentional cost of inattentional blindness. Cognition, 106 (1), 370-383.

Bronfenbrenner, U. (1977). Toward an experimental ecology of human development. American Psychologist, 32 (7), 513-531.

Brown, L., Sherbenou, R. J., & Johnsen, S. K. (1982). Test of Nonverbal Intelligence: A Language-Free Measure of Cognitive Ability (TONI-2). Austin: Pro-Ed, Inc.

Bruce, H. A. (1914). The Education of Karl Witte: Or the Training of the Child. (Translated from the German by Leo Wiener). New York: Thomas Y. Crowell Company Publishers.

Burks, B. (1930). The promise of youth: Follow-up studies of a thousand gifted children. Annee

Psychologique, 31（1）, 1003-1005.

Busato, V. V., Prins, F. J., Elshout, J. J., & Hamaker, C. (2000). Intellectual ability, learning style, personality, achievement motivation and academic success of psychology students in higher education. Personality and Individual Differences, 29（6）, 1057-1068.

Buschkuehl, M., & Jaeggi, S. M. (2010). Improving intelligence: A literature review. Swiss Medical Weekly, 140（19-20）, 266-272.

Byrne, B. M. (1986). Self-concept/academic achievement relations: An investigation of dimensionality, stability, and causality. Canadian Journal of Behavioural Science/Revue Canadienne Des Sciences Du Comportement, 18（2）, 173-186.

Calero, M. D., García-Martín, M. B., Jiménez, M. I., Kazén, M., & Araque, A. (2007). Self-regulation advantage for high-IQ children: Findings from a research study. Learning and Individual Differences, 17（4）, 328-343.

Calero, M. D., Mata, S., Carles, R., Vives, C., López-Rubio, S., & Fernández-Parra, A., et al. (2013). Learning potential assessment and adaptation to the educational context: The usefulness of the ACFS for assessing immigrant preschool children. Psychology in the Schools, 50（7）, 705-721.

Carlson, M. J., & Corcoran, M. E. (2001). Family structure and children's behavioral and cognitive outcomes. Journal of Marriage and Family, 63（3）, 779-792.

Carr, M., & Borkowski, J. G. (1987). Metamemory in gifted children. The Gifted Child Quarterly, 31（1）, 40-44.

Carroll, J. B. (1993). Human Cognitive Abilities. Cambridge: Cambridge University Press.

Cattell, R. B., & Cattell, A. K. S. (1960). Handbook for the Individual or Group Culture Fair Intelligence Test. Champaign: Testing Inc.

Ceci, S. J. (1983). Automatic and purposive semantic processing characteristics of normal and language/learning-disabled children. Developmental Psychology, 19, 427-439.

Chae, P. K., Kim, J. H., & Noh, K. S. (2003). Diagnosis of ADHD among gifted children in relation to KEDI-WISC and T.O.V.A. performance. Gifted Child Quarterly, 47（3）, 192-201.

Chalke, F. C. R., & Ertl, J. (1965). Evoked potentials and intelligence. Life Sciences, 4（13）, 1319-1322.

Chan, A. S., Ho, Y. C., & Cheung, M. C. (1998). Music training improves verbal memory. Nature, 396（6707）, 128.

Chan, J., Li, R., & Spinks, J. (1995). Maximizing potential: Lengthening and strengthening our stride. Presented at the 11th WCGT Conference, Hong Kong.

Chen, G., Peters, W. & Monks, F. (1997). Comparative study on self-concept of gifted and non-gifted children between China and the Netherlands. Psychological Sciences, 20 (1), 19.

Chen, Y. N., Mitra, S., & Schlaghecken, F. (2008). Sub-processes of working memory in the N-back task: An investigation using ERPs. Clinical Neurophysiology, 119 (7), 1546-1559.

Cheng, L., Liu, Z., & Shi, J. (2008). Effect of practice on information processing speed in 7-years-old children of different intellectual levels. Chinese Journal of Clinical Psychology, 16 (6), 637-639.

Cheng, L., Zhou, D., & Shi, J. (2009). Influence of different education methods to high intelligence quotient children's speed of information processing. Chinese Journal of Clinical Psychology, 17, 408-410.

Christakou, A., Halari, R., Smith, A. B., Ifkovits, E., Brammer, M., & Rubia, K. (2009). Sex-dependent age modulation of frontostriatal and temporo-parietal activation during cognitive control. NeuroImage, 48 (1), 223-236.

Ciobanu, L. G., Stankov, L., Schubert, K. O., Amare, A. T., Jawahar, M. C., & Lawrence-Wood, E., et al. (2022). General intelligence and executive functioning are overlapping but separable at genetic and molecular pathway levels: An analytical review of existing GWAS findings. PLoS One, 17 (10), e0272368.

Cohn, S. J., Carlson, J. S., & Jensen, A. R. (1985). Speed of information processing in academically gifted youths. Personality and Individual Differences, 6, 621-629.

Coleman, J. M., & Betty, A. F. (1985). Special-class placement, level of intelligence, and the self-concepts of gifted children: A social comparison perspective. Remedial and Special Education, 6 (1), 7-12.

Coleman, J. M., & Fults, B. A. (1982). Self-concept and the gifted classroom: The role of social comparisons. Gifted Child Quarterly, 26 (3), 116-120.

Collins, M. A., & Amabile, T. M. (1999). Motivation and creativity. In R. J. Sternberg (Ed.), Handbook of Creativity (pp.297-312). Cambridge: Cambridge University Press.

Colom, R., & Flores-Mendoza, C. (2007). Intelligence predicts scholastic achievement irrespective of SES factors: Evidence from Brazil. Intelligence, 35 (3), 243-251.

Colom, R., Jung, R. E., & Haier, R. J. (2007). General intelligence and memory span: Evidence for a common neuroanatomic framework. Cognitive Neuropsychology, 24 (8), 867-878.

Comings, D. E., Wu, S., Rostamkhani, M., McGue, M., MacMurray, J. P. (2003). Role of the cholinergic muscarinic 2 receptor (CHRM2) gene in cognition. Molecular Psychiatry, 8 (1), 10-11.

Congleton, A. R., & Rajaram, S. (2011). The influence of learning methods on collaboration:

Prior repeated retrieval enhances retrieval organization, abolishes collaborative inhibition, and promotes post-collaborative memory. Journal of Experimental Psychology: General, 140（4）, 535-551.

Conners, C. K., Epstein, J. N., Angold, A., & Klaric, J. (2003). Continuous performance test performance in a normative epidemiological sample. Journal of Abnormal Child Psychology, 31, 555-562.

Cowan, N. (2014). Working memory underpins cognitive development, learning, and education. Educational Psychology Review, 26（2）, 197-223.

Cowan, N., Fristoe, N. M., Elliott, E. M., Brunner, R. P., & Saults, J. S. (2006). Scope of attention, control of attention, and intelligence in children and adults. Memory & Cognition, 34（8）, 1754-1768.

Cox, C. M. (1926). Genetic Studies of Genius. II. The Early Mental Traits of Three Hundred Geniuses. Palo Alto: Stanford University Press.

Coyle, T. R. (2003). IQ, the worst performance rule, and Spearman's law: A reanalysis and extension. Intelligence, 31（5）, 473-489.

Craven, R. G., Marsh, H. W., & Print, M. (2000). Gifted, streamed and mixed-ability programs for gifted students: Impact on self-concept, motivation, and achievement. Australian Journal of Education, 44（1）, 51-75.

Csikszentmihalyi, M. (1997). Creativity: Flow and the Psychology of Discovery and Invention. New York: HarperCollins Publishers.

Csikszentmihalyi, M., Rathunde, K., & Whalen, S. (1997). Talented Teenagers: The Roots of Success and Failure. Cambridge: Cambridge University Press.

Dasgupta, S. (2003). Multidisciplinary creativity: The case of Herbert A. Simon. Cognitive Science, 27（5）, 683-707.

Davidson, M. C., Amso, D., Anderson, L. C., & Diamond, A. (2006). Development of cognitive control and executive functions from 4 to 13 years: Evidence from manipulations of memory, inhibition, and task switching. Neuropsychologia, 44（11）, 2037-2078.

De Jong, P., & Das-Smaal, E. (1990). The star counting test: An attention test for children. Personality and Individual Differences, 11（6）, 597-604.

Deary, I. J., & Caryl, P. G. (1997). Neuroscience and human intelligence differences. Trends in Neurosciences, 20（8）, 365-371.

Deary, I. J., & Stough, C. (1996). Intelligence and inspection time: Achievements, prospects, and problems. American Psychologist, 51（6）, 599-608.

Delcourt, M. A. B. (1993). Creative productivity among secondary school students: Combining energy, interest, and imagination. Gifted Child Quarterly, 37（1）, 23-31.

Dellas, M., & Gaier, E. L.（1970）. Identification of creativity: The individual. Psychological Bulletin, 73（1）, 55-73.

Di, G.（1990）. Preliminary investigation for the collective education of supernormal children. In CRGSCC（Ed.）, The Selected Works on Supernormal Children of the Last Ten Years in China（pp.161-170）. Beijing: Unity Publishing House.

Di Fabio, A., & Palazzeschi, L.（2009）. An in-depth look at scholastic success: Fluid intelligence, personality traits or emotional intelligence? Personality and Individual Differences, 46（5-6）, 581-585.

Di Fabio, A., & Palazzeschi, L.（2015）. Beyond fluid intelligence and personality traits in scholastic success: Trait emotional intelligence. Learning and Individual Differences, 40, 121-126.

Dixon, R., & Gow, L.（1993）. The self concept of developmentally delayed students at a vocational college: A preliminary report. Paper Presented at the ASSID National Conference, Newcastle.

Donkers, F. C. L., & Van Boxtel, G. J. M.（2004）. The N2 in go/no-go tasks reflects conflict monitoring not response inhibition: Neurocognitive mechanisms of performance monitoring and inhibitory control. Brain and Cognition, 56（2）, 165-176.

Du, J.（1998）. A preliminary study on physical education of supernormal children. In Z. Zha（Eds.）The Mystery of the Development of Supernormal Children—The Collection of Research on Psychological Development and Education of Supernormal Children in China in the Last 20 Years（pp.278-287）. Chongqing: Chongqing Publishing House.

Duan, X., Dan, Z., & Shi, J.（2013）. The speed of information processing of 9- to 13-year-old intellectually gifted children. Psychological Reports, 112（1）, 20-32.

Duan, X., Shi, J., & Zhou, D.（2010）. Developmental changes in processing speed: Influence of accelerated education for gifted children. Gifted Child Quarterly, 54（2）, 85-91.

Duan, X., Wei, S., Wang, G., & Shi, J.（2010）. The relationship between executive function and intelligence on 11- to 12-year-old children. Psychological Test and Assessment Modeling, 52（4）, 419-431.

Duan, X., Shi, J., Wu, J., Mou, Y., Cui, H., & Wang, G.（2009）. Electrophysiological correlates for response inhibition in intellectually gifted children: A Go/NoGo study. Neuroscience Letters, 457（1）, 45-48.

Ekeocha, J. O., & Brennan, S. E.（2008）. Collaborative recall in face-to-face and electronic groups. Memory, 16, 245-261.

Engelhardt, L. E., Mann, F. C., Briley, D. A., Church, J. A., Harden, K. P., & Tucker-Drob, E. M. (2016). Strong genetic overlap between executive functions and intelligence. Journal of Experimental Psychology: General, 145 (9), 1141-1159.

Engle, R. W., Tuholski, S. W., Laughlin, J. E., & Conway, A. R. A. (1999). Working memory, short-term memory, and general fluid intelligence: A latent-variable approach. Journal of Experimental Psychology: General, 128 (3), 309-331.

Euler, M. J., McKinney, T. L., Schryver, H. M., & Okabe, H. (2017). ERP correlates of the decision time-IQ relationship: The role of complexity in task- and brain-IQ effects. Intelligence, 65, 1-10.

Facoetti, A., Paganoni, P., Turatto, M., Marzola, V., & Mascetti, G. (2000). Visual-spatial attention in developmental dyslexia. Cortex, 36 (1), 109-123.

Farsides, T., & Woodfield, R. (2003). Individual differences and undergraduate academic success: The roles of personality, intelligence, and application. Personality and Individual Differences, 34 (7), 1225-1243.

Feinstein, L., & Bynner, J. (2004). The importance of cognitive development in middle childhood for adulthood socioeconomic status, mental health, and problem behavior. Child Development, 75 (5), 1329-1339.

Feldhusen, J. F., & Treffinger, D. (1990). Creative Thinking and Problem Solving in Gifted Education (3rd ed.). Dubuque: Kendall Hunt Publishing.

Ferrando, M., Prieto, M. D., Almeida, L. S., Ferrándiz, C., Bermejo, R., & López-Pina, J. A., et al. (2011). Trait emotional intelligence and academic performance: Controlling for the effects of IQ, personality, and self-concept. Journal of Psychoeducational Assessment, 29 (2), 150-159.

Fiedler, F. E., & Garcia, J. E. (1987). New Approaches to Effective Leadership: Cognitive Resources and Organizational Performance. New York: Wiley.

Fink, A., & Neubauer, A. C. (2001). Speed of information processing, psychometric intelligence: And time estimation as an index of cognitive load. Personality and Individual Differences, 30 (6), 1009-1021.

Flavell, J. H., Friedrichs, A. G., & Hoyt, J. D. (1970). Developmental changes in memorization processes. Cognitive Psychology, 1 (4), 324-340.

Flynn, J., R. (1987). Massive IQ gains in 14 nations: What IQ tests really measure. Psychological Bulletin, 101, 171-191.

Flynn, J., R. (1999). Searching for justice: The discovery of IQ gains over time. American Psychologist, 54 (1), 5-20.

Franzoni, C., Scellato, G., & Stephan, P. (2014). The mover's advantage: The superior performance of migrant scientists. Economics Letters, 122(1), 89-93.

Freeman, J. (1979). Gifted Children: Their Identification and Development in a Social Context. New York: Springer-Verlag.

Freeman, J. (1985). The Psychology of Gifted Children. Chichester: Wiley.

Friedman, N. P., Miyake, A., Corley, R. P., Young, S. E., DeFries, J. C., & Hewitt, J. K. (2006). Not all executive functions are related to intelligence. Psychological Science, 17(2), 172-179.

Frischkorn, G. T., Wilhelm, O., & Oberauer, K. (2022). Process-oriented intelligence research: A review from the cognitive perspective. Intelligence, 94, 101681.

Fry, A. F., & Hale, S. (1996). Processing speed, working memory, and fluid intelligence: Evidence for a developmental cascade. Psychological Science, 7(4), 237-241.

Fuchs-Beauchamp, K. D., Karnes, M. B., & Johnson, L. J. (1993). Creativity and intelligence in preschoolers. Gifted Child Quarterly, 37(3), 113-117.

Fukuda K, Vogel E, Mayr U, & Awh, E. (2010). Quantity, not quality: The relationship between fluid intelligence and working memory capacity. Psychonomic Bulletin & Review, 17(5), 673-679.

Gagné, F. (2004). Transforming gifts into talents: The DMGT as a developmental theory. High Ability Studies, 15(2), 119-147.

Gallagher, J. J., & Courtright, R. D. (1986). The educational definition of giftedness and its policy implications. In R. J. Sternberg, & J. E. Davidson (Eds.), Conceptions of Giftedness (pp.93-112). Cambridge: Cambridge University Press.

Galton, F. (1869). Hereditary Genius: An Inquiry into its Laws and Consequences. London: Julian Friedman Publishers.

Galton, F. (1876). The history of twins, as a criterion of the relative powers of nature and nurture. The Journal of the Anthropological Institute of Great Britain and Ireland, (5), 391-406.

Gari, A., Kalantzi-Azizi, A., & Mylonas, K. (2000). Adaptation and motivation of Greek gifted pupils: Exploring some influences of primary schooling. High Ability Studies, 11(1), 55-68.

Garzarelli, P., Everhart, B., & Lester, D. (1993). Self-concept and academic performance in gifted and academically weak students. Adolescence, 28(109), 235-237.

Gathercole, S. E., Pickering, S. J., Knight, C., & Stegmann, Z. (2004). Working memory skills and educational attainment: Evidence from national curriculum assessments at 7 and 14 years of age. Applied Cognitive Psychology, 18(1), 1-16.

Gaultney, J. F., Bjorklund, D. F., & Goldstein, D. (1996). To be young, gifted, and strategic: Advantages for memory performance. Journal of Experimental Child Psychology, 61, 43-66.

Geary, D. C., Brown, S. C., & Samaranayake, V. A. (1991). Cognitive addition: A short longitudinal study of strategy choice and speed-of-processing differences in normal and mathematically disabled children. Developmental Psychology, 27, 787-797.

Ghazvini, S. D. (2011). Relationships between academic self-concept and academic performance in high school students. Procedia-Social and Behavioral Sciences, 15, 1034-1039.

Goldstein, D., Stein, D. K. & Hasher, L. (1983). Processing of occurence-rate and item information by children of different ages and abilities. American Journal of Psychology, 96, 229-241.

Goleman, D. (1996). Emotional Intelligence: Why it Can Matter more than IQ. London: Bloomsbury.

Gordon, M., Thomason, D., Cooper, S., & Ivers, C. L. (1991). Nonmedical treatment of ADHD/hyperactivity: The attention training system. Journal of School Psychology, 29 (2), 151-159.

Gray, J. R., Chabris, C. F., & Braver, T. S. (2003). Neural mechanisms of general fluid intelligence. Nature Neuroscience, 6 (3), 316-322.

Gross, M. U. (1992). The use of radical acceleration in cases of extreme intellectual precocity. Gifted Child Quarterly, 36 (2), 91-99.

Grossman, E. S., Hoffman, Y., Berger, I., & Zivotofsky, A. Z. (2015). Beating their chests: University students with ADHD demonstrate greater attentional abilities on an inattentional blindness paradigm. Neuropsychology, 29 (6), 882-887.

Grudnik, J. L., & Kranzler, J. H. (2001). Meta-analysis of the relationship between intelligence and inspection time. Intelligence, 29 (6), 523-535.

Gruhn, W. (2005). Book review: Creativity and music education. Psychology of Music, 33 (2), 221-224.

Guay, F., Marsh, H. W., & Boivin, M. (2003). Academic self-concept and academic achievement: Developmental perspectives on their causal ordering. Journal of Educational Psychology, 95 (1), 124-136.

Guilford, J. P. (1967). The Nature of Human Intelligence. New York: McGraw-Hill.

Guilford, J. P. (1986). Creative Talents: Their Nature, Use and Development. Buffalo: Bearly Ltd.

Gustavson, D. E., Reynolds, C. A., Corley, R. P., Wadsworth, S. J., Hewitt, J. K., &

Friedman, N. P. (2022). Genetic associations between executive functions and intelligence: A combined twin and adoption study. Journal of Experimental Psychology: General, 151(8), 1745-1761.

Haier, R. J., White, N. S., & Alkire, M. T. (2003). Individual differences in general intelligence correlate with brain function during nonreasoning tasks. Intelligence, 31(5), 429-441.

Haier, R. J., Siegel, B. V., MacLachlan, A., Soderling, E., Lottenberg, S., & Buchsbaum, M. S. (1992). Regional glucose metabolic changes after learning a complex visuospatial/motor task: A positron emission tomographic study. Brain Research, 570(1-2), 134-143.

Haier, R. J., Siegel, B. V., Nuechterlein, K. H., Hazlett, E., Wu, J. C., & Paek, J., et al. (1988). Cortical glucose metabolic rate correlates of abstract reasoning and attention studied with positron emission tomography. Intelligence, 12(2), 199-217.

Hany, E. A. (1994). The development of basic cognitive components of technical creativity: A longitudinal comparison of children and youth with high and average intelligence. In R. F. Subotnik, & K. D. Arnold (Eds.), Beyond Terman: Contemporary Longitudinal Studies of Giftedness and Talent (pp.115-154). Norwood: Ablex.

Hany, E. A. & Heller, K. A. (1996). The development of problem solving capacities in the domain of technics: Results from a cross-cultural longitudinal study. Gifted and Talented International, 11, 56-64.

Harnishfeger, K. K., & Bjorklund, D. F. (1990). Strategic and nonstrategic factors in gifted children's free recall. Contemporary Educational Psychology, 15(4), 346-363.

Harnishfeger, K. K., & Bjorklund, D. F. (1994). A developmental perspective on individual differences in inhibition. Learning and Individual Differences, 6, 331-355.

Hartnett, D. N., Nelson, J. M., & Rinn, A. N. (2004). Gifted or ADHD? The possibilities of misdiagnosis. Roeper Review, 26(2), 73-76.

Hasher, L., & Zacks, R. T. (1979). Automatic and effortful processes in memory. Journal of Experimental Psychology: General, 108, 356-388.

Heller, K. A. (1992). International trends and issues of research on giftedness. Presented at the Second Asian Conference on Giftedness, Taipei.

Heller, K. A. (1995). Aims and methodological problems of cross-cultural studies in the field of giftedness. Presented at the Post Conference China Meeting of the 11th WOGT Conference, Beijing.

Heller, K. A., & Hany, E. A. (1997). German-Chinese study on technical creativity: Cross-cultural perspectives. In J. Chan, R. Li, & J. Spinks (Eds.), Maximizing Potential:

Lengthening and Strengthening our Stride. Proceedings of the 11th World Conference on Gifted and Talented Children (pp.237-241). Hong Kong: The University of Hong Kong.

Heller, K. A., & Ziegler, A. (1995). Gifted females: A cross-cultural survey. Presented at the 11th WCGT Conference, Hong Kong.

Heller, K. A., Mönks, F. J., Subotnik, R., Sternberg, R. J., & Monks, F. J. (2000). International Handbook of Giftedness and Talent. Oxford: Pergamon Press.

Herrnstein, R. J., & Murray, C. A. (1994). The Bell Curve: Intelligence and Class Structure in American Life. New York: Free Press.

Heyes, S. B., Zokaei, N., & Husain, M. (2016). Longitudinal development of visual working memory precision in childhood and early adolescence. Cognitive Development, 39, 36-44.

Heyes, S. B., Zokaei, N., Van Der Staaij, I., Bays, P. M., & Husain, M. (2012). Development of visual working memory precision in childhood. Developmental Science, 15(4), 528-539.

Hilger, K., Sassenhagen, J., Küilhausen, J., Reuter, M., Schwarz, U., & Gawrilow, C., et al. (2020). Neurophysiological markers of ADHD symptoms in typically-developing children. Scientific Reports, 10(1), 1-15.

Hillman, C. H., Kramer, A. F., Belopolsky, A. V., & Smith, D. P. (2006). A cross-sectional examination of age and physical activity on performance and event-related brain potentials in a task switching paradigm. International Journal of Psychophysiology, 59(1), 30-39.

Howard, L., & Polich, J. (1985). P300 latency and memory span development. Developmental Psychology, 21(2), 283-289.

Hurst, C. C. (1932). A genetical formula for the inheritance of intelligence in man. Proceedings of the Royal Society of London. Series B, Containing Papers of a Biological Character, 112(775), 80-97.

Janos, P. M., & Robinson, N. M. (1985). Psychosocial development in intellectually gifted children. In F. D. Horowitz, & M. O'Brien (Eds.), The Gifted and Talented: Developmental Perspectives (pp.149-195). Washington: American Psychological Association.

Jaušovec, N., & Jaušovec, K. (2000). Correlations between ERP parameters and intelligence: A reconsideration. Biological Psychology, 55(2), 137-154.

Jaušovec, N., Jaušovec, K., & Gerlič, I. (2001). Differences in event-related and induced EEG patterns in the theta and alpha frequency bands related to human emotional intelligence. Neuroscience Letters, 311(2), 93-96.

Johnson, J., Im-Bolter, N., & Pascual-Leone, J. (2003). Development of mental attention in gifted and mainstream children: The role of mental capacity, inhibition, and speed of processing. Child Development, 74 (6), 1594-1614.

Johnstone, S. J., Pleffer, C. B., Barry, R. J., Clarke, A. R., & Smith, J. L. (2005). Development of inhibitory processing during the Go/NoGo task: A behavioral and event-related potential study of children and adults. Journal of Psychophysiology, 19 (1), 11-23.

Johnstone, S. J., Dimoska, A., Smith, J. L., Barry, R. J., Pleffer, C. B., & Chiswick, D., et al. (2007). The development of stop-signal and Go/Nogo response inhibition in children aged 7-12 years: Performance and event-related potential indices. International Journal of Psychophysiology, 63 (1), 25-38.

Judge, T. A., Colbert, A. E., & Ilies, R. (2004). Intelligence and leadership: A quantitative review and test of theoretical propositions. Journal of Applied Psychology, 89, 542-552.

Kahneman, D., & Tversky, A. (1984). Choices, values, and frames. American Psychologist, 39 (4), 341-350.

Kail, R. (2000). Speed of information processing: Developmental change and links to intelligence. Journal of School Psychology, 38 (1), 51-61.

Kanaka, N., Matsuda, T., Tomimoto, Y., Noda, Y., Matsushima, E., & Matsuura, M., et al. (2008). Measurement of development of cognitive and attention functions in children using continuous performance test. Psychiatry and Clinical Neurosciences, 62 (2), 135-141.

Kang, Z., Zhu, Y, & Liu, Y. (1985). A five-year follow-up study of the third early adolescent class in USTC. Educational Research, 11, 50-57.

Kendall, C. R., Borkowski, J. G., & Cavanaugh, J. C. (1980). Metamemory and the transfer of an interrogative strategy by EMR children. Intelligence, 4 (3), 255-270.

Khatena, J. (1982). Educational Psychology of the Gifted. New York: Wiley.

Kievit, R. A., Davis, S. W., Griffiths, J., Correia, M., Cam-CAN, & Henson, R. N. (2016). A watershed model of individual differences in fluid intelligence. Neuropsychologia, 91, 186-198.

Kim, H. W. (2004). Reflection on China with Korea perspectives. The 8th Asia-Pacific Conference on Giftedness, Daejeon.

Kirmizi-Alsan, E., Bayraktaroglu, Z., Gurvit, H., Keskin, Y. H., Emre, M., & Demiralp, T. (2006). Comparative analysis of event-related potentials during Go/NoGo and CPT: Decomposition of electrophysiological markers of response inhibition and sustained attention. Brain Research, 1104 (1), 114-128.

Kong, Y., & Ye, G. (1998). Summary of comparison research on the self-concept of supernormal and nonnal children from China and the Netherlands. In Z. Zha, & J. Shi (Eds.), The Mystery of the Development of Supernormal Children (pp.111-117). Chongqing: Chongqing Publishing

House.

Koski, L., & Petrides, M. (2001). Time-related changes in task performance after lesions restricted to the frontal cortex. Neuropsychologia, 39 (3), 268-281.

Kozbelt, A. (2005). Factors affecting aesthetic success and improvement in creativity: A case study of the musical genres of Mozart. Psychology of Music, 33 (3), 235-255.

Kranzler, J. H., Whang, P. A., & Jensen, A. R. (1994). Task complexity and the speed and efficiency of elemental information processing: Another look at the nature of intellectual giftedness. Contemporary Educational Psychology, 19 (4), 447-459.

Krumm, S., Ziegler, M., & Buehner, M. (2008). Reasoning and working memory as predictors of school grades. Learning and Individual Differences, 18 (2), 248-257.

Kuo, W. J., Sjöström, T., Chen, Y. P., Wang, Y. H., & Huang, C. Y. (2009). Intuition and deliberation: Two systems for strategizing in the brain. Science, 324 (5926), 519-522.

Kurtz, B. E., Reid, M. K., Borkowski, J. G., & Cavanaugh, J. C. (1982). On the reliability and validity of children's metamemory. Bulletin of the Psychonomic Society, 19 (3), 137-140.

Langley, P., & Jones, R. (1988). A computational model of scientific insight. In R. J. Sternberg (Ed.), The Nature of Creativity: Contemporary Psychological Perspectives (pp.177-201). Cambridge: Cambridge University Press.

Lavie, N. (1995). Perceptual load as a necessary condition for selective attention. Journal of Experimental Psychology: Human Perception & Performance, 21 (3), 451-468.

Lavie, N., & Cox, S. (1997). On the efficiency of visual selective attention: Efficient visual search leads to inefficient distractor rejection. Psychological Science, 8 (5), 395-396.

Lehman, E. B., & Erdwins, C. J. (2004). The social and emotional adjustment of young, intellectually gifted children. In S. M. Moon (Ed.), Social/Emotional Issues, Underachievement, and Counseling of Gifted and Talented Students (pp.1-8). Thousand Oaks: Corwin Press.

Lehto, J. E., Juujärvi, P., Kooistra, L., & Pulkkinen, L. (2003). Dimensions of executive functioning: Evidence from children. British Journal of Developmental Psychology, 21 (1), 59-80.

Leng, X., Shaw, G. L., & Wright, E. L. (1990). Coding of musical structure and the trion model of cortex. Music Perception, 8 (1), 49-62.

Li, D., & Shi, J. (2021). Fluid intelligence, trait emotional intelligence and academic performance in children with different intellectual levels. High Ability Studies, 32 (1), 51-69.

Li, R. & Chan, J. (1996). Manual of MI (Multiple Intelligences) Test. Hong Kong: Gifted Education Council.

Li, X., Zhang, L., Fang, X., Stanton, B., Xiong, Q., Lin, D., & Mathur, A. (2010).

Schooling of migrant children in China: Perspectives of school teachers. Vulnerable Children and Youth Studies, 5 (1), 79-87.

Li, X., Zhang, L., Fang, X., Xiong, Q., Chen, X., & Lin, D., et al. (2007). Stigmatization experienced by rural-to-urban migrant workers in China: Findings from a qualitative study. World Health & Population, 9 (4), 29-43.

Liang, Z., & Chen, Y. P. (2007). The educational consequences of migration for children in China. Social Science Research, 36 (1), 28-47.

Lin, C. C., Hsiao, C. K., & Chen, W. J. (1999). Development of sustained attention assessed using the continuous performance test among children 6-15 years of age. Journal of Abnormal Child Psychology, 27, 403-412.

Liu, T. (2009). Self-regulation among different intelligent groups of children (Unpublished doctoral thesis). Beijing: Chinese Academy of Sciences.

Liu, T., & Shi, J. (2007). Relationship among working memory, intelligence and creativity of the 9-11 years old children. Chinese Journal of Clinical Psychology, 15, 164-167.

Liu, T., Shi, J., Zhao, D., & Yang, J. (2008). The event-related low-frequency activity of highly and average intelligent children. High Ability Studies, 19 (2), 131-139.

Liu, T., Xiao, T., Shi, J., & Zhao, D. (2011a). Response preparation and cognitive control of highly intelligent children: A Go-Nogo event-related potential study. Neuroscience, 180, 122-128.

Liu, T., Xiao, T., Shi, J., & Zhao, L. (2011b). Sensory gating, inhibition control and child intelligence: An event-related potentials study. Neuroscience, 189, 250-257.

Liu, T., Shi, J., Zhang, Q., Zhao, D., & Yang, J. (2007). Neural mechanisms of auditory sensory processing in children with high intelligence. NeuroReport, 18 (15), 1571-1575.

Liu, T., Xiao, T., Shi, J., Zhao, D., & Liu, J. (2011c). Conflict control of children with different intellectual levels: An ERP study. Neuroscience Letters, 490 (2), 101-106.

Liu, X., Zhang, H., Tang, W., & Feng, H. (2013). The cognitive mechanism of collaborative inhibition. Advances in Psychological Science, 21 (5), 792-799.

Lounsbury, J. W., Sundstrom, E., Loveland, J. M., & Gibson, L. W. (2003). Intelligence, "Big Five" personality traits, and work drive as predictors of course grade. Personality and Individual Differences, 35 (6), 1231-1239.

Lu, R., Bao, N., Zhang, X., & Shi, J. (2022). Attentional resource allocation among individuals with different fluid intelligence: The integrated control hypothesis and its evidence from pupillometry. Neuropsychologia, 169, 108190.

Lubinski, D., & Benbow, C. P. (2000). States of excellence. American Psychologist, 55 (1),

137-150.

Luciano, M., Wright, M. J., Smith, G. A., Geffen, G. M., Geffen, L. B., & Martin, N. G. (2001). Genetic covariance among measures of information processing speed, working memory, and IQ. Behavior Genetics, 31, 581-592.

Luciano, M., Posthuma, D., Wright, M. J., De Geus, E. J. C., Smith, G. A., & Geffen, G. M., et al. (2005). Perceptual speed does not cause intelligence, and intelligence does not cause perceptual speed. Biological Psychology, 70 (1), 1-8.

Ludwig, A. M. (1992). Culture and creativity. American Journal of Psychotherapy, 46 (3), 454-469.

Luo, J., & Niki, K. (2003). Function of hippocampus in "insight" of problem solving. Hippocampus, 13 (3), 316-323.

Luo, Y. R. (2010). Design and teaching of a chemistry course for the class of gifted young at USTC. Education and Modernization, 4, 42-45.

Mack, A., & Rock, I. (1998). Inattentional Blindness. Cambridge: The MIT Press.

MacLean, K. A., Aichele, S. R., Bridwell, D. A., Mangun, G. R., Wojciulik, E., & Saron, C. D. (2009). Interactions between endogenous and exogenous attention during vigilance. Attention, Perception, & Psychophysics, 71 (5), 1042-1058.

Malik, F., & Shujja, S. (2013). Emotional intelligence and academic achievement: Implications for children's performance in schools. Journal of the Indian Academy of Applied Psychology, 39 (1), 51-59.

Manthei, R. J. (1995). Increasing tolerance and respect of clients through the use of solution-focused counselling. International Journal for the Advancement of Counselling, 18 (3), 143-152.

Marsh, H. W. (1989). Age and sex effects in multiple dimensions of self-concept: Preadolescence to early adulthood. Journal of Educational Psychology, 81, 417-430.

Marsh, H. W. (1994). Using the national longitudinal study of 1988 to evaluate theoretical models of self-concept: The self-description questionnaire. Journal of Educational Psychology, 86 (3), 439-456.

Marsh, H. W., & Craven, R. G. (2002). The pivotal role of frames of reference in academic self-concept formation: The "big fish-little pond" effect. In F. Pajares, & T. Urdan (Eds.), Adolescence and Education (Vol. II, pp.82-123). Greenwich: Information Age.

Marsh, H. W., & Hau, K. T. (2003). Big-fish-little-pond effect on academic self-concept: A cross-cultural (26-country) test of the negative effects of academically selective schools. American Psychologist, 58, 364-376.

Marsh, H. W., & Hau, K. T. (2004). Explaining paradoxical relations between academic self-concepts and achievements: Cross-cultural generalizability of the internal/external frame of reference predictions across 26 countries. Journal of Educational Psychology, 96 (1), 56-67.

Marsh, H. W., Hau, K. T., & Craven, R. (2004). The big-fish-little-pond effect stands up to scrutiny. American Psychologist, 59 (4), 269-271.

Marsh, H. W., Kong, C. K., & Hau, K. T. (2000). Longitudinal multilevel models of the big-fish-little-pond effect on academic self-concept: Counterbalancing contrast and reflected-glory effects in Hong Kong schools. Journal of Personality and Social Psychology, 78 (2), 337-349.

Marsh, H. W., Richards, G. E., & Barnes, J. (1986). Multidimensional self-concepts: A long-term follow-up of the effect of participation in an outward bound program. Personality & Social Psychology Bulletin, 12 (4), 475-492.

Marsh, H. W., Chessor, D., Craven, R., & Roche, L. (1995). The effects of gifted and talented programs on academic self-concept: The big fish strikes again. American Educational Research Journal, 32 (2), 285-319.

Maslow, A. H. (1968). Toward a Psychology of Being. New York: Van Nos/Trand Reinhold Company.

Mavroveli, S., & Sánchez-Ruiz, M. I. (2011). Trait emotional intelligence influences on academic achievement and school behaviour. British Journal of Educational Psychology, 81 (1), 112-134.

Mavroveli, S., Petrides, K. V., Sangareau, Y., & Furnham, A. (2009). Exploring the relationships between trait emotional intelligence and objective socio-emotional outcomes in childhood. British Journal of Educational Psychology, 79 (2), 259-272.

Mavroveli, S., Petrides, K. V., Shove, C., & Whitehead, A. (2008). Investigation of the construct of trait emotional intelligence in children. European Child & Adolescent Psychiatry, 17 (8), 516-526.

Mayer, J. D., & Salovey, P. (1997). What is emotional intelligence? In E. P. Salovey, & D. Sluyter (Eds.), Emotional Development and Emotional Intelligence: Implications for Educators (pp.3-31). New York: Basic Books.

McLoyd, V. C. (1990). The impact of economic hardship on Black families and children: Psychological distress, parenting, and socioemotional development. Child Development, 61 (2), 311-346.

McNamara, D. S., & Scott, J. L. (2001). Working memory capacity and strategy use. Memory & Cognition, 29, 10-17.

Meade, M. L., Nokes, T. J., & Morrow, D. G. (2009). Expertise promotes facilitation on a collaborative memory task. Memory, 17, 39-48.

Memmert, D. (2006). The effects of eye movements, age, and expertise on inattentional blindness. Consciousness and Cognition, 15 (3), 620-627.

Memmert, D., Simons, D. J., & Grimme, T. M. (2009). The relationship between visual attention and expertise in sports. Psychology of Sport and Exercise, 10 (1), 146-151.

Mendaglio, S., & Pyryt, M. C. (1996). The emotional drama of giftedness: Self concept, perfectionism, and sensitivity. Presented at the Annual SAGE Conference, Calgary.

Merrian-Webster Inc. (1987). Webster's Ninth New Collegiate Dictionary. Springfield: Merrian-Webster Inc.

Miyake, A., Friedman, N. P., Emerson, M. J., Witzki, A. H., Howerter, A., & Wager, T. D. (2000). The unity and diversity of executive functions and their contributions to complex "frontal lobe" tasks: A latent variable analysis. Cognitive Psychology, 41 (1), 49-100.

Moosbrugger, H., Goldhammer, F., & Schweizer, K. (2006). Latent factors underlying individual differences in attention measures. European Journal of Psychological Assessment, 22 (3), 177-188.

Muir-Broaddus, J. E., & Bjorklund, D. F. (1990). Developmental and individual differences in children's memory strategies: The role of knowledge. In W. Schneider, & F. E. Weinert (Eds.), Interactions among Aptitudes, Strategies, and Knowledge in Cognitive Performance (pp.73-89). New York: Springer-Verlag.

Mulcahy, R., Wilgosh, L., & Peat, D. (1991). The relationship between affect and achievement for gifted, average, and learning disabled students. Gifted Education International, 7, 123-125.

Muthén, B. (1984). A general structural equation model with dichotomous, ordered categorical, and continuous latent variable indicators. Psychometrika, 49 (1), 115-132.

Myerson, J., Hale, S., Wagstaff, D., Poon, L. W., & Smith, G. A. (1990). The information-loss model: A mathematical theory of age-related cognitive slowing. Psychological Review, 97 (4), 475-487.

Neihart, M. (1999). The impact of giftedness on psychological well-being: What does the empirical literature say? Roeper Review, 22 (1), 10-17.

Nettelbeck, T., & Wilson, C. (1985). A cross-sequential analysis of developmental differences in speed of visual information processing. Journal of Experimental Child Psychology, 40 (1), 1-22.

Neubauer, A. C., & Fink, A. (2003). Fluid intelligence and neural efficiency: Effects of task complexity and sex. Personality and Individual Differences, 35 (4), 811-827.

Neubauer, A. C., Freudenthaler, H. H., & Pfurtscheller, G. (1995). Intelligence and spatiotemporal patterns of event-related desynchronization (ERD). Intelligence, 20 (3), 249-266.

Neubauer, A. C., Grabner, R. H., Fink, A., & Neuper, C. (2005). Intelligence and neural efficiency: Further evidence of the influence of task content and sex on the brain-IQ relationship. Cognitive Brain Research, 25 (1), 217-225.

Noël, M. P. (2009). Counting on working memory when learning to count and to add: A preschool study. Developmental Psychology, 45 (6), 1630-1643.

Nygård, R. (1975). A reconsideration of the achievement-motivation theory. European Journal of Social Psychology, 5 (1), 61-92.

Oden, M. H. (1968). The fulfillment of promise: 40-year follow-up of the Terman gifted group. Genetic Psychology Monographs, 77 (1), 3-93.

Osmon, D. C., & Jackson, R. (2002). Inspection time and IQ: Fluid or perceptual aspects of intelligence? Intelligence, 30 (2), 119-127.

Parasuraman, R. (1998) The Attentive Brain. Cambridge: The MIT Press.

Parker, J. D. A., Summerfeldt, L. J., Hogan, M. J., & Majeski, S. A. (2004). Emotional intelligence and academic success: Examining the transition from high school to university. Personality and Individual Differences, 36 (1), 163-172.

Passow, A. (1982). Differentiated curricula for the gifted/talented. In S. Kaplan, H. Passow, P. Phenix, S. Reis, & J. Renzulli, et al (Eds.), Curricula for the Gifted (pp.4-20). Ventura: National/State Leadershio Training Institute.

Payton, A., Holland, F., Diggle, P., Rabbitt, P., Horan, M., & Davidson, Y., et al. (2003). Cathepsin D exon 2 polymorphism associated with general intelligence in a healthy older population. Molecular Psychiatry, 8 (1), 14-18.

Pearson, K. (1901). On the correlation of intellectual ability with the size and shape of the head (preliminary notice). Proceedings of the Royal Society of London, 69, 333-342.

Peich, M. C., Husain, M., Bays, P. M. (2013). Age-related decline of precision and binding in visual working memory. Psychology and Aging, 28 (3), 729-743.

Pereira-Pasarin, L. P., & Rajaram, S. (2011). Study repetition and divided attention: Effects of encoding manipulations on collaborative inhibition in group recall. Memory & Cognition, 39, 968-976.

Perera, H. N. (2016). The role of trait emotional intelligence in academic performance: Theoretical overview and empirical update. The Journal of Psychology, 150 (2), 229-251.

Perrotin, A., Tournelle, L., & Isingrini, M. (2008). Executive functioning and memory as potential mediators of the episodic feeling-of-knowing accuracy. Brain and Cognition, 67 (1), 76-87.

Peters, W., Ma, H., Monks, F. & Ye, G. (1995). Self-concept of Chinese and Dutch gifted and non-gitted children. In M. Katzko, & F. J. Monks (Eds.), Nurturing Talent (pp.84-95). Assen/Maastricht: Van Gorkum.

Petrides, K. V. (2011). Ability and trait emotional intelligence. In T. Chamorro-Premuzic, S. von Stumm, & A. Furnham (Eds.), The Wiley-Blackwell Handbook of Individual Differences (pp.656-678). New Jersey: John Wiley & Sons.

Petrides, K. V., & Furnham, A. (2001). Trait emotional intelligence: Psychometric investigation with reference to established trait taxonomies. European Journal of Personality, 15 (6), 425-448.

Petrides, K. V., Frederickson, N., & Furnham, A. (2004). The role of trait emotional intelligence in academic performance and deviant behavior at school. Personality and Individual Differences, 36 (2), 277-293.

Petrill, S. A., Pike, A., Price, T., & Plomin, R. (2004). Chaos in the home and socioeconomic status are associated with cognitive development in early childhood: Environmental mediators identified in a genetic design. Intelligence, 32 (5), 445-460.

Plomin, R. (2001). Genetics and behaviour. Psychologist, 14 (3), 134.

Plomin, R., & Crabbe, J. C. (2000). DNA. Psychological Bulletin, 126 (2), 806-828.

Plomin, R., Owen, M. J., & McGuffin, P. (1994). The genetic basis of complex human behaviors. Science, 264 (5166), 1733-1739.

Polanczyk, G., De Lima, M. S., Horta, B. L., Biederman, J., & Rohde, L. A. (2007). The worldwide prevalence of ADHD: A systematic review and metaregression analysis. American Journal of Psychiatry, 164 (6), 942-948.

Pressley, M. & Levin, J. R. (1977). Developmental differences in subjects' associative-learning strategies and performance: Assessing a hypothesis. Journal of Experimental Child Psychology, 24, 431-439.

Qualter, P., Gardner, K. J., Pope, D. J., Hutchinson, J. M., & Whiteley, H. E. (2012). Ability emotional intelligence, trait emotional intelligence, and academic success in British secondary schools: A 5 year longitudinal study. Learning and Individual Differences, 22 (1), 83-91.

Rabbitt, P., Mogapi, O., Scott, M., Thacker, N., Lowe, C., Horan, M., et al. (2007). Effects of global atrophy, white matter lesions, and cerebral blood flow on age-related changes in speed, memory, intelligence, vocabulary, and frontal function. Neuropsychology, 21 (6), 684-695.

Rauscher, F., Shaw, G., Levine, L., Wright, E., Dennis, W., & Newcomb, R. (1997). Music training causes long-term enhancement of preschool children's spatial-temporal reasoning.

Neurological Research, 19（1）, 2-8.

Rebok, G. W., Smith, C. B., Pascualvaca, D. M., Mirsky, A. F., Anthony, B. J., & Kellam, S. G. (1997). Developmental changes in attentional performance in urban children from eight to thirteen years. Child Neuropsychology, 3（1）, 28-46.

Reiff, H. B., Hatzes, N. M., Bramel, M. H., & Gibbon, T. C. (2001). The relation of LD and gender with emotional intelligence in college students. Journal of Learning Disabilities, 34（1）, 66-78.

Reis, S. M. (1987). We can't change what we don't recognize: Understanding the special needs of gifted females. Gifted Child Quarterly, 31（2）, 83-89.

Renzulli, J. S. (1978). What makes giftedness? Reexamining a definition. The Phi Delta Kappan, 60, 180-184.

Renzulli, J. S. & Reis, S. M. (1985). The Schoolwide Enrichment Model. Mansfield: Creative Learning Press.

Richter, F. R., Cooper, R. A., Bays, P. M., & Simons, J. S. (2016). Distinct neural mechanisms underlie the success, precision, and vividness of episodic memory. eLife Sciences, 5, 18260.

Robaey, P., Cansino, S., Dugas, M., & Renault, B. (1995). A comparative study of ERP correlates of psychometric and Piagetian intelligence measures in normal and hyperactive children. Electroencephalography and Clinical Neurophysiology, 96, 56-75.

Roberts, R. D., Beh, H. C., & Stankov, L. (1988). Hick's law, competing-task performance, and intelligence. Intelligence, 12（2）, 111-130.

Roberts, R. D., Beh, H. C., Spilsbury, G., & Stankov, L. (1991). Evidence for an attentional model of human intelligence using the competing task paradigm. Personality and Individual Differences, 12, 445-455.

Roberts, R. J., & Pennington, B. F. (1996). An interactive framework for examining prefrontal cognitive processes. Developmental Neuropsychology, 12（1）, 105-126.

Rockstroh, S., & Schweizer, K. (2001). The contributions of memory and attention processes to cognitive abilities. The Journal of General Psychology, 128（1）, 30-42.

Rodríguez-Naveiras, E., Verche, E., Hernández-Lastiri, P., Montero, R., & Borges, Á. (2019). Differences in working memory between gifted or talented students and community samples: A meta-analysis. Psicothema, 31（3）, 255-262.

Roedell, W. C., Jackson, N. E., & Robinson, H. B. (1980). Gifted young children. New York: Columbia University.

Roenker, D. L., Thompson, C. P., & Brown, S. C. (1971). Comparison of measures for the estimation of clustering in free recall. Psychological Bulletin, 76, 45-48.

Rosanoff, M. A. (1932). Edison in his laboratory. Harper's Magazine, (9), 402-417.

Rosen, V. M., & Engle, R. W. (1997). The role of working memory capacity in retrieval. Journal of Experimental Psychology: General, 126, 211-227.

Runco, M. A. (1993). Divergent thinking, creativity, and giftedness. Gifted Child Quarterly, 37 (1), 16-22.

Runco, M. A., & Albert, R. S. (1990). Theories of Creativity. Thousand Oaks: Sage Publications.

Salthouse, T. A. (1985). Speed of behavior and its implications for cognition. In J. E. Birren, & K. W. Schaie (Eds), Handbook of Psychology of Aging (2nd ed., pp.427-462). New York: Van Nostrand Reinhold.

Salthouse, T. A., Atkinson, T. M., & Berish, D. E. (2003). Executive functioning as a potential mediator of age-related cognitive decline in normal adults. Journal of Experimental Psychology: General, 132, 566-594.

Salthouse, T. A., Fristoe, N., McGuthry, K. E., & Hambrick, D. Z. (1998). Relation of task switching to speed, age, and fluid intelligence. Psychology and Aging, 13 (3), 445-461.

Santarnecchi, E., Momi, D., Mencarelli, L., Plessow, F., Saxena, S., & Rossi, S., et al. (2021). Overlapping and dissociable brain activations for fluid intelligence and executive functions. Cognitive, Affective, & Behavioral Neuroscience, 21 (2), 327-346.

Sarigiannidis, I., Crickmore, G., Astle, D. E. (2016). Developmental and individual differences in the precision of visuospatial memory. Cognitive Development, 39, 1-12.

Schank, R. C. (1988). Creativity as a mechanical process. In R. J. Sternberg (Ed.), The Nature of Creativity (pp.220-238). Cambridge: Cambridge University Press.

Schleepen, T. M. J., & Jonkman, L. M. (2012). Children's use of semantic organizational strategies is mediated by working memory capacity. Cognitive Development, 27, 255-269.

Schmeichel, B. J., Vohs, K. D., & Baumeister, R. F. (2003). Intellectual performance and ego depletion: Role of the self in logical reasoning and other information processing. Journal of Personality and Social Psychology, 85, 33-46.

Schmid, R. G., Tirsch, W. S., & Scherb, H. (2002). Correlation between spectral EEG parameters and intelligence test variables in school-age children. Clinical Neurophysiology, 113, 1647-1656.

Schmiedek, F., Oberauer, K., Wilhelm, O., Süß, H. M., & Wittmann, W. W. (2007). Individual differences in components of reaction time distributions and their relations to working memory and intelligence. Journal of Experimental Psychology: General, 136 (3), 414-429.

Schmitz, F., & Wilhelm, O. (2016). Modeling mental speed: Decomposing response time distributions in elementary cognitive tasks and correlations with working memory capacity and fluid intelligence. Journal of Intelligence, (4), 13.

Schneider, W. (1985). Developmental Trends in the Metamemory-Memory Behavior Relationship: An Integrative Review. New York: Academic Press.

Schneider, W. (1993). Acquiring expertise: Determinants of exceptional performance. In K. A. Heller, F. J. Monks, & A. H. Passow (Eds.), Research and Development of Giftedness and Talent (pp.311-324). New York: Pergamon.

Schneider, W., Körkel, J., & Weinert, F. E. (1990). Expert knowledge, general abilities, and text processing. In W. Schneider, & F. E. Weinert (Eds.), Interactions Among Aptitudes, Strategies, and Knowledge in Cognitive Performance (pp.235-251). New York: Springer-Verlag.

Schubert, A. L., & Frischkorn, G. T. (2020). Neurocognitive psychometrics of intelligence: How measurement advancements unveiled the role of mental speed in intelligence differences. Current Directions in Psychological Science, 29(2), 140-146.

Schubert, A. L., Hagemann, D., & Frischkorn, G. T. (2017). Is general intelligence little more than the speed of higher-order processing? Journal of Experimental Psychology: General, 146(10), 1498-1512.

Schubert, A. L., Hagemann, D., Frischkorn, G. T., & Herpertz, S. C. (2018). Faster, but not smarter: An experimental analysis of the relationship between mental speed and mental abilities. Intelligence, 71, 66-75.

Schweizer, K., & Moosbrugger, H. (2004). Attention and working memory as predictors of intelligence. Intelligence, 32(4), 329-347.

Schweizer, K., Moosbrugger, H., & Goldhammer, F. (2005). The structure of the relationship between attention and intelligence. Intelligence, 33(6), 589-611.

Scruggs, T. E., & Cohn, S. J. (1983). Learning characteristics of verbally gifted students. Gifted Child Quarterly, 27, 169-172.

Scruggs, T. E., & Mastropieri, M. A. (1988). Acquisition and transfer of learning strategies by gifted and non-gifted students. Journal of Special Education, 22, 153-166.

Seegmiller, J. K., Watson, J. M., & Strayer, D. L. (2011). Individual differences in susceptibility to inattentional blindness. Journal of Experimental Psychology: Learning, Memory and Cognition, 37(3), 785-791.

Segalowitz, S. J., & Davies, P. L. (2004). Charting the maturation of the frontal lobe: An electrophysiological strategy. Brain and Cognition, 55(1), 116-133.

Semlitsch, H. V., Anderer, P., Schuster, P., & Presslich, O. (1986). A solution for reliable and valid reduction of ocular artifacts, applied to the P300 ERP. Psychophysiology, 23 (6), 695-703.

Shaw, P., Greenstein, D., Lerch, J., Clasen, L., Lenroot, R., & Gogtay, N., et al. (2006). Intellectual ability and cortical development in children and adolescents. Nature, 440 (7084), 676-679.

Sheppard, L. D., & Vernon, P. A. (2008). Intelligence and speed of information-processing: A review of 50 years of research. Personality and Individual Differences, 44 (3), 535-551.

Shi, B., Lu, Y., Dai, D. Y., & Lin, C. (2013). Relationships between migration to urban settings and children's creative inclinations. Creativity Research Journal, 25 (3), 300-311.

Shi, B., Qian, M., Lu, Y., Plucker, J. A., & Lin, C. (2012). The relationship between migration and Chinese children's divergent thinking. Psychology of Aesthetics, Creativity, and the Arts, 6 (2), 106-111.

Shi, J. (1990a). A comparative study of memory and memory monitoring between gifted and normal children. Acta Psychologica Sinica, 22 (3), 323-329.

Shi, J. (1990b). Memory and organization of memory of gifted and normal children. Acta Psychohgica Sinica, 22 (2), 127-134.

Shi, J. (1995). A system model of creativity. Journal of Developments in Psychology, 3 (3), 1-5.

Shi, J. (1999). Comment on quality education. Research for Vocational Technology Education, 34, 1-5.

Shi, J. (2001). Why we need supernormal education? A Journal of Modern Special Education, 12, 4-8.

Shi, J. (2004). Intelligence current in creative activities. High Ability Studies, 15 (2), 173-187.

Shi, J. (2006). Study on individual differences with intellectually supernormal samples. Advances in Psychological Science, 14 (4), 565-568.

Shi, J. & Chen, N. (2006). Enlightening the mathematical talents of children in kindergarten. Gifted and Talented International, 21 (1), 22-29.

Shi, J., & Xu, F. (1993). Family environment, preschool education and the growing up of preschool children. Beijing: Chinese Academy of Sciences.

Shi, J., & Xu, F. (1997a). Interest, motivation and creative thinking of supernormal and normal children. Acta Psychologica Sinica, 29 (3), 271-277.

Shi, J., & Xu, F. (1997b). On the present situation and trends of studies on gifted children. Chinese Journal of Special Education, 1, 1-4.

Shi, J., & Xu, F. (1997c). The relationship between creativity and intelligence of supernormal children. Psychological Sciences, 5, 468-469.

Shi, J., & Xu, F. (1998). Progress and problems of studies on supernormal children in China in the last 20 years. Acta Psychologica Sinica, 30(3), 298-305.

Shi, J., & Zha, Z. (2000). Psychological research on and education of gifted and talented children in China. In K. Heller, F. Moenks, R. Sternberg, & R. Subotnik (Eds.), International Handbook of Research and Development of Giftedness and Talent (2nd ed., pp. 757-764). Amsterdam: Elsevier Science Ltd.

Shi, J., & Zhai, J. (2004). Gifted education in primary school. In D. Boothe, & J. Stanley (Eds.), In the Eyes of the Beholder: Cultural and Disciplinary Perspectives in Giftedness (pp. 119-125). Waco: Prufrock Press.

Shi, J., Li, Y., & Zhang, X. (2008). Self-concept of gifted children aged 9 to 13 years old. Journal for the Education of the Gifted, 31(4), 481-499.

Shi, J., Zhang, X., Chen, N., Duan, X., & Du, X. (2013). Nurturing gifted learners in Mainland China: Bio-socio-intellectual perspective. CAISE Review, 1, 2-14.

Shi, J., Tao, T., Chen, W., Cheng, L., Wang, L., & Zhang, X. (2013). Sustained attention in intellectually gifted children assessed using a continuous performance test. PLoS One, 8(2), 57417.

Shore, B. M., Dover, A. C. (1987). Metacognition, intelligence and giftedness. Gifted Child Quarterly, 31(1), 37-39.

Shucard, J. L., McCabe, D. C., & Szymanski, H. (2008). An event-related potential study of attention deficits in posttraumatic stress disorder during auditory and visual Go/NoGo continuous performance tasks. Biological Psychology, 79(2), 223-233.

Silverman, L. (1993). Counseling the Gifted and Talented. Denver: Love Publishing.

Simon, H. A. (1955). A behavioral model of rational choice. The Quarterly Journal of Economics, 69, 99-118.

Simonton, D. K. (1999). Talent and its development: An emergenic and epigenetic model. Psychological Review, 106(3), 435-457.

Sluis, S., De Jong, P. F., & Van Der Leij, A. (2007). Executive functioning in children, and its relations with reasoning, reading, and arithmetic. Intelligence, 35(5), 427-449.

Smith, J. L., Johnstone, S. J., & Barry, R. J. (2008). Movement-related potentials in the Go/NoGo task: The P3 reflects both cognitive and motor inhibition. Clinical Neurophysiology, 119(3), 704-714.

Song, L. J., Huang, G. H., Peng, K. Z., Law, K. S., Wong, C. S., & Chen, Z. (2010). The differential effects of general mental ability and emotional intelligence on academic performance and social interactions. Intelligence, 38（1）, 137-143.

Sprengel, Persson, R. S, Joswig, H., Balogh, L.（2000）. Gifted education in Europe: Programs, practices, and current research. In K. A. Heller, F. J. Mönks, R. J. Sternberg, & R. F. Subotnik（Eds）, International Handbook of Giftedness and Talent（pp.703-734）. Oxford: Pergamon Press.

Sternberg, R. J.（1985）. Beyond IQ: A Triarchic Theory of Human Intelligence. Cambridge: Cambridge University Press.

Sternberg, R. J.（1988）. The Nature of Creativity: Contemporary Psychological Perspectives. Cambridge: Cambridge University Press.

Sternberg, R. J.（1997）. Thinking Styles. Cambridge: Cambridge University Press.

Sternberg, R. J.（1998）. Handbook of Creativity. Cambridge: Cambridge University Press.

Sternberg, R. J., & Lubart, T. I.（1991）. An investment theory of creativity and its development. Human Development, 34（1）, 1-31.

Sternberg, R. J., & Lubart, T. I.（1993）. Creative giftedness: A multivariate investment approach. Gifted Child Quarterly, 37（1）, 7-15.

Sternberg, R. J., & Lubart, T. I.（1996）. Investing in creativity. American Psychologist, 51（7）, 677-688.

Sternberg, R. J., & Lubart, T. I.（1999）. The concept of creativity: Prospects and paradigms. In R. J. Sternberg（Ed.）, Handbook of Creativity（pp.3-15）. Cambridge: Cambridge University Press.

Stevens, G. W., & Vollebergh, W. A.（2008）. Mental health in migrant children. Journal of Child Psychology and Psychiatry, 49（3）, 276-294.

Stott, A., & Hobden, P. A.（2016）. Effective learning: A case study of the learning strategies used by a gifted high achiever in learning science. Gifted Child Quarterly, 60, 63-74.

Subotnik, R. F., Olszewski-Kubilius, P., & Worrell, F. C.（2011）. Rethinking giftedness and gifted education: A proposed direction forward based on psychological science. Psychological Science in the Public Interest, 12（1）, 3-54.

Tabachnick, B. G., & Fidell, L. S.（2007）. Using Multivariate Statistics（5th ed.）Needham Heights: Allyn and Bacon.

Tannenbaum, A. J.（1983）. Gifted children: Psychological and educational perspectives. New York: Macmillan.

Tao, T., & Shi, J.（2012）. A systemic approach: The ultimate choice for gifted education. High Ability Studies, 23（1）, 113-114.

Tao, T., & Shi, J.（2018）. Enriched education promotes the attentional performance of intellectually gifted children. High Ability Studies, 29(1), 23-35.

Taylor, C. W. (1988). Various approaches to and definitions of creativity. In R. J. Sternberg (Ed.), The Nature of Creativity Contemporary Psychological Perspectives (pp.113-118). Cambridge: Cambridge University Press.

Terman L M. (1926). Mental and Physical Traits of a Thousand Gifted Children (2nd ed.). Stanford: Stanford University Press.

Terman, L. M., & Oden, M. H. (1947). The Gifted Child Grows Up: Twenty-Five Years' Follow-Up of a Superior Group. Redwood: Stanford University Press.

Tharpe, A. M., Ashmead, D. H., & Rothpletz, A. M. (2002). Visual attention in children with normal hearing, children with hearing aids, and children with cochlear implants. Journal of Speech, Language, and Hearing Research, 45(2), 403-413.

Thompson, L. A., & Oehlert, J. (2010). The etiology of giftedness. Learning and Individual Differences, 20(4), 298-307.

Thongseiratch, T., & Worachotekamjorn, J. (2016). Impact of the DSM-V attention deficit hyperactivity disorder criteria for diagnosing children with high IQ. Psychological Reports, 119(2), 365-373.

Thorell, L. B., Lindqvist, S., Bergman Nutley, S., Bohlin, G., & Klingberg, T. (2009). Training and transfer effects of executive functions in preschool children. Developmental Science, 12(1), 106-113.

Torrance, E. P. (1962). Guiding Creative Talent. Upper Saddle River: Prentice-Hall.

Torrance, E. P. (1984). The role of creativity in identification of the gifted and talented. Gifted Child Quarterly, (4), 153-156.

Toyota, M., Yeoh, B. S., & Nguyen, L. (2007). Bringing the "left behind" back into view in Asia: A framework for understanding the "migration-left behind nexus". Population, Space and Place, 13(3), 157-161.

Trautmann, M., & Zepf, F. D. (2012). Attentional performance, age and scholastic achievement in healthy children. PLoS One, 7(3), e32279.

Treffinger, D. J. (1988). Creativity and talent as learning. In R. J. Sternberg (Ed.), The Nature of Creativity: Contemporary Psychological Perspectives (pp.340-361). Cambridge: Cambridge University Press.

Tucha, L. I., Tucha, O., Walitza, S., Sontag, T. A., Laufkötter, R., & Linder, M., et al. (2009). Vigilance and sustained attention in children and adults with ADHD. Journal of Attention Disorders, 12(5), 410-421.

Tulving, E. (1962). Subjective organization in free recall of "unrelated" words. Psychological

Review, 69, 344-354.

Tulving, E., & Donaldson, W. (1972). Organization of Memory. New York: Academic Press.

Urban, K. K. (1991). Recent trends in creativity research and theory in Western Europe. European Journal for High Ability, 1 (1), 99-113.

Urban, K. K. (1995). Creativity: A componential approach. Proceeding of the Post Conference China Meeting of the 11th WCGTC, Beijing.

Uttal, D. H., & Cohen, C. A. (2012). Spatial thinking and STEM education: When, why, and how? Psychology of Learning and Motivation, 57, 147-181.

Valiente, C., Eisenberg, N., Spinrad, T. L., Haugen, R., Thompson, M. S., & Kupfer, A. (2013). Effortful control and impulsivity as concurrent and longitudinal predictors of academic achievement. Journal of Early Adolescence, 33 (7), 946-972.

Vallett, D., Lamb, R. J., & Annetta, L. A. (2013). The gorilla in the room: The impacts of video-game play on visual attention. Computers in Human Behavior, 29 (6), 2183-2187.

Van Leeuwen, T. H., Steinhausen, H. C., Overtoom, C. C. E., Pascual Marqui, R. D., Van'T Klooster, B., & Rothenberger, A., et al. (1998). The continuous performance test revisited with neuroelectric mapping: Impaired orienting in children with attention deficits. Behavioural Brain Research, 94 (1), 97-110.

Viana-Sáenz, L., Sastre-Riba, S., Urraca-Martínez, M. L., & Botella, J. (2020). Measurement of executive functioning and high intellectual ability in childhood: A comparative meta-analysis. Sustainability, 12 (11), 4796.

Waldinger, R. (1986). Immigrant enterprise: A critique and reformulation. Theory and Society, 15 (1-2), 249-285.

Wang, L., & Mesman, J. (2015). Child development in the face of rural-to-urban migration in China: A meta-analytic review. Perspectives on Psychological Science, 10 (6), 813-831.

Waters, H. S. (1982). Memory development in adolescence: Relationships between metamemory, strategy use, and performance. Journal of Experimental Child Psychology, 33 (2), 183-195.

Watson, J. B. (1913). Psychology as the behaviorist views it. Psychological Review, 20, 158-177.

Webb, J. T., & Latimer, D. (1993). ERIC digest ADHD and children who are gifted. Exceptional Children, 60 (2), 183-184.

Weldon, M. S., & Bellinger, K. D. (1997). Collective memory: Collaborative and individual processes in remembering. Journal of Experimental Psychology: Learning, Memory, and Cognition, 23, 1160-1175.

Welsh, M. C., Pennington, B. F., & Groisser, D. B. (1991). A normative-developmental study of executive function: A window on prefrontal function in children. Developmental

Neuropsychology, 7（2）, 131-149.

Westberg, K. L., Archambault, F. X., Dobyns, S. M., & Salvin, T. J.（1993a）. The classroom practices observation study. Journal for the Education of the Gifted, 16（2）, 120-146.

Westberg, K. L., Archambault, F. X., Dobyns, S. M., & Salvin, T. J.（1993b）. An observational study of instructional and curricular practices used with gifted and talented students in regular classrooms（NRCG/T Research Monograph 93104）. Connecticut: The University of Connecticut Storrs.

Wiedl, K., Mata, S., Waldorf, M., & Calero, M.（2014）. Dynamic testing with native and migrant preschool children in Germany and Spain, using the Application of Cognitive Functions Scale. Learning and Individual Differences, 35, 34-40.

Willcutt, E. G., Doyle, A. E., Nigg, J. T., Faraone, S. V., & Pennington, B. F.（2005）. Validity of the executive function theory of attention-deficit/hyperactivity disorder: A meta-analytic review. Biological Psychiatry, 57（11）, 1336-1346.

Winkler, D., & Voight, A.（2016）. Giftedness and overexcitability: Investigating the relationship using meta-analysis. Gifted Child Quarterly, 60（4）, 243-257.

Winner, E.（1997）. Exceptionally high intelligence and schooling. American Psychologist, 52（10）, 1070-1081.

Winner, E.（2000）. Giftedness: Current theory and research. Current Directions in Psychological Science, 9（5）, 153-156.

Wong, B.（1982）. Strategic behaviors in selecting retrieval cues in gifted, normal achieving and learning disabled children. Journal of Learning Disabilities, 15, 33-37.

Xie, W., & Zhang, W.（2016）. Negative emotion boosts quality of visual working memory representation. Emotion, 16（5）, 760-774.

Yahaya, A., Ee, N. S., Bachok, J. D. J., Yahaya, N., Bon, A. T., & Ismail, S.（2011）. The relationship of dimensions of emotional intelligence and academic performance in secondary school students. Elixir Psychology, 41, 5821-5826.

Yamamoto, K., & Chimbidis, M. E.（1966）. Achievement, intelligence, and creative thinking in fifth grade children: A correlational study. Merrill Palmer Quarterly, 12（3）, 233-241.

Young, J. G.（1985）. What is creativity? The Journal of Creative Behavior, 19（2）, 77-87.

Zeidner, M.（2017）. Tentative guidelines for the development of an ability-based emotional intelligence intervention program for gifted students. High Ability Studies, 28（1）, 29-41.

Zeidner, M., & Schleyer, E. J.（1999a）. Evaluating the effects of full-time vs part-time educational programs for the gifted: Affective outcomes and policy considerations. Evaluation and Program Planning, 22（4）, 413-427.

Zeidner, M., & Schleyer, E. J. (1999b). The big-fish-little-pond effect for academic self-concept, test anxiety, and school grades in gifted children. Contemporary Educational Psychology, 24 (4), 305-329.

Zeidner, M., & Schleyer, E. J. (1999c). Educational setting and the psychological adjustment of gifted students. Studies in Educational Evaluation, 25 (1), 33-46.

Zha, Z. (1984). A comparison of analogical reasoning between supernormal and normal children of 3 to 6 years old. Acta Psychologica Sinica, 4, 373-382.

Zha, Z. (1985). The psychological development of super normal children. In J. Freeman (Ed.), The Psychology of Gifted Children (pp.325-332). Chichester: Wiley.

Zha, Z. (1986a). A five-year study of the menial development of supernormal children. Acta Psychologica Sinica, 2, 123-132.

Zha, Z. (1986b). A study of the mental development of supernormal children in China. In A. J. Cropley, K. K. Urban, H. Wagner, & W. Wieczerkowski (Eds.), Giftedness: A Continuing Worldwide Challenge (pp.31-33). New York: Trillium Press.

Zha, Z. (1986c). Manual of cognitive ability test for identifying the supernormal children. Beijing: Chinese Academy of Sciences.

Zha, Z. (1990a). A ten-year study of the mental development of supernormal children. Acta Psychologica Sinica, 2, 114-116.

Zha, Z. (1990b). The concept of gifted children and the methods for distinguishing them. Educational Research, 8, 23-29.

Zha, Z. (1993). Programs and practices for identifying and nurturing giftedness and talent in the People's Republic of China. In K. A. Heller, F. J. Monks, & A, H. Passow (Eds.), International Handbook of Research and Development of Giftedness and Talent (pp.809-814). Oxford: Pergamon Press.

Zhang, B. W., Zhao, L., & Xu, J. (2007). Electrophysiological activity underlying inhibitory control processes in late-life depression: A Go/Nogo study. Neuroscience Letters, 419 (3), 225-230.

Zhang, H., He, Y., Tao, T., & Shi, J. N. (2016). Intellectually gifted rural-to-urban migrant children's attention. High Ability Studies, 27 (2), 193-209.

Zhang, H., Zhang, X., He, Y., & Shi, J. (2016). Inattentional blindness in 9- to 10-year-old intellectually gifted children. Gifted Child Quarterly, 60 (4), 287-295.

Zhang, H., Zhang, X., He, Y., & Shi, J. (2017). Clustering strategy in intellectually gifted children: Assessment using a collaborative recall task. The Gifted Child Quarterly, 61 (2), 133-142.

Zhang, Q., & Shi, J. (2006). Intelligence and information processing during a visual search task in children: An event-related potential study. NeuroReport, 17 (7), 747-752.

Zhang, Q., Shi, J., Luo, Y., Zhao, D., & Yang, J. (2006). Intelligence and information processing during a visual search task in children: An event-related potential study. NeuroReport, 17 (7), 747-752.

Zhang, Q., Shi, J., Luo, Y., Liu, S., Yang, J., & Shen, M. (2007). Effect of task complexity on intelligence and neural efficiency in children: An event-related potential study. Developmental Neuroscience, 18, 1599-1602.

Zhang, X., Chen, N., & Shi, J. (2012). Excellence is a wisdom tree grown up under a proper environment. High Ability Studies, 23 (1), 127-129.

Zhao, Y. (1999). Leaving the countryside: Rural-to-urban migration decisions in China. American Economic Review, 89 (2), 281-286.

Zhou, L. & Zha, Z. (1986). Research on selection of supernormal children for a special class at age 10. Acta Psychologica Sinica, 4, 388-394.

Ziegler, A. (2005). The actiotope model of giftedness. In R. J. Sternberg, & J. E. Davidson (Eds.), Conceptions of Giftedness (pp.411-436). Cambridge: Cambridge University Press.

Ziegler, A., & Phillipson, S. N. (2012). Towards a systemic theory of gifted education. High Ability Studies, 23 (1), 3-30.

Ziegler, A., Sternberg, R. J, & Davidson, J. E. (2005). The actiotope model of giftedness. Conceptions of Giftedness, 2, 411-436.

Ziegler, A., Vialle, W., & Wimmer, B. (2012). The actiotope model of giftedness: A short introduction to some central theoretical assumptions. In S. Phillipson, H. Stoeger, & A. Ziegler (Eds.), Development of Excellence in East-Asia: Explorations in the Actiotope Model of Giftedness (pp.411-434). London: Routledge.

Zillessen, K. E., Scheuerpflug, P., Fallgatter, A. J., Strik, W. K., & Warnke, A. (2001). Changes of the brain electrical fields during the continuous performance test in attention-deficit hyperactivity disorder-boys depending on methylphenidate medication. Clinical Neurophysiology, 112 (7), 1166-1173.

Zimmermann, P., & Fimm, B. (2002). A test battery for attentional performance. In M. Leclercq, & P. Zimmermann (Eds.), Applied Neuropsychology of Attention: Theory, Diagnosis and Rehabilitation (pp.110-151). New York: Psychology Press.

Zokaei, N., Heyes, B. S., Gorgoraptis, N., Budhdeo, S., & Husain, M. (2015). Working memory recall precision is a more sensitive index than span. Journal of Neuropsychology, 9 (2), 319-329.